黑龙江省哲学社会科学研究规划项目(批准号 12C018)
全国科学技术名词审定委员会委托项目(批准号 MCW-2014-3)

认知术语学概论

陈雪 著

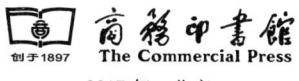

2017年·北京

图书在版编目(CIP)数据

认知术语学概论/陈雪著.—北京：商务印书馆，2017
（中国术语学建设书系）
ISBN 978-7-100-15358-4

Ⅰ.①认… Ⅱ.①陈… Ⅲ.①术语学—认知科学 Ⅳ.①H083

中国版本图书馆 CIP 数据核字（2017）第 228826 号

权利保留，侵权必究。

RÈNZHĪ SHÙYǓXUÉ GÀILÙN
认知术语学概论
陈雪 著

商 务 印 书 馆 出 版
（北京王府井大街36号 邮政编码100710）
商 务 印 书 馆 发 行
北京市艺辉印刷有限公司印刷
ISBN 978-7-100-15358-4

2017年12月第1版　　开本 850×1168　1/32
2017年12月北京第1次印刷　印张 9⅜
定价：30.00元

中国术语学建设书系

总 主 编 路甬祥
执行主编 刘 青

编辑出版委员会
主任 郑述谱
委员(按姓氏音序排序)
  董 琨 冯志伟 龚 益 黄忠廉
  梁爱林 刘 青 温昌斌 吴丽坤
  郑述谱 周洪波 朱建华

总　序

　　审定科技术语，搞好术语学建设，实现科技术语规范化，对于一个国家的科技发展和文化传承是一项重要的基础工作，是实现科技现代化的一项支撑性的系统工程。

　　这项工作包括两个方面：术语统一工作实践和术语学理论研究。两者紧密结合，为我国科技术语规范工作的持续发展提供了重要的保证。术语学理论研究为实践工作提供理论上的支持和方向上的保障。特别是在当今术语规范工作越来越紧迫和重要的形势下，术语学理论对实践工作的指导作用愈来愈明显。可以这样说，理论研究和实践工作对术语规范工作同等重要。

　　我国古代的科学技术高度发达，伴随科技发展产生的科技术语，自古以来就是中华文化的重要组成部分。尽管当时没有成立专门机构开展术语规范工作，但我们的祖先在科学技术活动中，重视并从事着对科技概念的解释与命名。因此，我们能在我国悠久而浩瀚的文化宝库中找到许多堪称术语实践与理论的光辉典范。战国时期的《墨经》，是我国古代重要的科学著作，书中对一批科学概念进行了解释，如："力，刑之所以奋也"，"圆，一中同长也"。2000多年前的《尔雅》是我国第一种辞书性质的著作，它整理了一大批百科术语。在我国古代哲学思想史上也早已有关于术语问题的论述。春秋末年，孔子提出了"名不正则言不顺，言不顺则事不成"的观点;战国末年荀子的《正名篇》是有关语言理论的著作,其中很多观点都与术语问题有关。在近代"西学东渐"过程中,为解决汉语译名统一问题,很多专家学者为此进行了讨论。特别是进入民国后,不少报纸杂志组织专家讨论术语规范问题,如《科学》杂志于1916年发起了名词论坛,至建国前夕,参与讨论的文章达六七十篇之多。

1985年,经国务院批准成立了全国自然科学名词审定委员会(现更名为全国科学技术名词审定委员会,简称全国科技名词委),我国科技术语规范工作进入了快速发展时期。自成立至今,全国科技名词委已经成立了70个学科的名词审定分委员会,审定出版了近80部名词书,初步建立了我国现代科技术语体系。同期,我国术语学研究也得到快速发展。一方面,国内学者走出国门,和西方术语学家对话,并不断引进、研究国外术语学理论。另一方面,国内学者对我国术语实践工作进行理论上的探讨。目前,我国的术语学研究已经取得了不少可喜的成绩,仅《中国科技术语》等专业刊物就刊载了大量相关论文,特别是已有术语学专著和译著问世。但是从我国的术语学研究工作来看,与我国术语规范实践工作所取得的成果相比还相对滞后,且落后于国际先进水平。因此,中国迫切需要加强术语学研究,很多问题需要进行学术上的系统探讨并得到学理上的解决。比如,《科学技术名词审定的原则与方法》的修订,规范术语的推广,科技新词工作的开展,术语规范工作的协调,术语的自动识别,术语规范工作中的法律问题,等等。这些问题的解决,不但能直接推进术语学研究,还能直接促进术语规范实践工作。要解决这些问题,应从多方面入手,比如:引进国外成熟的术语学成果、发掘我国已有的术语学成果、从

总　序

我国术语规范实践工作历史与现实中总结规律、借鉴语言学研究成果,等等。

为了加强我国术语学理论研究和学科建设,全国科技名词委与商务印书馆联合推出中国术语学建设书系,计划陆续出版一系列的术语学专著和译著。希望这一系列的术语学著作的出版,不但能给那些有志于术语学研究的人士提供丰富的学术食粮,同时也能引起更多的人来关注、参与和推进我国的术语学研究。

值此书系出版之际,特作此序。谨祝中国的术语学建设事业取得更大的发展并获得越来越多的成就。

2008 年 10 月 28 日

目 录

序 …………………………………………………………… 1

绪论 ………………………………………………………… 1

第一章 术语学研究的"认知转向" ……………………… 6

第一节 语言学研究范式的演变 ………………………… 6
  一 库恩的"范式"理论 ………………………………… 6
  二 语言学研究的"范式"嬗变 ………………………… 7

第二节 关于认知科学和认知语言学 …………………… 10
  一 认知 …………………………………………………… 10
  二 认知科学 ……………………………………………… 13
  三 认知语言学 …………………………………………… 19

第三节 术语学的发展历程和现状 ……………………… 24
  一 术语和术语学 ………………………………………… 24
  二 术语学研究范式的演变 ……………………………… 30

本章小结 …………………………………………………… 50

第二章 认知术语学——认知语言学和术语学的交叉融合 … 52

第一节 认知术语学的由来 ……………………………… 52

第二节 认知术语学的全新观点体系 …………………… 59
  一 术语 …………………………………………………… 60

二　术语集和术语系 ································ 69
　　三　语篇 ······································· 74
第三节　认知术语学的理论基础 ························ 82
　　一　认知术语学的重要思想和原则 ················ 83
　　二　认知术语学的性质 ·························· 87
　　三　认知术语学的内容 ·························· 90
本章小结 ··· 93

第三章　概念化和范畴化 ······························· 94
第一节　科学知识及其表达 ···························· 94
　　一　科学和语言的关系 ·························· 94
　　二　科学语言、专用语言、次语言 ················ 96
　　三　行业交际语 ······························· 99
第二节　术语和概念的关系 ··························· 102
　　一　"понятие"和"концепт"的区分 ············· 102
　　二　认知术语学视域下的"концепт" ············· 108
　　三　概念分析 ································ 111
第三节　范畴和范畴化 ······························ 118
　　一　范畴理论 ································ 118
　　二　术语多义现象 ···························· 125
　　三　术语化 ·································· 131
第四节　如何看待中医术语多义性 ···················· 134
　　一　"气"的原型范畴 ························· 135
　　二　"阴阳"的原型范畴 ······················· 137
本章小结 ·· 140

第四章 术语隐喻化 …… 142
第一节 术语与隐喻 …… 142
一 科学认知中的隐喻 …… 142
二 科学隐喻的概念及特征 …… 145
三 传统术语学的隐喻研究 …… 147
四 认知视角下的隐喻术语研究 …… 149
五 术语的理据性 …… 154

第二节 认知视角下的中医术语隐喻 …… 158
一 中医隐喻术语的认知机制 …… 159
二 隐喻术语的认知功能 …… 171

第三节 隐喻术语与科学语篇 …… 180
一 科学语篇的特点 …… 181
二 隐喻术语在科学语篇中的功能 …… 183

本章小结 …… 188

第五章 术语和世界图景 …… 190
第一节 世界图景 …… 190
一 世界图景的定义和种类 …… 190
二 概念世界图景 …… 194
三 科学世界图景 …… 195
四 语言世界图景 …… 197
五 世界图景间的关系 …… 199

第二节 术语中的世界图景 …… 202
一 术语研究中的"人因素" …… 203
二 世界图景在术语中的反映形式 …… 206
三 术语所包含的知识类型 …… 210

第三节　中医术语中的世界图景 ………………………… 213
　　一　中医术语的特点 ………………………………………… 213
　　二　中医术语独特的隐喻思维 …………………………… 216
　　三　中医术语规范问题 …………………………………… 219
　　四　中医术语外译问题 …………………………………… 226
本章小结 ………………………………………………………… 235
结束语 ………………………………………………………… 237

参考文献 ……………………………………………………… 242
附录 …………………………………………………………… 259
附录1：认知术语学基本术语对照表 ……………………… 259
附录2：俄语、英语人名译名表 …………………………… 264
附录3：中医基本理论术语表 ……………………………… 269
后记 …………………………………………………………… 282

序

本书稿交付出版社之前,作者陈雪博士执意要我写点什么。她的一番好意我自然能够领会,加之我与本书确有多重干系,我对这个选题的背景和最终成书的内情,比别人有更多的了解,实在找不出推辞的理由,只好勉为其难地应承下来,就天性来说,我是不太愿意做这类事情的。

中国的术语学理论研究起步较晚,追逐国际术语学研究的前沿,一直是藏在我们心中深处的目标。尽管如此,当我第一眼看到《认知术语学概论》这个书名时,眼前还是为之一亮,脑子里不禁浮现出"弯道超车""跨越式发展"这些词儿。与作为本书基础的学位论文题目相比,这个题目自然鲜明得多,也响亮得多。再看书里的具体内容,完善与提升之处也多有显现,基本做到了名实相副。我感受到了"先睹"带来的快慰,读罢掩卷沉思,我觉得,本书的更大价值在于,作者通过较为深入的把握与借鉴当今国际术语学研究的前沿理论,借助术语学引出的研究方法,较好地回答了遭受诟病的中医术语的非"科学性"这个长期困扰国人的问题。她不是单纯介绍或引进相关理论观点,而是用这些理论为"矢",来射我们面临的问题之"的"。这也许是本书最可贵的地方。相比而言,这声音也许很微弱,但作为学界中人,我们有理由为自己也能参与讨论如此重要的话题而感到欣慰。为此,我首先要由衷地祝贺作者。

　　我想得更多的还有另外一些。时光荏苒，从我正式开始从事术语学理论研究，屈指算来，已经过去十七八个年头了。指导这个方向的博士研究生，自然是在这之后，稍晚了三两年。现在回头看，透过他们几个的研究题目，多少也能窥视出，我们作为一个研究群体从术语学圈外逐步转身最终进入术语学主流的身影轨迹。应该说，最初，以术语的语义或称名作为研究题目，其视角明显偏向于语言学。与其相比，后来，把术语使用中的变异问题，把术语学的核心术语直至术语的编纂作为研究题目，其术语学立场与术语学目标，看上去就鲜明多了。当然，这样说，是有点"放大开来看"的意思。归根到底，术语学本身就是一个综合性的跨界学科。不论哲学特别是认识论、逻辑学也好，还是语言学也好，都属于衍生出这门学科的本源。随着研究题目的不同而各有所侧重，这是很自然的事情。以认知术语学作为研究题目，已经明显带有当今术语学研究前沿的光彩，无疑是"很术语学的"。这一点，书中有更仔细的论述，此处无须多言。

　　不知作者主观是否意识到，其实，在我看来，客观而言，她在研究过程中，还"享受"到不少的"后发优势"。从一开始，我们就清醒地意识到，在侧重术语学理论研究的同时，还应该持续稳定地结合某一个学科的术语，而不是东一个、西一个兴之所至地随手去抓几个零散的例证，但是我们相对较为熟悉的语言学术语，由于多方面的原因，偏偏不适合做这样的结合对象。几经辗转摸索，我们最终选择了中医学术语。这样，我们就顺应了中华思想文化"走出去"这个当今时代的大课题的需要，使我们的课题与现实需求更紧密地结合起来。这也大大增强了我们的使命感与责任感，当然，同时也带来很大的挑战。在经过一段时间的苦读钻研之后，让我们感到欣喜的是，不论是科学哲学理论，还是国际术语学发展的最新成就，都帮助我们找到了这样做的学理依据。更让我们感到幸运的是，我们还与这方面的顶尖专家，如中医科学研究院的朱建平研究员，上海师范大学的李照国教授等结缘，通过多次精心安排的个别接触，获得了许多宝贵的指教与点拨。在国际方面，我们的合作伙伴俄罗斯的著名术语学家舍洛夫，也对本课题的选定给予充分的支持与肯定。这些有利条件，是随着研究工作的逐步深入、自觉争取而一点点创造出来的。至于来自全国科学技术名词审定委员会的帮助与支持，可以说是一贯的，始终如一的。自打我们研究术语学开始，就一直得到他们的多方鼓励与指导。特别是在本课题研究过程中，从刘青主任到温昌斌研究员，都提出了非常具体而中肯的修改意见。总之，这个课题的实施过程，不仅实现了我们期望已久的跨学科协作，更让我们尝到了其中的甜头，尤其是它对创新的重要作用。可以说，这些天时地利与人和等有利条件的汇集，是命运对作者的青睐。当然，这还只是客观条件，面对这些机遇，陈雪主观上所表现出的勇气与能力，克服困难的精神与努力，也是值得称道的，取得的最终结果也可圈可点。不过，这中间也不无遗憾。由于某些行政规定的限制以及个人的偶然情况，我们本来设计好的更深入的跨学科合作路径与方式，没有得以完全实现，让我们至今想来仍感惋惜。好在作为辩证唯物主义者，我们明白，我们不应该企望百分之百的圆满，基本目标能够实现，就已经是很大的成功。

借此机会，我还要向商务印书馆的领导于殿利、周洪波先生，责任编辑曲清琳女士一并表示感谢。我们的多部术语学著作的出版问世,都离不开他们的大力支持与帮助。与他们接触过程中获得的思想启发与精神感召,更是让我印象深刻,难以忘怀。

学问,终究要靠一代人一代人不断地薪火相传,积累打磨,相互砥砺,才能逐渐发扬光大起来。如今,术语学研究的接力棒,已经传到了更年轻一代人的手里。我相信,他们一定会比前人做得更好。

郑述谱

2016年10月于潮白河畔

绪　　论

　　由"信息爆炸"带来的大量新知识领域,都需要新的专业称名。根据科学学研究得到的数据,平均每25年学科数量就要翻一番,而每个新学科都需要自己特有的一批术语,每一门学科的术语都有一个形成、确立、整理、规范的过程。因此,术语研究在今天具有非常迫切的意义,而术语学对于各门学科的术语建设更具有重要的理论指导意义。

　　术语学首先在语言学内部产生并逐渐独立。作为人类语言中一个特殊的组成部分,术语研究受到语言学研究的重要影响。21世纪认知科学的研究范式迅速发展并广泛应用于科学研究领域,当前语言学研究的中心也从语言本身转向对语言中人的研究。语言不仅是人进行思维的必要条件,同时也是人用来储存和传达思想的工具。这种语言学研究范式的转变对术语学研究产生了重大的影响,集中体现在把术语作为认知和交际单位来审视,研究术语在人类认知和交际活动中的地位和作用。认知术语学正是在这样的背景下应运而生的。

　　术语作为人类认知活动的工具和结果,其实与认知有着密不可分的联系。人们通过认知活动获取的科学知识需要借助术语来确定、保存和传播,术语系统反映学科或专业领域的知识结构,术语的发展状况直接反映科学知识的发展水平。术语学中有一句经典名言:"没有术语就没有理论,没有理论就没有术语。"它说的也是这个道理。术语是一门学科理论的支撑,进入任何一个学科都要首先从了解和掌握其核心术语开始,掌握了一门学科的核心术语也就掌握了它的概念基础和理论基础。因此,要研究科学知识的产生、发展就必须研究术语。在认知术语学看来,术语是专业信息的载体和存储形式,它是人们对客观世界进行范畴化和概念化之后的认知结果的体现。俄罗斯术语学家列依奇克在著述中特别强调了认知术语学的重要意义,"认知术语学绝不仅仅是术语学中的一个研究方向,而是关于术语、术语系、术语篇章等研究单位的全新观点体系,很多传统术语学的基本问题在认知术语学看来可能都要重新审视"。

20世纪90年代,在世界各国语言学界经历认知转向的背景下,欧洲国家术语学界和作为世界四大传统术语学派之一的俄罗斯术语学界在认知术语学研究领域率先迈出了一大步,"认知术语学"这个术语是俄罗斯著名学者阿列克谢耶娃于1998年首先提出的,此后俄罗斯术语学界积极开展对术语的认知研究。2011年出版了第一本关于认知术语学的专著《认知术语学引论》。如今认知术语学已经成为俄罗斯术语学研究中一个非常重要的发展方向。而欧洲国家的社会认知术语学和交流术语学也成为术语认知研究的两股重要力量。

我国国内术语学界对术语的认知研究刚刚起步,相对缓慢、零散,缺乏系统性。近年来对于术语的认知研究频繁见于一些期刊文章以及硕博论文。本书基于本土化原则,试图对认知术语学理论进行系统的阐述和研究,内容包括:从认知术语学的核心术语切入,考察这些术语的来龙去脉,分析它们的概念内容,分析这些术

绪 论

语的认知术语学阐释;在认知术语学框架下,分析术语作为认知和交际单位的属性;运用范畴理论、隐喻认知理论分析术语产生、发展的规律和特点;揭示术语反映的概念结构和人类认知结构的内在联系;探索术语的产生、发展与人类思维发展之间的关系;考察术语系统所折射的世界图景;勾勒认知术语学研究的理论框架。

我们知道,外语学界应本着促进并建立我国语言学理论体系的宗旨,在探索学理的基础上提炼新知,勇于创造。本书选取中医术语作为认知术语学研究的范本也是基于这方面的考虑。众所周知,中医是我国传统知识宝库中独具特色的资源。因具有浓厚的中国古典哲学和古代文化特点,中医术语的很多问题在传统术语学看来是无法解释的或者说是违背术语学对术语的要求的,但在认知视角下它不仅具有合理性,而且具有重要的认知研究价值,能够揭示中医术语所反映的中国人对人体及人与自然之间关系特有的看法和观点体系。

此外,在倡导中国文化"走出去"和提高文化软实力的战略导向下,中医术语问题研究重要并迫切。从我国实际情况出发,中医存在解决术语问题的实际需求:从内部因素来说,我国提倡中国文化"走出去"战略,该战略首推中医,振兴中医药是民族复兴的重要战略。这就涉及解决中医术语的相关问题。从外部因素来说,中医热在世界范围内持续升温,中医术语随之受到世界众多学者的关注。中医术语的很多方面,如规范、形式、语义、翻译等问题急需合适的理论解决和指导。

从认知术语学角度分析和阐释中医术语的主要问题,既能促进我国术语学理论体系的发展和完善,也会凸显认知术语学对于解决我国具体行业术语问题的方法论意义。这不仅有助于建构认知术语学的理论框架和结构,在借鉴国外术语理论基础上促进我国术语学理论的发展;同时对于践行国外理论本土化、解决我国具体行业术语的实践问题具有重大的现实意义。从这个角度来讲,本书可以算是一次具有开拓性、现实性的科研尝试。因为介绍、述评国外先进理论,其最终目的应以用它来解决我国具体行业术语的实际问题为主。推动中国学术走向世界,首先要立足于将中国自己的学术问题向世界推介。术语学发展至今,不能仅停留于引介国外理论、研究外语材料,还应在吸引国外理论的基础上建构具有中国特色的术语学。本书以中医术语为例可以看作是将语言学理论本土化的一个尝试和探索,即直接使用包括本土资源在内的手段来主动参与语言学这个现代国际学科的理论建设。简而言之,将认知理论应用于术语研究,分析术语构成与人的思维发展之间的关系,能促进知识领域概念模式的构建及其与语言表达形式之间相互关系的确定,为认知语言学开辟新的应用空间。同时,践行我国文化"走出去"战略,切实解决我国具体行业的术语问题。"走出去"就是要推出术语,使受众通过术语来接受其所反映的知识结构。从认知角度分析、阐释中医术语的特点和主要问题,不仅有助于中医学科术语体系的规范和完善,同时也推动中医术语研究及外译工作,加快中医学科的国际化步伐。

在上述背景下,本书尝试阐释认知术语学的理论体系,将为术语学理论研究提供一个全新的研究范式和视角,为中国文化背景下的术语学研究提供借鉴,丰富和完善我国术语学学科体系的建设。对认知术语学核心术语进行系统分析和梳理,侧重分析概念结构与术语表达形式之间的关系,厘清术语的概念化过程,从而选择最优化的语言形式来表达概念,促进术语称名及规范工作。

相信这方面的工作和努力无论是对于我国术语学科理论建设的完善,还是对于具体学科的术语建设,即术语命名、术语规范、术语翻译、术语编纂四大应用需求都具有重要的意义。

第一章 术语学研究的"认知转向"

第一节 语言学研究范式的演变

一 库恩的"范式"理论

"范式"(paradigm)这一概念是由美国科学哲学家托马斯·库恩(Thomas Samuel Kuhn)于 1962 年在《科学革命的结构》一书中提出的。"paradigm"一词来自希腊语,它最初的用法极为有限,仅用于指语法学中一种可以用类似动词来模仿其变位的模型。在库恩使用这一词语并将其引申为范式、规范、模式、模型、范例等含义之后,该词获得学术界的认可,随后产生了众多与库恩最初所描述的含义不同的含义。为此,库恩强调指出,"'范式'一词包括两种用法,一种是综合的用法,指某一特定社团成员共享的信仰、技能、价值观等的集合;一种是局部的用法,指这一集合中的某一具体方面,如解决问题的模式和案例。就这一点而言,'范式'意为一套整理步骤、模式和假设。"[①]"局部的用法"指的是各种类型的"范

---

① 马冬丽. 历史视域下西方语言学研究范式的转变[J]. 郑州大学学报(哲学社会科学版),2012(1):121.

例",而"综合的用法"与科学共同体(scientific communities)相关。《科学革命的结构》一书中所指的是综合意义上的"范式"。库恩强调,在科学发展历史过程中,"范式是一个成熟的科学共同体在某段时间内所认可的研究方法、问题领域和解题标准的源头活水。因此接受新范式,常常需要重新定义相应的科学"。① 科学的实际发展是受范式制约的常规科学以及突破旧范式的科学革命的交替过程,即"常规科学——科学革命——新常规科学"不断交替的过程。每一次科学革命都使科学所探讨的问题发生转移,并改变科学的思维方式,这在牛顿革命或哥白尼天文学发现等重大科学革命中都能明显地体现出来。当旧有范式出现危机,无法对反常规现象作出解释时,就会发生科学革命,从而产生新的研究范式。新科学范式的产生具备两方面的特征:"第一是空前地吸引一批坚定的拥护者,使他们脱离科学活动的其他竞争模式;第二是它们必须是开放的,具有许多问题,以留待重新组成的一批实践者去解决。"② 库恩将同时具有这两点特征的成就称之为"范式",也就是说,"范式"代表了在一定时期内的科学领域中占据统治地位的关于提出问题和解决问题的方式、方法的体系。科学领域引入这一概念,用它来表示学科发展及研究方法的历史演变。

二 语言学研究的"范式"嬗变

语言学发展历史可追溯至古希腊时期,当时它还不是一门独

---

① 托马斯·库恩.科学革命的结构(第四版)[M].北京:北京大学出版社,2012:88.
② 托马斯·库恩.科学革命的结构(第四版)[M].北京:北京大学出版社,2012:15.

立的学科,柏拉图、亚里士多德等哲学家把它作为哲学问题的一部分来看待。从哲学角度分析语言现象,讨论名称和事物之间的关系,唯名论和唯实论关于词和思维的关系等语言普遍问题的争论为语言学的产生奠定了基础。19世纪历史比较语言学占据统治地位,其主要宗旨是研究某种语言或各种语言的发展史,以建立语言族系。这种研究范式不仅受到历史、生物、物理等其他学科的影响,其自身也影响了其他学科的发展进程。这段时期之前的语言研究被统称为传统语言学。19世纪出现的几位杰出的语言学家(洪堡特、施莱歇等)提出有关语言起源、语言本质的新理论,为结构主义和描写语言学的产生奠定了基础。20世纪初,瑞士语言学家索绪尔(Ferdinand de Saussure)对19世纪末的比较语言学提出自己的见解:"比较语言学派,尽管它在开辟一个新的、有益的领域方面有毋庸置疑的功绩,但并没有建立语言学的真正科学研究。……纯粹比较法造成了一些错误观念。由于没有事实为根据,这些错误观念不能反映语言的实际情况。"[①]随着索绪尔的《普通语言学教程》(1916)的出版,语言学研究出现重大转向,转向以结构研究为主的阶段,它标志着结构主义语言学的诞生,也开创了形式语言学研究的先河。索绪尔因此被称为现代语言学之父。他首先区分了"语言"和"言语"、"共时"和"历时"、"语言的外部研究"和"语言的内部研究"等一系列概念,他认为,语言是一种封闭的音义结合的符号系统,它注重研究语言内部的结构关系及其发展规律。在结构主义语言学注重研究语言结构而忽视语言使用的背景下,语言学研究再度发生变革,产生了功能主义语言学,英国

---

① 刘润清.西方语言学流派[M].北京:外语教学与研究出版社,2006:63.

语言学家韩礼德(M. Halliday)提出系统功能语法,他提出从语言运用和交际的角度来考察语言的功能及其相互关系。20世纪60年代,乔姆斯基(Avram Noam Chomsky)也对美国结构主义提出异议,他认为有很多现象是结构主义语法和行为主义心理学解释不了的,他提出转换生成语法,被称为"乔姆斯基革命"。随着20世纪70年代认知科学的发展,语言学出现了认知转向。语言在认知活动中的作用备受关注,认知主体逐渐成为哲学、心理学、逻辑学和语言学的研究对象。莱考夫(George Lakoff)和约翰逊(M. Johnson)的《我们赖以生存的隐喻》(1980)的出版标志着认知语言学的诞生。认知语言学强调以人为本的语言研究,将主体因素考虑在语言研究之内,强调从与人的智能、思维相关的心智结构与语言结构的关系角度出发来研究语言,由此开启了新时期语言学研究的动态模式。

综观以上语言学历史发展的轨迹,语言学研究大致经历了四个研究范式:传统语言学(历史比较语言学)、结构语言学(索绪尔)、功能语言学(韩礼德)和认知语言学(莱考夫)。研究范式的每一次演变都不是凭空产生的,都与当时社会科学的主要思潮和发展趋势有密切的联系。"语言学的研究从古代语言转向现代语言,从书面语转向口语,从个别的语言项目转向整个语言系统,从一种语言的某些特征转向多种语言的共同特征,从语言的结构转向语言的功能,从语言的表面形式转向语言的深层意义,从语法、词汇转向语义、语用,从把语言作为一个孤立的研究对象转向研究语言与社会文化等的千丝万缕的联系。从多元化的视角来看待和研究语言学,导致众多语言学新学科的出现,语言学研究呈现出一个丰富多彩的、动态的、开放的、个性化的、复杂的新局面。"[1]每个语言研究范式都能解决语言研究某一方面的问题,并提出自己的理论体系和术语系统,但同时也会存在着各种各样的问题,对某方面的问题无法解释,这也正是研究范式不断发生更替的原因,没有哪一种研究范式可以解释所有的语言现象和问题,语言学研究也将一直处于"常规——反常规——建立常规"的循环发展的动态模式中。新时期的语言学研究逐渐呈现出跨学科、交叉学科的综合性、动态性研究趋势,即对某一研究对象或问题从多学科、多角度来分析,这与整个科学研究发展趋势也是相契合的。

第二节 关于认知科学和认知语言学

一 认知

在进行某一课题研究之前通常要先交代与其相关的历史背景。在认知研究范式下,我们要研究认知科学、认知语言学,进而研究认知术语学,这些都离不开认知。因此我们首先要知道什么是"认知"。

(一)词典释义

"认知"一词译自英语 cognition。英语"cognition"最早是承认父子关系的法律用语,后用于哲学、心理学等。《牛津现代英汉双解词典》对 cognition 的释义为:"1.[哲](与情绪、意志等相对而言的)认识,认知行为;认知能力;2. 认识的结果;感知,感觉;概念;

---

[1] 黄春芳.语言学研究范式的后现代转向[J].外国语文,2010(2):104.

直觉。"①《新时代英汉大词典》对 cognition 的释义为:"1. 认识,认知;认识(或认知)能力;2. 认识的结果,概念;感觉。"②

《当代汉语词典》(国际华语版)对认知的释义是:"1. 心理学上指个体通过意识活动对事物产生认识与理解而获取知识;2. 认识,了解。"③《辞海》对"认知"的释义是:"译自英语 cognition,即认识,在现代心理学中通常译作认知。指人类认识客观事物、获得知识的活动。包括知觉、记忆、学习、言语、思维和问题解决等过程。按照认知心理学的观点,人的认知活动是人对外界信息进行积极加工的过程。"④

俄语"когниция"译自英语 cognition,在库布里亚科娃主编的《认知术语简明词典》中的释义为:"它是认知科学的核心概念,俄语表达形式很难保留该词的独特性,因为它结合了两个拉丁语词 cognition 和 cogitation 的意义,它首先传递的意义是认识、认知,这既包括获取知识和经验的过程,也包括获取知识和经验的结果。同时还传递了'思维'、'思考'的意义。通常意义上它包括对周围世界的感知、观察、范畴化、思维、言语等,是认知过程或心理过程的总和。"⑤

从上述不同语言的词典对"认知"的阐释可以看出,认知指通过心理活动(如形成概念、知觉、判断或想象)获取知识,是人脑理

---

① Della Thompson. 牛津现代英汉双解词典(增补版)[Z]. 北京:外语教学与研究出版社,2005:379.
② 张柏然. 新时代英汉大词典[Z]. 北京:商务印书馆,2004:413.
③ 龚学胜. 当代汉语词典(国际华语版)[Z]. 北京:商务印书馆,2009:1532.
④ 辞海(第六版)[Z]. 上海:上海辞书出版社,2010:1891.
⑤ Кубрякова Е. С., Демьянков В. З. и др. Краткий словарь когнитивных терминов[Z]. М.,1996:81.

智地认识事物和获取知识的行为和能力以及认识的结果。

(二)研究定义

"认知"最早作为心理学概念,是指通过形成概念、知觉、判断或想象等心理活动来获取知识的过程,即个体思维进行信息处理的心理功能。此后认知研究范式广泛应用于众多学科。随着认知科学和认知语言学的发展,我国学者纷纷对认知进行阐释和界定,其中具有代表性的观点有:

定义1:赵艳芳在《认知的发展和隐喻》一文中给认知下的定义为"认知是心理活动的一部分,是与感情、动机、意志等心理活动相对应的理智思维过程,是大脑对客观世界及其关系进行信息处理从而能动地认识世界的过程。"[1]在《认知语言学概论》一书中指出,"认知从广义上讲是与人的智能和知识有关的,所以它具有广泛的含义。在认知语言学中讲的'认知'仅限于人们学习、运用语言有关的认知,但不是传统意义上所说的对语言系统规则掌握的认知。而是注重对实际经验的研究,从人的真实感知经验中推测人的思维中概念内容的特点"。[2]

定义2:桂诗春在《认知和语言》一文中指出:"认知最简单的定义是知识的习得和使用,它是一个内在的心理过程,因而是有目的的,可以控制的。"[3]

定义3:王寅在《认知语言学》一书中指出,"认知是人们对客观世界感知与体验的过程,是人与外部世界、人与人互动和协调的产物,是人对外在现实和自身经验的理性看法,通过认知人们对世

---

[1] 赵艳芳.认知的发展和隐喻[J].外语与外语教学,1998(10):8.
[2] 赵艳芳.认知语言学概论[M].上海:上海外语教育出版社,2009:8.
[3] 桂诗春.认知和语言[J].外语教学与研究,1991(3):3.

界万物形成了概念和意义,其间须包括推理、概括、演绎、监控、理解、记忆等一系列心智活动。"①

综合以上词典释义和研究定义,我们知道,认知的概念不仅包括知识、认知、理智、思维,还包括创作、感知、对比、幻想、理想等过程。而语言与人的知识(包括概念结构、社会习俗、文化规约等)密切相关,它是认知发展到一定阶段的产物,是对客观世界认知结果的体现。语言运用和理解的过程是认知处理的过程。由于认知活动本身很难被观察到,所以,语言成为观察与研究认知的一个窗口。可以说,语言不是独立于其他认知能力之外的一个符号系统,语言本身就是一种认知活动,是人的认知能力的一部分。

二 认知科学

(一)什么是认知科学

顾名思义,认知科学(cognitive science)是一门研究人的认知的各个方面的综合性科学。它从哲学、心理学、计算机科学、语言学等多学科角度研究人的智能系统的性质和工作原理,是20世纪世界科学标志性的新兴研究门类。作为研究认知和知识以及探究人脑或心智工作机制的前沿性学科,认知科学的产生带动了很多相关学科的发展。无论是哲学、心理学、语言学、人类学、计算机科学,还是数学、物理学、天文学、地理学、生物学、文学、历史学、经济学、政治学、法学、管理科学、教育学等学科的发展都依赖于对人的大脑与心智的开发,这恰恰与认知科学相关。

认知科学的产生要追溯到1956年在美国召开的两次研讨会:

---

① 王寅.认知语言学[M].上海:上海外语教育出版社,2007:6.

一是 1956 年 9 月在麻省理工学院举行的资讯理论研讨会,一是 1956 年在美国达特茅斯学院(Dartmouth College)举行的第一次人工智能大会。这两次研讨会产生的结果之一是多学科间的合作逐渐形成;之二是电脑科学(人工智能)影响了对认知现象的研究。1960 年,美国学者米勒(G. Miller)和哈佛大学教授布鲁纳(J. Bruner)在哈佛大学共同创立第一个认知研究中心(Center for Cognitive Studies)。该中心在其后二十年认知科学的发展中扮演了非常重要的角色,可以说是认知科学的发源地。奥尔登大学认知科学研究所所长席勒尔(E. Sheener)指出,术语"认知科学"这一称谓是由朗盖特·系金斯于 1973 年开始使用的,20 世纪 70 年代后期才逐渐流行。"认知科学"最初用于指称共同研究知识结构的获取、加工、保存、使用、组织、积累以及这些知识结构在人脑中使用的学科。之后外国学者将认知科学确定为研究理智和理智系统的科学。它的研究对象是人的理智、思维和与之相关的心智过程。美国学者将哲学、心理学、语言学、人类学、计算机科学和神经科学六大学科整合在一起,研究"信息是如何在认识过程中传递的"。在这 6 个支撑学科内部产生了 6 个新的发展方向,即心智哲学、认知心理学、认知语言学、认知人类学、人工智能和认知神经科学。这 6 个支撑学科之间互相交叉,又产生出 11 个新兴交叉学科(如图 1-1):①控制论、②神经语言学、③神经心理学、④认知过程仿真、⑤计算语言学、⑥心理语言学、⑦心理哲学、⑧语言哲学、⑨人类学语言学、⑩认知人类学、⑪脑进化。

从认知科学的产生和发展,我们可以看出,它是一个不容易被准确界定的学科,它的研究内容不是在某个单一学科领域内能够完成的,有很多问题是心理学家、哲学家、语言学家、计算机科学

第一章 术语学研究的"认知转向"

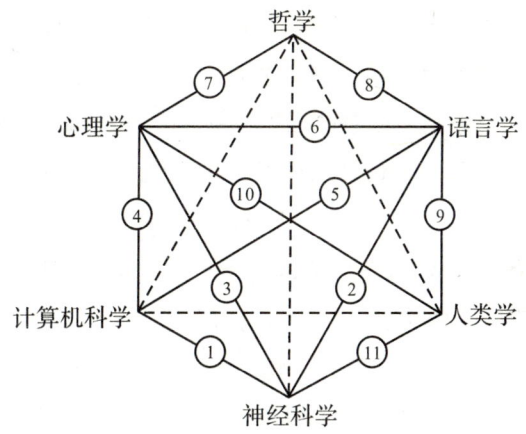

图1-1 认知科学的学科分支图

家、神经科学家和人类学家所共同关心的。

俄罗斯学术界把认知科学确定为"关于知识和认知的科学","关于对世界的感知结果的科学","关于以一定数据体系积累的人的认知活动的科学,它以研究人对世界的认知、范畴化、分类和思考过程为目的。"[1]库布里亚科娃认为,"认知科学是将不同学科和科学团体都纳入到一个研究人的心智和能力的科学理论任务中来。"[2]由于认知科学把很多研究人的认知过程的科学方向联系在一起,如心理学、语言学、文化人类学、人工智能模拟、哲学、神经学等,杰米扬科夫(В. З. Демьянков)将其称为"学科的联盟"(союз дисциплины)。俄罗斯著名学者玛斯洛娃(Маслова В. А.)指出:

---

[1] Голованова Е. И. Введение в когнитивное терминоведение [M]. Флинта, Наука, М., 2011: 10.
[2] Кубрякова Е. С. Вступительное слово к «круглому столу», посвященному рассмотрению традиционных проблем языкознания в новом свете[A]. Традиционные проблемы языкознания в свете новых парадигм знания: материалы «круглого стола» [C]. М., 2000: 4.

"认知科学主要关注人的认知,不仅研究所观察到的行为,还有它的心智体现、符号体现等。只有通过在语言积极参与下的人类行为和活动才能研究人的认知,语言构成人类活动的言语思维基础——形成它的动因和前提,同时预测结果。"①

美国心理学家舍帕德(R. Sherpard)认为,"关于认知科学较为流行的一个定义是'认知科学是关于知识呈现系统和获取信息的科学',还有一个定义虽未广泛流行,但却更能令人接受,即'认知科学是关于操纵心智过程的一般原则的科学'"。②

由于认知系统的复杂性,认知科学需要运用多门学科的研究方法,对认知系统进行全方位的综合研究。作为认知科学的组成部分,每个学科都研究认知的不同方面,如语言学通过研究语言结构,即知识呈现的语言系统来考察人的认知;哲学研究认知的一般问题和认知过程的方法论问题——知识的增长和进步问题;神经科学研究认知的生物学基础以及人脑中认知过程的生理限制;心理学将认知作为具有一定构造的特殊认知体系,侧重研究认知的实验方法和手段。对此,我国学者桂诗春认为:"认知科学研究的是认知的各个方面,而最基本的是人的智能系统和它的性质。"③对于认知科学内部各学科的地位和作用,李伯约认为,"神经学、人类学、哲学是认知科学的外围学科。语言是人脑同外界进行信息交流的主要渠道,是实现人工认知系统的关键。语言能力是人最基本的智能要素。因此,语言本身就是认知科学的一个主要对

---

① Маслова В. А. Введение в когнитивную лингвистику [M]. Издательство Флинта, Наука, М., 2007:8.
② 转引自 Голованова Е. И. Введение в когнитивное терминоведение [M]. Флинта, Наука, М., 2011:11.
③ 桂诗春. 认知和语言[J]. 外语教学与研究,1991(3):3.

第一章 术语学研究的"认知转向"

象。人工智能、认知心理学和认知语言学是认知科学的核心学科"。①

每一门科学的产生都标志着人类在认知世界规律上的进步,而认知科学的产生从很多方面来看可以说是实质性的进步。首先因为它不仅仅研究复杂和重要的现象——心智过程,而且还研究这一过程的结果——知识。其次,认知科学把很多学科都纳入到自己的研究范围之内,其中既包括相邻学科,也包括不直接相关的学科,如数学和心理学,语言学和人工智能模式化,哲学和信息理论。认知科学把很多传统的基础学科与新学科,甚至是发展中的学科和理论都联系在一起。

语言研究是认知科学所有研究中必不可少的内容。语言是最复杂、应用最广的符号系统。概念是反映事物特有属性的思维形态,它的产生和发展,必须依附于语词。语词是概念的语言形式,概念是语词的思想内容。认知科学的创始人之一哈尔曼(Hallman)指出,"语言是认知科学的核心问题。首先,语言是作为表达思维的主要手段来体现认知过程的,因此,研究语言也就是间接地研究认知。其次,因为语言作用于认知,它影响认知,它关系到人头脑中的思想和概念是如何产生的。语言是迄今为止通向知识的最好窗口。"②

(二)认知科学的语言观演变

莱考夫和约翰逊根据哲学溯源把认知科学划分为两大派:第一代认知科学和第二代认知科学。第一代认知科学始于 20 世纪

---

① 李伯约. 论认知系统[J]. 云南师范大学学报,2000(4):12.
② 转引自 Голованова Е. И. Введение в когнитивное терминоведение[M]. Флинта, Наука, М. , 2011:12.

17

50年代。它基于传统的英美分析哲学和先验哲学,认为范畴、特征、关系等独立于人的意识客观存在,与人的身体经验和主观因素无关。思维和推理是一种自治的能力。普遍语法、思辨语法、转换生成语法主要基于唯理主义,乔姆斯基的语言理论就是基于第一代科学的主要观点产生的。如今我们所说的认知科学是指始于20世纪70年代的第二代认知科学。它对第一代认知科学提出了有力的批判。"心智的体验性、认知的无意识、思维本质的隐喻性是它的基本观点。"①莱考夫和约翰逊基于此提出的,既不同于经验主义,也不同于唯理主义的"体验哲学"(Embodied Philosophy),成为第一代认知科学和第二代认知科学的分水岭,也成为认知语言学的哲学基础。

王寅教授在其专著中以图表形式将两代认知科学进行对比分析,本书在其图表的基础上重点对两代认知科学的语言观进行对比,如表1-1:

表1-1

	第一代认知科学 (20世纪50年代)	第二代认知科学 (20世纪70年代)
哲学基础	分析哲学(客观主义)	体验哲学(非客观主义)
范畴理论	经典范畴理论	原型范畴理论
语言观	推理是先验的、普遍的、与身体经验相分离的、非隐喻的。	基于身体的推理形式通过隐喻映射进入抽象推理模式。

---

① 王寅.认知语言学的哲学基础:体验哲学[J].外语教学研究,2002(2):83—84.

续表

	第一代认知科学 （20世纪50年代）	第二代认知科学 （20世纪70年代）
语言观	语言符号任意性	语言符号象似性
	范畴、特征、关系等是客观存在的，独立于意识，与人的身体经验、神经系统、主观因素无关。	概念系统具有多元性，抽象概念是由互相不一致的多重概念隐喻来定义的。
	语言和句法是自治的，与身体经验无关。	语言和句法基于人的心智和身体体验。
	非隐喻性思维	隐喻性思维

由上表可以看出，认知科学的发展给语言学带来本质性的影响，很多语言研究的理论和方法因此发生了巨大改变，认知语言学是在第二代认知科学研究背景下产生的，作为真正研究大脑中语言机制的学科，认知语言学的理论和方法给语言学研究注入了新的视角和思路。

三 认知语言学

自语言学作为一门独立的学科起，对语言的研究经历了近代历史比较语言学、现代结构主义语言学、生成语言学、功能语言学和认知语言学。在当代语言学研究中逐渐显现出这样一种趋势，即不同的研究方向和方法不断渗透、交叉、融合，共同致力于研究语言的属性、功能、结构和类型，这种趋势有助于对语言现象进行综合的、全面的多维研究，为语言学科的发展提供了丰硕的成果。

在这一研究背景下,语言与认知的问题成为哲学家、心理学家、语言学家和人类学家共同关注的重点。

认知语言学(Cognitive linguistics)于20世纪70年代在认知科学的理论背景下诞生,80—90年代迅速发展。"认知语言学"这一术语首次出现于1971年。认知语言学作为一门独立学科正式确立的标志是1989年春天在德国召开的第一次国际认知语言学研讨大会以及次年成立的"国际认知语言学学会"(ICLA)和同时正式创刊的《认知语言学》杂志。此后,认知语言学研究在世界范围内迅速扩展。西班牙、英国、日本、德国、法国、俄罗斯、中国等相继成立认知语言学研究会。各国的认知语言学研究迅速向相关学科扩展,形成认知社会语言学、认知诗学、应用认知语言学、认知意识形态研究、认知语篇研究等。李福印将国外认知语言学的发展历程大致分为三个10年,即"1975—1985年的萌芽及孕育阶段,1986—1995的认知语言学确立阶段,1996年至今的成熟发展阶段"。[①]

需要指出的是,认知语言学不是严格意义上的流派,只是一种研究范式和方法,有广义和狭义之分。"广义的认知语言学(cognitive linguistics)指所有把自然语言当作心理现象来研究的语言理论,其中包括乔姆斯基的转换生成语法。狭义的认知语言学(Cognitive linguistics)指莱考夫、约翰逊、朗奴·兰盖克(Langacker)、费尔默(C. Fillmore)、杰拉茨(D. Geeraerts)、福柯尼耶(G. Fauconnier)以及塔尔米(L. Talmy)等人的语言学理论或方法。"[②]

---

① 李福印.如何阐释认知语言学[J].外语学刊,2009(2):23.
② 王寅.认知语言学之我见[J].解放军外国语学院学报,2004(5):2.

第一章 术语学研究的"认知转向"

认知语言学的代表性著作主要有:《我们赖以生存的隐喻》(*Metaphors We Live By*, Lakoff & Johnson 1980)、《女人、火、危险事物》(*Women, Fire, and Dangerous Things*, Lakoff 1987)、《认知语法基础》(*Foundations of Cognitive Grammar*, Langacker 1987)等。莱考夫、约翰逊及兰盖克被普遍认为是认知语言学的创始人。莱考夫和约翰逊主张从认知科学的角度来解释语言的结构和意义,对以往语言学依据的哲学思想进行了全面的批判,他们把自己的哲学称为体验主义。他们认为,语义理论除了研究真值条件之外,还应该探讨范畴化、图式、隐喻、转喻、多义现象、语义变化等问题。他们把隐喻视为语言赖以运转的重要手段。还有学者探讨语言的拟象化,对索绪尔的语言符号任意性原理进行了重大补充和修正,深刻地揭示了语言符号系统的本质。还有不少学者从认知的角度探索语法化问题,阐明了语言的动态规律。以上几方面研究成果涵盖了认知语义学、认知语法学、认知语用学等方面,大大丰富了普通语言学的理论。

俄罗斯的认知语言学研究始于20世纪80年代。对俄罗斯认知语言学发展作出重要贡献的学者主要有阿鲁秋诺娃(Арутюнова Н. Д.)、库布里亚科娃、斯捷潘诺夫(Степанов Ю. С.)、斯捷尔宁(Стернин В. Н.)、杰丽娅(Телия В. Н.)等。他们著述强调语言中"人的因素"的意义,以及语言与哲学、心理学的紧密联系。斯捷潘诺夫致力于描写俄罗斯民族文化的常量(*Константы: словарь русской культуры*, 1998),被看作是俄罗斯文化价值系统化体现的初步探索。库布里亚科娃主编的《认知术语简明词典》(1996)收集并系统化地呈现了认知科学和认知语言学的关键概念,对俄罗斯认知语言学发展具有非常重要的意义。

她认为,"认知过程与语言相关,语言是认知科学的核心问题,认知语言学就是研究作为一般认知机制的语言。把语言学纳入认知科学范围内主要是因为语言是研究认知的工具和手段。语言对于知识的加工、积累、传播和保存的重要性是毋庸置疑的。恰恰是语言能够体现人认知中的心智本质"。[1]

俄罗斯著名学者戈洛瓦诺娃认为,"只有语言能把人的认知、评价、思考的过程物化,在这一过程中,语言赋予它们某种整体性。语言是能让人领悟许多不能被直接观察到的思维和认知过程以及对世界进行概念化和范畴化过程的最好途径"。[2]

认知语言学认为,语言是认知的一部分,它受人们认识世界的方法和规律的制约。要对语言现象作出解释,就必须研究人的认知规律。语言和认知是密不可分的。认知是语言的基础,语言是巩固和记载认知成果的工具,还能促进认知的发展。认知科学和认知语言学同步发展,相辅相成。认知科学既推动认知语言学的发展,形成其主要理论基础,同时也汲取认知语言学的研究成果。它以语言的认知机制及其建构的重要原则为研究目标。因此一般情况下将认知语言学视为认知科学的一个分支。"认知语言学的出现是一种方法论上的进步,它把语言作为呈现和传播信息的符号系统和一般认知机制来研究。它强调语言中的心理和心智方面特性。认知语言学的核心任务是描述和解释内部认知结构和

---

[1] Кубрякова Е. С., Демьянков В. З. и др. Краткий словарь когнитивных терминов[Z]. М.,1996:53.

[2] Голованова Е. И. Введение в когнитивное терминоведение[M]. Флинта, Наука, М.,2011:11.

第一章 术语学研究的"认知转向"

动态。"[①]

随着认知语言学在世界范围内持续升温,20 世纪 90 年代初,我国学者开始引介国外认知语言学的理论和研究成果。2000 年以后,我国的认知语言学研究经历了从介绍、述评国外相关研究到开展具体领域专题研究的阶段,从以西方语言为本体的研究转向认知理论的汉语研究和开展汉外认知对比研究,相关研究成果迅速增长。在引介国外理论基础上,逐渐建立了我国的认知语言学研究体系,出版了一系列著作,如《认知语言学》(王寅)、《认知语言学概论》(束定芳)、《认知语言学引论》(李福印)、《认知语用学概论》(熊学亮)、《现代汉语语法的功能、语用、认知研究》(沈家煊)、《语言的认知研究和计算分析》(袁毓林)等以及大量相关文章。王寅将认知语言学定义为"坚持体验哲学观,以身体经验和认知为出发点,以概念结构和意义研究为中心,着力寻求语言事实背后的认知方式,并通过认知方式和知识结构等对语言作出统一解释的、新兴的、跨领域的学科"。[②] 束定芳撰文《中国认知语言学二十年》对我国认知语言学的发展阶段、特点和相关数据进行详细描写和统计分析,分析表明,我国认知语言学研究已经由初步引进、述评、应用发展到开展专题研究、对国外理论进行反思和国际化阶段。

可以说,我国的认知语言学研究已成为国际认知语言学研究的一个重要组成部分,同时作为一种新的语言理论和视角,为我国的语言学研究注入新的活力,为推动我国以汉语为本体的语言研

[①] Кубрякова Е. С., Демьянков В. З. и др. Краткий словарь когнитивных терминов[Z]. М., 1996: 63.

[②] 王寅. 认知语言学[M]. 上海:上海外语教育出版社,2007:11.

究起到重要作用。

第三节　术语学的发展历程和现状

一　术语和术语学

（一）术语

自人类社会开始生产分工起，人类语言中就产生了一些只有少数人掌握的、记录专门知识的词汇。严格地说，"术语"这一概念是随着现代科学的产生而产生的。英语中的 term 源于拉丁语词 terminus，其本义为"界限、终点"。英语和法语最初分别用 technical term 和 terme technique 来表示术语。technical term 在俄语中曾被翻译成 технический термин，但这是不正确的，technical term 并不等于技术术语，而是指一般术语，俄语中的对应词是 термин。那么究竟什么是术语呢？自术语学产生以来，对术语的界定就从未停止过。术语定义的多样化源于其本身的动态性和多学科交叉性。逻辑学家把任何词（准确地说是与词相关的概念）都看作是术语；哲学家认为术语作为形式符号，就等同于浓缩的定义；语言学家则认为两者并不等同，术语只是概念的名称，而定义是对这一名称的详解；社会学家认为任何与科学或生产相关的专门词汇都是术语；行业工作者把与其职业相关的所有词汇都看作术语，而并不太关注这些概念在术语学看来是否具有系统性及足够的理据性。每个学科都从各自研究角度去界定术语，其定义只是呈现术语在本学科内具有的属性和特征，难免缺乏严谨性、统一性和科学性。然而我们知道，要在一种定义中把术语全部属性和特征都囊

第一章 术语学研究的"认知转向"

括在内是不可能的,也是无法达到的。即使在术语学界,不同传统术语学流派对术语本质的看法也存在差异,如加拿大术语学家隆多(Cuy Rondeau)将术语视为索绪尔意义上的语言符号,即为所指和能指的统一体。德奥学派代表人物维斯特(Eugen Wüster)受结构主义语言学的影响,通过构建术语模型来揭示术语符号的本质属性,通过德国标准化学会(DIN)关于术语的定义可知,其也将术语视为能指和所指的统一体:

DIN 2342(1992:3)

Terminus (auch Fachwort): Das zusammengehörige Paar aus einem Begriff und seiner Benennung als Element einer Terminologie.

术语(亦称专用词):是由概念及其名称构成的整体,是术语集的元素。

俄罗斯学派则更倾向于从语言学角度去揭示术语的本质特征。他们认为,术语首先是某一自然语言的词或词组,而且在术语学产生以前,它是在词汇学框架内被研究的。下列标准与其持相同观点,即认为术语一词仅指概念的语言形式:

国际标准 ISO 1087-1 2000:6

term: verbal designation of a general concept in a specific subject field.

(术语:一个特定学科领域中普遍概念的语言指称。)

国家标准 GB/T10112 1999:8

术语是专业领域中概念的语言指称。

1993年俄罗斯术语学家格里尼奥夫将术语界定为"指称某一知识或活动领域的专业概念的词或词组。它是通过语音或文字来

25

表达或限定科学概念的约定性语言符号"。① 这个定义通常被认为是传统术语学中最具代表性的术语定义。

总之,术语自身是一个多方面的复杂概念。作为一个综合性研究对象,可以从不同学科理论和研究视角来界定它。因此,术语的定义是开放的。随着对其认识和研究的深入,还会不断发现它新的属性和特征,术语定义的数量还会不断增加。关于术语的定义和本质问题将在下文详细阐述。

(二)术语学

术语学产生于20世纪30年代,其公认的创始人是奥地利学者维斯特。他于1931年出版了《在工程技术中(特别是在电工学中)的国际语言规范》一书。随后俄国学者洛特几乎同时(1931年)发表了《技术术语的当前任务》一文,开启了世界范围内的术语研究。上述两个理论成果为术语学被确立为一门独立学科奠定了基础。70年代术语学被正式确立为一门相对独立的综合性应用学科。

术语学产生之初,"术语学"本身这个术语在英语和俄语中分别经历了从多义到确定的过程。英语中与术语学相关的术语有 terminology、terminology science、terminology studies。上述三个术语在不同的文献中都可表示"术语学",其意义各有侧重,terminology studies 倾向于术语研究实践活动,terminology 既可表示术语学,也可表示作为总称的术语,即术语的总和,与俄语里的 терминология 同义。后来,相应国际组织倡导在英语中使用 terminology science 来作为以术语为研究对象的学科名称——术语

---

① Гринев С. В. Введение в терминоведение[M]. М. , 1993:25.

第一章 术语学研究的"认知转向"

学。俄语中最初使用 терминология 表示术语学,然而该词本身在俄语实践中是多义的,至少具有以下几层含义:"①指术语词汇的总和或不定量的术语集合;②某一知识或活动领域的术语集合(医学术语、地理术语等);③关于术语产生、构成、使用的学说;④关于一定语言中使用的某一知识领域术语产生、构成、使用及其在其他语言中的等值形式的学说;⑤一般性术语学说。"①此后,为规范术语学术语,1967 年俄罗斯学者佩图什科夫(Петушков В. П.)建议使用 терминоведение 一词来指称关于术语和术语系统的科学,即相当于第③和第④个含义。1969 年召开的第二届全苏术语会议还对这一问题进行了专门讨论。"терминоведение"得到众多学者的广泛认可,它相对来说更具有术语性,因为俄语中很多表示学科名称的术语都是用-ведение 这个后缀构成的,如 языковедение(语言学)、искусствоведение(艺术学)、литературоведение(文艺学)、металловедение(金属学)等。 терминология 则包含广义和狭义的理解。"在狭义上指某一知识或活动领域所有术语的集合。在广义上,指所有知识或活动领域的全部术语的总和"。②

除了术语学的语言表达,术语学的学科地位始终是学界关注的问题。最初一些学者认为术语学不过是对其他学科的具体说明,是技术词典学而已。还有学者认为术语学指某一学科或技术的全部术语的收集和编排工作。迪毕克曾给术语学下的定义"术

---

① Суперанская А. В., Подольская Н. В., Васильева Н. В. Общая терминология:вопросы теории[M]. Москва:УРСС,1989:14.

② Татаринов В. А. История отечественного терминоведения (ТОМ3 Аспекты и острасли терминологических исследований 1973—1993 хрестоматия)[С]. Москва:Московский Лицей, 2003:27.

27

语学似乎是一门技术,即在某种具体的功能环境中,为满足使用者的表达需要而针对某种特定技术进行收集、分析并在必要时创造术语的技艺"①就充分说明了这一点。还有些学者甚至简单地认为术语学不过是归纳某一学科的重要概念,对其加以严格说明,然后按照字母顺序编出尽可能详尽的术语表,但实际上这连最基本的翻译工作都满足不了。应该说,上述对术语学的理解有些狭隘,原因在于术语学在成立之初主要是为了满足不同语言民族之间进一步交流的需要。这种需要在很大程度上决定了当时术语学的工作范围和方法。随着理论研究的不断深入以及术语工作的逐步完善,20世纪70年代,术语学作为一门独立学科几乎同时在奥地利和俄国被提出。在中国,直至2009年术语学才获得学科代码并进入国家标准之中,正式成为应用语言学下的一个分支学科。

作为一门综合性的应用学科,术语学主要包括理论术语学和应用术语学。维斯特的追随者、国际信息中心前负责人费尔伯(Felber)指出,"术语学的第一部分按方法来说是描写性的,即描述性和分析性的,第二部分是规定性的,即阐述各种标准和原则。俄罗斯术语学派原则上同意这一观点。"②术语学因脱胎于语言学,其理论术语学的结构与语言学十分接近。按照格里尼奥夫的分类,"一般术语学和一般语言学一样,主要研究词汇、语义、构词、词组、语言和语言单位的产生和发展问题。除一般术语学外,术语学的研究方向还包括:个别术语学、类型术语学、对比术语学、语义术语学、称名术语学、历史术语学、功能术语学,以及近年来的

---

① R. 迪毕克. 应用术语学[M]. 北京:科学出版社,1990:3.
② 转引自 Лейчик В. М. Терминоведение:предмет, метод, структура[M]. Изд. 3-е. -М.:Издательство ЛКИ, 2007:193.

新兴方向——认知术语学"。① 此后,列依奇克对格里尼奥夫的分类进行补充,建议还可分出修辞术语学,主要研究专业语言中不断增加的科技语体问题,对这个问题的研究要与因不同客观原因使用术语的其他功能语体相结合。塔塔里诺夫认为,理论术语学中还应分出一个方向,并称之为"术语学的方法论基础,也即术语学的哲学基础",这个问题在洛特(Лотте Д. С.)、德列津(Дрезен Э. К.)、列福尔马茨基(Реформатский А. А.)、维诺库尔(Винокур Г. О.)、弗洛连斯基(Флоренский П. А.)、施佩特(Шпет Г. Г.)、波捷布尼亚(Потебня А. А.)、维诺格拉多夫(Виноградов В. В.)、戈洛温(Головин Б. Н.)等学者的著作中都有所体现。

术语学作为一门综合性应用学科,与很多学科都具有密切的联系。列依奇克通过图表阐述了术语学在现代科学体系中的地位。

从图1-2中可以看出,术语学位于四个学科群的交叉点:1)语言学;2)逻辑哲学;3)数学;4)科学学。术语学产生于语言学内部,具体说,是词汇学,并与词汇学保持着紧密的联系,因为术语是某一自然语言中的词或词组。语言学的最新研究成果和方法都可用于术语研究。除语言学外,社会语言学、心理语言学和认知语言学都是当代综合性科学——认知科学的重要组成部分。还有一些学科交叉领域——篇章理论(篇章学)、称名理论和交际理论等所有学科的研究成果,都为术语学研究术语结构及其使用特点提供了可能性。术语学因此与很多学科具有紧密的联系。

---

① Гринев С. В. Введение в терминоведение[M]. М., 1993:92—125.

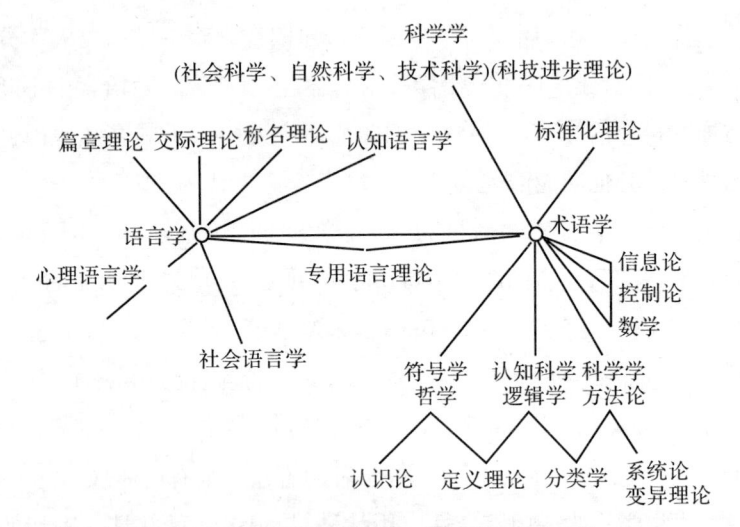

```
                      科学学
                  (社会科学、自然科学、技术科学)(科技进步理论)
   篇章理论 交际理论 称名理论 认知语言学
                                    标准化理论
        语言学○              ○术语学
                                      信息论
 心理语言学        专用语言理论         控制论
                                      数学
          社会语言学
                    符号学 认知科学 科学学
                    哲学   逻辑学   方法论

                 认识论  定义理论  分类学  系统论
                                        变异理论
```

图1-2　术语学在当代科学体系中的地位①

综合以上对术语学学科地位及其内部结构的划分,可以说,术语学是这样一门学科:它根植于社会和人文科学(语言学),接近于方法论科学(哲学认识论、认知科学、符号学、系统论),即术语学中融合了语言学科、对象学科和方法论学科。确定术语学在当代科学体系中的地位时也应基于这一点。

二　术语学研究范式的演变

术语学是以一切科学术语为研究对象的学科,其研究范式的演变与当时社会科学知识的发展特点密切相关,尤其是受语言学的影响最为显著。在术语学产生之前,术语作为研究对象是在词汇学内部被研究的。术语是以某一自然语言的词或词组为基础

---

① Лейчик В. М. Терминоведение：предмет, метод, структура [M]. Изд. 3-е. -М.：Издательство ЛКИ, 2007：219.

的,它遵循自然语言词汇发展的规律和趋势,同时具有自身的一些特点,因此语言学从规定、描写到解释的研究范式都对术语学的发展产生重要影响。语言学中的"规定"和"描写"最初来自语法研究。"规定性语法是以经典古文为依据制定出的一套刻板规则,目的在于规定语言的正确用法。它要求语言的逻辑正确,形式纯洁,行文优美。而主张以描写语言的实际运用情况为主的描写性语法学派认为,语法的主要目的是广泛、系统、客观、精细地描写语言的结构和用法,而不是用真实的或想象的理想标准来规定如何使用语言。"[1]二者的本质区别在于:规定性强调语言形式的规范,而描写性则重视语言使用的现状。语言研究中从规定到描写的过渡不仅仅局限于语法,还涉及语言研究的各个方面。作为标准语词汇中一个特殊的组成部分——术语也不例外。在术语学的每个发展阶段,关于术语的认识也在不断变化。阿列克谢耶娃根据语言学研究范式的演变(结构主义、功能主义、认知主义)将术语学的发展分为三个阶段,即"术语学的分类研究、术语学的功能研究、术语学的认知研究,也相应称为规范中心论研究(面向术语与逻辑的联系)、语言中心论研究(面向术语与语言的联系)、人类中心论研究(面向术语与人的联系)",[2]以突出每个阶段关于术语认识的发展和变化。

(一)术语学的分类研究(规定论)

20世纪30—40年代,术语学产生之初,精密科学迅速发展,因此出现了要借助正式通过的国家标准和专门的汇编文献来确定

---

[1] 刘福长.规定性与描写性:孰为语言规范的根据?[J].语文建设,1993(8):5.
[2] Алексеева Л. М., Мишланова С. Л. Медицинский дискурс: теоретические основы и принципы анализа[M]. Пермь, 2002: 25.

知识的必要性。这个阶段与术语学的奠基人物——洛特、德列津、维斯特所进行的有关专业术语资料的积累是密不可分的。1931年奥地利学者维斯特的《在工程技术中(特别是在电工学中)的国际语言规范》一书的出版为术语学被确立为一门独立学科奠定了基础,同年俄国学者洛特发表《技术术语的当前任务》一文,此后开启了世界范围内的术语研究。因此洛特和维斯特被并称为现代术语学的创始人。在这一阶段,从事术语研究的主要是不同知识领域的专家,而并非术语学家和语言学家,这是因为术语系统反映的是具体学科的概念系统,这只有相关领域专家最了解。洛特首先提出"术语是特殊的词"的著名论断,并以此为基础将术语与一般词汇截然区分开来,研究术语的特征,制定对术语的要求等,这种方法在专业文献中被称为"规定论"。该阶段的研究特点和内容主要体现为以下几方面:

1. 术语的本质

自术语学产生之日起,术语的本质就一直是术语学研究的核心问题。在俄语文献中最早讨论这个问题的是洛特和德列津,还有一些语言学家(В. В. Виноградов, А. А. Реформатский, А. И. Моисеев, Г. О. Винокур, Л. А. Морозова)、术语学家(Н. П. Кузькин, Р. Г. Пиотровский, В. П. Даниленко, С. Д. Шелов, С. В. Гринев, Л. М. Алексеева)和逻辑学家(В. В. Петров, Д. П. Горский, Е. К. Войшвилло)都曾专门阐述过这个问题。绝大多数学者认为,术语是自然语言的词或词组,换句话说,也就是确定了术语的语言特性。列福尔马茨基在《什么是术语和术语集》一文中指出:"术语的本质特征应包括以下几个方面:1. 与概念的相关性:术语是一个二元综合体,即是逻各斯(概念系统)和列克西

第一章 术语学研究的"认知转向"

斯(语言系统)的单位;2. 独立于上下文;3. 单义性;4. 没有感情色彩;5. 修辞中立;6. 系统性、有序性。"①然而,对于术语本质的这种理解无法解释术语特征中存在的矛盾性——一方面是希望术语系统内保持单义性趋势、没有同义词、简短性等要求,另一方面是上述问题在术语中不可避免的现实情况。列依奇克认为,只有信息检索和逻辑系统中的人工语言单位才能够达到"对术语的要求",作为词汇单位的术语总是不断去追求"理想术语应该满足的要求",但始终无法达到。要解决这个问题就要首先承认这样一个事实:术语的本质不在于它的语言物质外壳(术语所保持的一定自然语言的词汇单位的特性只能称作是术语的语言基质),而在于术语所具有的称谓专门知识或活动领域的概念系统中的概念的能力。然而,确定术语具有的语言基质,解释术语作为词或词组所具有的一系列特征,通过揭示术语产生的语言机制及特征去考察术语的本质,进而对术语作出规定和约束是这一时期关于术语本质问题研究的主要特点。

2. 术语和词的区分

与术语的本质问题相关,关于"术语——非术语"的区分一直是术语学界争论的焦点,对于这个问题存在两种截然不同的观点。

第一,一些研究者认为术语是特殊的词,是独立于一般标准语的、特殊的符号系统。代表人物是洛特、苏佩兰斯卡娅(Суперанская А. В.)等。苏佩兰斯卡娅提出"把自然语言分为一般词汇和专业词汇,所有专业词汇类型都具有共同点,同时区别于

---

① Реформатский А. А. Что такое термин и терминология [A]. История отечественного терминоведения (Классики терминоведения Очерк и хрестоматия) [C]. Татаринов В. А. Москва: Московский Лицей, 1994: 311.

一般词汇,甚至在说到专业词汇的时候,不应涉及标准语的概念"。① 洛特在《技术术语当前的任务》一文中批评当时术语中普遍存在的种种缺陷,诸如多义、同义和同音异义现象,并提出了现代术语应该具备的几个条件:"第一,术语应该是真正的术语,即事物或概念的专名,不应该存在同义词或同音异义词;第二,术语不一定要由一个词构成,但要尽可能简洁明了;第三,本专业术语应与亲缘学科甚至是非亲缘学科术语相呼应;第四,现有的术语与新建的术语都应该引起一定的联想。"② 此后,很多学者追随洛特的这一观点,并对"理想术语"应该具备的属性进行了补充。他们认为,术语区别于日常词汇的特点在于单义性、准确性、系统性、独立于上下文、情感中立等。但这一观点很快遭到质疑,大量术语研究表明,上述要求只是人们希望术语具备的理想属性,而不是术语单位本身具备的现实特征。也就是说,术语应该尽可能达到上述标准,但对于洛特指出的现实术语中存在的种种缺陷是无法完全避免的。

　　第二,一些学者认为术语词汇是标准语词汇的一个组成部分。代表人物是维诺库尔和达尼连科(Даниленко В. П.)。达尼连科指出,"术语词汇是一般词汇的组成部分,它的词汇语义过程与标准语大致相同"。③ 维诺库尔指出,"术语不是特殊的词,而是具有

---

① Суперанская А. В., Подольская Н. В., Васильева Н. В. Общая терминология: вопросы теории[M]. Москва: УРСС,1989: 25—28.

② 转引自 Татаринов В. А. История отечественного терминоведения (Классики терминоведения Очерк и хрестоматия)[C]. Москва: Московский Лицей, 1994: 55.

③ Даниленко В. П. Лексико-семантические и грамматические особенности словтерминов[A]. Исследования по русской терминологии[C]. Сб. ст. М.: Наука, 1971: 72—73.

第一章 术语学研究的"认知转向"

特殊功能的词"。① 也就是说,词由日常领域进入专业领域从而获得术语的功能。维诺库尔强调,术语与日常词汇的区别在于具有严格限制的使用范围和作为科学知识载体的特殊功能。术语的重要特征在于它的功能性,即指称专业知识领域客观对象的功能。但词汇的形态、语义、功能等方面描述也都适用于术语。术语同样具有一般词汇的功能:称名功能、指物功能、交际功能和语用功能。格里尼奥夫认为术语是"为准确称名专业概念而使用的专业语言中的称名性词汇单位"。② 他认为,术语与日常词汇的区别在于术语使用范围的特殊性和限定性。库兹金(Кузькин Н. П.)指出,"术语的语言现象遵循所有语言规律,与日常词汇之间不存在原则性差别,无论是从形式,还是内容方面都无法明确区分术语和非术语,区别在于语言外差别,即日常词汇称谓人们熟知的事物,而术语与专业概念相关,只有相关领域专家才能了解。"③ 遵循上述观点的学者在对待术语的要求上也与"规定论"有所不同:承认术语多义性,存在同义词、反义词,可用词组以及不同词类的词表达概念。

随后,舍洛夫(Шелов С. Д.)指出,"传统上对于'术语——非术语'的二分法已经发生改变,逐渐过渡为使用更加弹性和相对的概念'术语性'(терминологичность)来描述一个符号具有术语

---

① Винокур Г. О. О некоторых явлениях словообразования в русской технической терминологии[A]. Тр. Моск. ин-та истории, философии и литературы [C]. Филологический ф-т. М.,1939: 5.

② Гринев С. В. Введение в терминоведение[M]. М., 1993: 33.

③ Кузькин Н. П. К вопросу о сущности термина[J]. Вестник ЛГУ, 1962, Вып 4. № 20: 136—146.

35

属性的程度。"①术语性即确定一个符号为术语的标准或者该符号体现术语属性的程度。"符号(词或词组)的术语性是根据其意义的解释系统相对确定的。在对其进行识别时,关于符号意义的解释系统所必需的信息量越多,那么这个符号的术语性就越强。"②这个概念的产生充分说明了学界对于术语本质认识的转变,即术语和普通词汇之间并不存在绝对的界限。首先,术语也是词,遵循所有语言规律,区别更多体现为术语使用的特殊性和限定性,即术语指称专业概念,与专业领域概念相关。其次,术语既可出现在科学语篇中,也可在日常语言中使用。在日常语言中使用有两种情况:一种是术语仍然表达专业概念。随着科学知识的普及和渗透,人们的日常交流经常会涉及术语知识,比如人们会根据自己的生活经验把饮食状况不佳、没有胃口等症状判定为有"胃火",这里的"胃火"即为中医术语,被非专业人士简单理解为上火症状"胃有火",尽管"胃火"的专业定义(多由邪热犯胃;或因嗜酒、嗜食辛辣、过食膏粱厚味,助火生热;或因气滞、血瘀、痰、湿、食积等郁结化热、化火,均能导致胃热(胃火);肝胆之火,横逆犯胃,亦可引起胃热)他们并不知悉,也不会影响其使用。第二种情况是术语表达转喻意义。也就是说人们已经熟悉并掌握术语所表达的概念,同时把这种模式转移到对其他事物和现象的描述上,如"大脑被'格式化'"等。

在对现实的科学语篇进行术语分析时,通常需要明确以下几

---

① Шелов С. Д. Термин. Терминологииность. Терминологические определения [M]. -СПб. : Филол. фак. СПбГУ, 2003: 12.

② Шелов С. Д. Термин. Терминологииность. Терминологические определения [M]. -СПб. : Филол. фак. СПбГУ, 2003: 23.

个方面:第一,在专业领域内,术语的意义即是它所指称的概念。第二,在形式层面,术语与一般词汇一样,具有语音、形态、构词和句法等方面的特点,而"理想术语"所应具备的属性,如形式简洁明了、保持单义等特点对于将术语与一般词汇区分开来并不足够。更重要的是内容层面,即术语应具有明确的使用范围,与科学概念密切相关,对于指称不同概念的同一术语形式来说,它的术语性是完全不同的。

3. 术语的整理和规范

20世纪初,术语学理论发展之时,正值维也纳学派的逻辑分析方法在语言研究中占主导地位。以弗雷格(Frege G.)、维特根斯坦(Wittgenstein L.)、罗素(Russell B.)为代表的学者认为,语言具有完美的结构,通过它应该能够反映客观现实的结构。他们提出创建形式化语言的设想显然剥夺了自然语言的模糊性特征及其表达科学事实的能力。虽然致力于建构全世界统一的科学语言的努力并没有成功,这种设想同时也使人们试图建立完美术语的做法有据可依。术语学初期的主要研究工作是整理和规范术语。术语的整理和规范主要分为几个阶段:第一阶段是术语的清点,即收集所选择对象领域的所有术语,对术语进行编纂加工和描述。第二阶段是对该知识领域的概念按照范畴和概念分类进行系统化加工。第三阶段是确定术语的"缺陷"。首先进行语义分析,揭示术语意义与它所称谓的概念内容的区别和偏离,找出没有术语称名的概念。然后进行词源分析,分离出更有效的术语构成方法和模式,指出不成功的术语形式,确定改善或替代不成功术语的方法。在大多数情况下,术语的清点和整理的结果以翻译词典、汇编词典、教学词典和专业术语词典的形式体现。中国医史文献研究所开展的中医药名词术语规范化研究即属于此类工作。以《中医药学名词》为例,首先从众多中医药名词中筛选重要常用名词5000条,进行规范、研究和审定,之后再按照基础理论、中药、方剂、内科、外科、妇科、儿科等分类研究,最后形成《中医药学名词》并发布。这些名词的审定和发布对于中医药现代化、走向世界、中医药知识的传播、国内外医药交流等方面都具有十分重要而深远的意义。

需要指出的是,术语的整理和规范工作通常以传统术语学从"规定论"角度对术语提出的要求为基础:1. 内容要求:语义不矛盾,即术语作为词的词汇意义和术语在术语集中获得的意义不矛盾;术语集中的术语具有单义性;不应有同义词。2. 形式要求:符合语言规范,消除行话;简洁性;具有派生能力;理据性;因术语语音、书写、形态、构词和句法等变体的存在导致术语在书写上存在许多两可现象,因此对术语提出恒常性要求,即术语形式不变。3. 语用要求:推广度、国际性、现代性等。上文提到的医史文献研究所开展的中医药名词规范研究工作也首次使用了术语学方法,遵循术语单义性、科学性、系统性、简易性、国际性、约定俗成、协调性等原则,使得规范审定工作有章可循。

术语学发展初期,"研究工作主要体现在对术语形式的研究,没有哲学基础,没有明确的方法论基础,研究仅限于术语创造的个别问题,这些状况决定了当时术语学的性质及其方法论。"[1]以对术语的"规定性要求"为基础进行的术语规范工作确实满足了当

---

[1] Татаринов В. А. Теория терминоведения(ТОМ1 Теория термина:История и современное состояние)[C]. М., 1996:51.

时科学技术交流的需要,但从术语研究角度来讲,这些要求似乎有些过于绝对化,严格限制术语在使用过程中的发展变异,束缚了术语发展变化的认知潜力。

4. 术语学流派的划分

传统术语学通常把术语学研究力量及其成果划分为四个具有重要影响的术语学派:德奥(维也纳)学派、俄罗斯(苏联)学派、布拉格(捷克斯洛伐克)学派和加拿大(魁北克)学派。这是传统术语学阶段较为流行的一个划分方法。每个术语学流派的研究都有各自的倾向和特点。以欧根·维斯特(Eugen Wüster)为代表的德奥(维也纳)学派侧重从哲学、逻辑学角度研究术语。以概念为本,从概念出发,研究概念的本质、概念的逻辑关系和明确划分,以及以此为基础的术语规范化和标准化是该学派研究的重点。与维也纳学派几乎同时诞生的俄罗斯(苏联)学派偏重从语言学角度关注术语学的基本问题,主要包括:专业词汇的划分、术语的特性、术语和概念的关系、术语的定义、术语在其他学科中的地位、术语与一般词汇的区别等。布拉格(捷克斯洛伐克)学派强调术语研究的功能语言学思想,即把术语放在言语或社会环境(不同文本、不同语言以及计算机系统)中,研究它与相邻因素的功能关系。在关注术语理论研究的同时,十分重视术语标准化工作,主要致力于"对科技文献进行词汇分析;推广语言文化的方法论;推广命名原则和词的结构理论以及介绍有关概念和术语分类法方面的逻辑原则,并指导应用"。[①] 兴起于 20 世纪 70 年代的加拿大(魁北克)学派并不是致力于建立术语学的新理论体系,而是对前 40 年的术

---

① 邹树明,吴克礼. 现代术语学与辞书编纂[M]. 北京:科学出版社,1988:33.

语研究工作进行综合,同时侧重术语的翻译研究和术语作为社会语言工具方面的研究工作,主要在建立术语库和翻译方面(包括机器翻译)成绩显著。

需要强调的是,以上四个术语学派的划分是传统术语学对世界范围内术语学研究力量进行的划分。这一划分直到今天仍然经常体现在很多著述研究中。然而在当今看来,世界各国的术语研究不断发展,已经取得了很多新的成绩,不再仅仅局限于上述四个学派,因此将世界范围内的术语学研究划分为四个术语学派的说法已属不妥。郑述谱多次撰文提出,术语学研究应抛弃"学派说",强调从地域着眼,其原因在于,关于学派的定义一直没有严格科学的界定,学派或流派多被理解成传统哲学意义上的"学派",即其理论持有对立观点的研究群体,如"唯名论"和"唯实论"。显然"术语学派并不是严格哲学意义上的学派,更多是基于实际需要和研究志趣形成的不同群体,所谓的术语学派之间从来都不是相互对立、互不相容的。"①从上述关于四个学派的介绍可以看出,各个学派之间的差异主要体现在研究方法与研究侧重点的不同。此外,从近些年来召开的术语学国际会议的参会情况、会议主题及讨论内容来看,除了上述四个术语学派所在国家之外,丹麦、瑞典、挪威、芬兰、冰岛等北欧国家,尼日利亚等非洲国家以及南北美洲等国家的术语研究也取得了很多成果,并表现出强劲的发展势头。因此可以说,此前的划分已经不能反映当今术语学研究的发展状况。"如今世界范围内的术语学研究力量更多从地域

---

① 郑述谱,梁爱林.国外术语学研究现状概观[J].辞书研究,2010(2):87.

角度来划分,如日耳曼语区、罗曼语区、英语语区等。"①这样才能呈现出一个更全面、更合理的术语研究的新版图。但总体来说,奥地利—德国和俄罗斯的术语学研究成果仍处于相对领先地位,中国的术语学研究及其在国际术语学活动中的积极参与也正在取得良好的国际反响。

综上,术语研究初期,学者们关注的重点是术语的特点、形式和内容以及术语的整理和规范问题。以俄罗斯术语学的创始人之一洛特为代表的学者论证了研究术语的必要性并指出研究术语的主要方法,从规定论的角度研究术语的语言学特征。洛特在《技术术语的当前任务》和《整理技术术语》中提出了对术语的要求:简短性、清晰性、没有同义词和同音异义词、系统性、保持单义等,同时确定了术语学的主要任务:研究术语的演变、术语构成和术语的理据。这一阶段的术语学研究在术语理论以及术语的整理、术语系的建立、术语的规范化和标准化等方面成果显著。需要指出的是,洛特和维诺库尔关于术语本质的两个著名论断导致对术语和术语集的本质特征的研究沿着独立的两条线进行。术语的很多特征在这个阶段并没有得到合理的阐释。

(二)术语学的功能研究(描写论)

术语的功能研究以维诺库尔在《俄语技术术语中的一些构词现象》(1939)中的论断"术语不是特殊的词,而是具有特殊功能的词"为基础,重点研究术语的语言学特性,并研究术语和普通词汇的区别。维诺库尔也因此被称为术语学功能研究方向的创始人。进入20世纪80年代,很多学者倾向从动态的、功能的角度研究术

---

① 郑述谱,梁爱林.国外术语学研究现状概观[J].辞书研究,2010(2):87.

语,他们追随维诺库尔的观点,在功能术语学框架内对术语进行历时分析,对于非语言因素在术语发展中作用的关注逐渐增多。这种对待术语的方法被称为"描写法"。维诺库尔认为,词语从日常领域进入专业领域就获得了术语的功能。称谓科学概念的功能是术语的本质属性。达尼连科作为语言学中功能研究方向的代表,研究术语作为特殊的语言词汇系统所执行的特殊功能。他在《俄罗斯术语:语言学描写初探》(1977)一书中详细分析了术语构成的不同模式,区分了四种有效的构词模式,详细分析了术语的词源结构、语法和词汇语义特征,确定了整理行业术语的语言学基础。列依奇克在《关于术语的语言基质》一文中指出,术语是在一定自然语言词汇单位的基础上形成的,因此语言特性是术语的本质属性。普罗霍罗娃(В. Н. Прохорова)在《俄罗斯术语(词汇语义构成)》(1996)中分析了术语构成的语义方式,描述了术语所有词语含义的类型:评价、情感、形象,分析了隐喻术语的构成类型(形式、功能、方位、结构、构造、稠度、联想转移)。列福尔马茨基认为,术语的主要功能是术语与概念的相关性。当词成为术语的时候,它的意义就被专业化并受到限制,在术语内部它获得了新的意义和环境。

随着术语研究的不断深入,人们逐渐发现,术语在使用中经常会违背这些对术语的"理想的要求"。对术语的规定性要求已无法解释作为专业概念表达手段的术语与所称谓概念之间的不对称现象,如术语中的同义、多义等,其背后的原因在于事物总是在各种矛盾和对立中存在发展的。郑述谱教授使用语言的"二律背反"(антиномия)来解释这种现象,这是俄国学者在研究俄语词汇过程中提出的一种说法。"它是指在语言使用中,存在可以同时成立的两个正相反的命题(或规定)之间的矛盾。这一观点对分析术语的使用也是适用的。"①为解决术语在使用中存在的上述问题,人们尝试从术语的"语言层面"转入"言语层面",从术语的言语功能角度出发来研究术语,也就是通过分析术语在言语作品中的使用功能来揭示术语的特性。因此,在术语学研究中产生了"语言术语"(термин языка)和"言语术语"(термин речи)的区分。"语言术语是指用来表达科学发展现阶段实际存在的概念,它们在言语过程中可以再现,并成为科学领域术语总汇的基础。言语术语是指在缺乏现成术语的情况下,学者、技术人员和专业人士等在言语过程中为表达新概念而临时创造的术语。"②言语术语是语言术语存在的现实形式,是语言术语的直接体现。这一区分要追溯到结构主义语言学的先驱——瑞士语言学家索绪尔提出的语言和言语二分法。这一区分对语言学的发展产生重大影响,成为此后语言学研究的方法论原则,并适用于语言学研究的各个领域。"科学言语的产生不仅源于积淀在语言中的潜力,而且还包括语言个性特点及受情境制约的依赖性等一系列因素,交际的动态性使语言必须不断变换其反映客观现实的方法。"③对现实术语展开描写,可以发现术语在篇章中使用时获得的某些重要特征。因此可以说,作为标准语中一个特殊的词层,对语言术语和言语术语的区分成为术语学篇章理论的基础,对术语学研究具有非常重要的意义。此后一些术语学家虽然仍在为追求"理想术语"而提

---

① 郑述谱. 试论术语标准化的辩证法[J]. 中国科技术语,2008(3):9.
② Головин Б. Н., Кобрин Р. Ю. Лингвистические основы учения о терминах [M]. Москва: Высшая школа, 1987:60.
③ 孙寰. 术语的变异问题[J]. 外语学刊,2011(3):57.

出种种要求,但在术语研究过程中都能够首先承认和接受术语在使用中存在的变异现象。术语首先是词,一般语言词汇是术语的语言基质,其中存在的同义、多义等语言现象在术语中无法避免,因此应客观现实地对待这一现象。

需要指出的是,规定论和描写论这二者不是截然对立的。语言是相对稳定的,它始终处于绝对的变化之中,一方面,语言只有相对稳定才能保证交流的顺利进行,另一方面,社会的发展变化必然会引起语言的发展变化,语言只有适应社会发展的需要,才能有效地充当人类的交际工具,术语也同样如此。术语研究的目的之一在于整理并规范术语,以满足该学科领域的交流和发展。术语同语言一样,也是一个动态发展的系统,它始终处于从规定到描写,再到规定的循环过程中。实际应用中的术语会随着科学知识的发展而发生相应的变化,从而打破规范,术语工作者只有观察和研究在现实的科学篇章中使用的术语,揭示术语在使用中体现出来的特征,通过语义、逻辑等方法对其进行适度的规范,以促进术语更科学合理地使用。进入到使用范围的术语又会因各种原因而发生变异,促进新一轮对术语的动态描写。

(三)术语学的认知研究(解释论)

随着认知科学和认知语言学的发展,自20世纪90年代起,术语学关注的重点从术语作为语言单位的特点转向术语的产生、使用及其背后的认知结构和机制,从认知角度揭示术语的本质属性和规律,这可以说是术语学研究中一个"革命性的转向"。

术语作为认知活动的工具和结果,与认知科学有着密切的联系。"人的意识、文化发展以及知识增长中的所有历史性变化,都会反映在语言的词汇系统中,通过对某一知识领域术语的分析,能够勾画出理论思想发展的特点和规律。"①因此要研究科学知识的产生、发展、获得及模式化问题,就必须研究术语的认知特点。从认知角度来看,术语是认知和交际的单位,是专业信息的载体和存储形式,"它通过符号和概念再现的方式来模拟人的知识结构和知识体系,是人们对客观世界进行范畴化和概念化之后的认知结果的表现形式"。②阿列克谢耶娃指出,"术语既属于知识,又属于认知。知识领域的概念构成概念系统以确定知识,与此相应,术语作为表达概念的名称构成术语系统以记录知识,上述过程都是通过术语系统与客观现实的相互作用来实现的。"③因此可以说,术语与认知的联系是天然的,是本质上的。从认知角度去研究术语无论是对于术语学科自身的发展,还是对于科学知识和时代发展的需要,都具有重要的意义,并不是为追赶"时髦"而给术语学贴上认知的标签。俄罗斯及欧美国家率先关注到术语的认知转向,并注重研究术语的认知特性、功能、作用等,具体体现在以下几个方面:

1. 从关注术语形式转向术语的使用。

传统术语学以术语作为语言单位的形式特点为基础,为其制定了一系列要求,以将其与通用词汇区分开来,并开展术语的整理和规范工作,然而随着术语研究的不断深入,人们逐渐发现,使用中的术语会随着科学知识的发展和概念内容的变化而不断发生改

---

① 郑述谱.《术语是折射人类思维进化的一面镜子——〈比亚韦斯托克宣言〉阅读笔记》[J].中国科技术语,2007(5):12.
② 梁爱林.论认知术语学的理论基础及其应用[J].术语标准化与信息技术,2009(1):6.
③ Алексеева Л. М. Философия термина в русской традиции[A]. Материалы Ⅱ Международного симпозиума «Терминология и знание»[C]. Москва, 2010: 24.

变,也就是说,术语并不是一成不变的,它具有动态发展的性质。有很多术语最初在科学领域具有单义性,随着对知识的深入探索和认知的发展变化逐渐产生多义,指称不同的概念,这一语义变化过程只有结合术语的使用规律和人对于专业知识的认知特点才能掌握。因此,术语研究除了关注术语的构成及其规范,还关注术语的使用,也就是现实的术语在现实的篇章中是如何行使其功能的,同时应把认知主体的因素考虑在内。沃洛季娜(Володина М. Н.)在《术语称名理论》中阐述了术语学和称名理论的联系,分析了术语称名对专家认知活动的依赖性。她强调关注术语称名的心理语言学、信息理论、语言学和语用学等方面研究。可以说,只有把篇章、认知主体、功能、交际等因素考虑在内,"术语学才能获得不同术语的结构与功能的真实图景,才能找到术语类型的理论依据,提供术语构成与术语使用的合理推荐方案,才能描绘出或大或小的术语系统,才能看到这些系统不断变换其界限与功能的活动性等等。"①

2. 研究方法从传统的规定性、描写性转向解释性。

语言研究经历了规定、描写到解释,是人类的进步。传统的术语研究注重术语的语言特性、分析术语的语言结构,对非语言的认知能力研究不够。最初的术语研究任务是术语的整理和规范,面对术语不能遵守为其制定的要求这一现象,很多研究开始描述、总结术语从产生、使用到发展变化的过程中所体现的各种属性和特点,从认知角度对上述现象做出解释。认知是解释性的研究方法,从认知角度研究术语,可揭示术语产生和发展的认知机制。因为

---

① 郑述谱. 俄罗斯当代术语学[M]. 北京:商务印书馆,2005:177.

术语不仅是语言的范畴和单元,而且是思维、知识和认知的范畴和单元。它是在专业知识或活动领域通过科学认知和行业交流的相互作用产生的,有些术语甚至是专业人士个人的发明创造。术语形成的过程就是概念化的过程,因此对术语的研究,不可能排除人的因素。从认知角度去解释术语产生和发展的特点可考察人类的经验和认知变迁以及专业知识的演变,要比分析术语的语言结构具有更广阔的视角和思路。

3. 对术语的全新定义。

从术语学诞生之日起,对术语的定义从未停止过。格里尼奥夫在《术语学引论》中给术语下的定义可以作为术语学定义的一个代表:"术语是某种语言中专门指称某一专业知识活动领域一般(具体或抽象)理论概念的词汇单位。"[1]而认知范式为术语学研究提供了一个全新的视角。在认知研究视角下,术语被理解成认知和交际的单位。因此也就获得了全新的定义。贾布洛娃在博士论文中分析了认知术语学视角下术语的本质属性:"术语作为语言单位和专业知识单位是行业活动中认知和交际相互作用产生的结果。"[2]此外,戈洛温把术语界定为"在某一专业领域里,具有专业意义、表达认知过程中形成和使用的专业概念的词或词组。它对于认知和掌握某领域客体及其关系具有重要意义"[3]。沃洛季

---

[1] Гринев С. В. Введение в терминоведение[M]. М., 1993: 25.

[2] Новодранова В. Ф. У когнитивных истоков современной терминологии [A]. Сборник докладов Заседания посвящается памяти профессора доктора филологических наук Елены Самойловны Кубряковой «Взаимодействие когнитивных и языковых структур»[C]. М., 2011: 138.

[3] Головин Б. Н., Кобрин Р. Ю. Лингвистические основы учения о терминах [M]. Москва: Высшая школа, 1987: 5.

娜指出,"术语是特殊的认知信息结构,它通过语言形式表达在整个人类发展历史时期积累的行业科学知识"。[1] 从以上定义我们可以看出,术语的认知定义与传统定义不同的是,对术语的界定不局限于语言学框架,而是在认知科学框架内把术语与其所反映的科学知识的内在联系及其在认知和交际中的地位提至首位。

4. 对术语和概念的关系重新定位。

20世纪50年代针对"术语——意义——概念"问题引发了一场激烈的争论。大多数研究者认为,术语的意义是由定义赋予的,定义是对术语所命名概念的界定,但术语的意义中除了概念意义之外,还有其他的语义成分。然而"有关术语语义的著述所分析、研究的大多是已经统一的术语系统的意义系统,而不是现实篇章中的术语的意义,这就不可避免地在一定程度上将术语的意义绝对化,认为术语的意义就是概念。很多研究也因此从规定论的角度对术语进行规范和总结。"[2]而认知科学的发展使术语研究从关注外部语言结构规律转入语言内部机制。认知术语学要解释与知识相关的问题,即"人是如何对客观世界进行概念化并构建知识的? 概念是什么? 它是如何形成的? 概念和术语是如何联系在一起的? 在知识系统中,概念是构成知识的基本单位,是联结知识的节点,概念是人们理解世界的方式和手段,它通过范畴分类来解释人已有的知识和先前的经验。"[3]人对世界的认识、对事物和范畴的命名要通过术语来体现。从认知术语学角度来看,术语是专业

---

[1] Володина М. Н. Когнитивно-информационная природа термина[M]. М.,2000:128.

[2] 吴丽坤. 俄罗斯术语学探究[M]. 北京:商务印书馆,2009:103.

[3] 梁爱林. 论认知术语学的理论基础及其应用[J]. 术语标准化与信息技术,2009(1):6.

思想和思维的体现形式,是专业信息的载体和存储形式,它在科学知识的概念体系中十分重要,它有助于我们理解和认知术语的构成及其表达的概念。"术语学作为开启科学思维的钥匙折射着关于外部世界的科学的概念构思。"①因此,从认知层面研究术语就必然要把术语的语言形式与其反映概念背后的知识结构联系在一起,即认知术语学要关注的不只是 термин—понятие 的关系,而是 термин—концепт 的关系,进而考察语言结构和知识结构之间的内在联系。关于 понятие 和 концепт 的联系和区别详见第三章第二节。

5. 承认术语认知功能的第一性。

自术语学研究开始之日起,术语的工具作用就被研究者们所重视,首先是称名功能和记录知识的功能。术语首先为概念命名,通过语言形式把概念结构固定下来。术语的发展状况直接反映科学知识的发展水平;其次是传递知识的功能。主要体现在术语所执行的教学功能以及确定和保存科学知识以进行交流的功能,各类术语词典执行的就是这一功能。然而术语在科学认识中的作用是多方面的。随着认知科学的发展,术语的认知功能开始被关注,其中最主要的是揭示新知识,即启智功能。"科学知识的发展都要经历从推测到概念、由期望到实现,这种转变唯有借助术语才能实现。众所周知,首创一个新的专业思想表述等同于构建一个新概念,仅凭这一概念就足以丰富科学知识和认识。"②

"科学知识的发展得益于科学概念体系(概念范式)的发展与

---

① 梁爱林.论认知术语学的理论基础及其应用[J].术语标准化与信息技术,2009(1):6.

② 格里尼奥夫.术语学[M].北京:商务印书馆,2011:234.

更迭。概念范式最普遍的表达方式是相应的术语结构。概念范式的每次变化必定引起术语结构的形式或内容发生相应的变化。"①术语的认知特性首先在于它是行业科学知识的单位,不仅是认知的对象,而且是思维过程的结果。其次术语信息不仅能够记录过去,认知现在,还能够启示未来,因为其中凝聚了长期积累的人们认知客观世界的信息。格里尼奥夫指出,"术语的聚合结构的启发价值体现在:可以构建作为反映对象的物质世界的认知形象,创建'世界图景',能够确立和使用术语的语义联系;使术语间缩短距离并系统化,进而使知识系统化;控制概念空白点的扩大;明确概念界限;形成释义。"②

综上所述,随着语言学研究范式的演变,在术语学发展历史中,对术语的认识经历了从静态的、特殊的词到关注它的语言本质特性,再到认知视角下的动态性研究。术语学以全新和乐观的姿态进入新世纪。未来术语学的发展将与这些科学研究方向紧密相关:知识工程、认知理论、新一代计算机系统和人工智能系统的研制等。在理论层面将广泛使用一些前沿领域的研究成果,如认知语义学、专用语言理论等。术语学作为一门科学领域,将不断由描述向解释事实和提出有理据的建议过渡。

本章小结

科学研究范式是某一科学共同体在某段时间内所认可的提出问题、解决问题的研究方法和体系。语言学研究经历了结构主义、

---

① 格里尼奥夫.术语学[M].北京:商务印书馆,2011:233.
② 吴哲.认知语言学框架内的术语研究[J].中国科技术语,2008(4):6.

第一章 术语学研究的"认知转向"

功能主义和认知主义阶段,这对术语学研究产生了重要影响。今天的术语学不仅限于描述,而是要解释与科学知识相关的现象和因素。应用认知科学的视角和方法丰富和完善了术语学理论研究和实践工作,它让术语学迈出单纯的研究概念系统结构的界限,致力于揭示日常知识和抽象逻辑知识、朴素世界图景和科学世界图景以及概念结构和语言结构之间的密切联系。

科学知识要通过术语记录、保存和传播,一门科学的发展史实质上是其术语系统的发展史。术语学与人类学、科学学、心理学直至认知科学等多种学科具有紧密的内在联系,研究术语在科学认识与思维中的作用是术语学不可推卸的任务。通过对术语的认知研究揭示语言手段所反映的概念信息与术语称名过程的认知机制之间的联系,进而解释语言结构和概念结构之间的不断校正和联系。这将为术语学理论的发展提供广阔的前景。

第二章 认知术语学——认知语言学和术语学的交叉融合

任何一门学科在诞生、发展、成熟的过程中,都会从相关或相邻学科移植一些新理论,借用一些基本术语,这在科学发展的交叉和融合背景下是一个基本趋势,认知术语学也是如此。认知术语学作为术语学中一个极具前景的新兴方向,其本身就是一个需要首先阐明的术语。本章主要阐述认知术语学的产生、发展及其研究对象、性质和内容。

第一节 认知术语学的由来

术语学的历史大致可以划分为以下几个阶段:20世纪30年代的萌芽阶段;70年代的确立阶段;90年代的发展阶段。也许不同术语研究者对这一划分会存在不同观点,但绝大多数术语学家都承认,今天的术语学处于一个全新的发展阶段,即认知术语学(cognitive terminology)阶段。在认知科学范式的影响下,认知说成为很多学科划分传统理论和现代理论的分水岭。术语学界也将此前的术语学研究称为"传统术语学"(traditional terminology)或"前认知术语学"(precognitive terminology)。认知研究之所以会成为术语学发展历史的一个分水岭,原因在于认知术语学对术语学的

第二章　认知术语学——认知语言学和术语学的交叉融合

很多基本理论和概念进行重新解读和阐释,正如列依奇克所说,"它给术语学带来的变化可能是革命性的"。

20世纪末,西方国家术语学界明显降低了对理论研究的积极性,转向创建术语数据库、词典编纂和术语翻译等实践活动。针对这一现象,俄罗斯术语学家舍洛夫指出,"术语学理论正处于十字路口。创建术语数据库、术语词典等实践工作的开展要以理论研究成果为基础。"①在希望术语实践工作能与理论研究的发展相符合这一点上,西方国家术语学界认同俄罗斯学者的观点。对于术语学界从理论研究偏向实践研究这一现象,郑述谱教授指出,"某一个时期偏重于某一方面是符合事物发展规律的,在任何学科的发展过程中,实际经验的积累与理论上的升华总是交替发生的。二者总是互为条件,相辅相成的"。②也就是说,术语学作为一门偏重应用的学科理应是理论与实践相结合的。如今认知术语学的产生和发展是这一时期理论研究和术语实践活动发展的需要。认知术语学随着认知科学和认知语言学的兴起于20世纪90年代末首先产生于具有雄厚术语学研究基础的俄罗斯,这与以下几位术语学家的努力是密不可分的:

1993年格里尼奥夫在《术语学引论》一书中分析术语学作为一门科学的本质,他划分了术语学的主要方向,包括普通术语学(研究专业词汇的一般特性和形成过程)、语义术语学(研究术语的语义)、历史术语学(研究术语的历史,为术语整理提供建议)等,他尤其提到认知术语学(研究术语在科学认知和思维中的作

---

① 转引自 Лейчик В. М. Терминоведение: предмет, метод, структура[M]. Изд. 3-е. М.: Издательство ЛКИ, 2007:233.
② 郑述谱,梁爱林. 国外术语学研究现状概观[J]. 辞书研究,2010(2):94.

用)是形成不久却极其重要的术语学方向。作者在该书中专辟一章论述术语的认知研究,并使用"гносеологическое терминоведение"(认识论术语学)这一术语,与现在的"认知术语学"内涵已经非常接近了,他主要介绍了术语在科学认识中的作用以及研究概念系统的术语学视角,重点研究专业词汇在科学认识中的作用,并指出术语在科学认知中具有记录知识、发现新知和传播知识的功能。该著作可以看作是认知术语学产生和发展的基础。

1998年阿列克谢耶娃在《术语和隐喻》一书中首次提出"когнитивное терминоведение"(认知术语学)这一术语。同一时期,西方学者也开始把"社会认知术语学"(socio-cognitive terminology)作为与传统术语学相对的概念提出来,其代表人物是比利时学者特默曼(Temmermen R.),其代表著作包括 *Questioning the univocity ideal. The difference between socio-cognitive Terminology and traditional Terminology*(1997)、*Toward new ways of terminology description: the sociocognitive approach*(2000)等。此后,"认知术语学"这一术语在俄罗斯学界开始被积极使用(Новодранова,2000;Володина,2000;Мишланова,2001;Шелов,2002;等等)。米什拉诺娃在博士论文《医学篇章中的术语》(2003)中系统论述了认知术语学形成的前提、术语学及认知研究方向的主要发展趋势、语言知识的分析原则、认知术语学的一般特点及其主要范畴以及把语篇作为认知术语学研究对象等问题。

2006年塔塔里诺夫编辑出版了《普通术语学百科词典》,其中收录了"认知术语学"词条。该词条将"认知术语学看作是当代术语学的研究方向之一",并指出,"在认知术语学框架下,术语能够

第二章 认知术语学——认知语言学和术语学的交叉融合

记录人获取的信息,是认知活动的工具和结果,是人对知识进行加工和结构化的产物。它能够总结科学事实、积累知识并传播给下一代年轻学者。它的研究基础是范畴化、概念化、概念模式、隐喻化和世界图景等问题。"①这充分说明认知术语学作为术语学中极具前景的研究方向已经得到广泛认可。此后,很多学者相继发表论著阐述认知术语学的理论和方法。

2007年列依奇克在《术语学:对象、方法、结构》一书中论述了术语学研究的主要观点、对术语的界定、术语的内容和形式结构、术语的类型、术语学使用的主要方法,以及术语学研究中已被解决、待解决和存在争议的主要问题。也是在这本著作中,他肯定了认知术语学给术语学研究带来的"革命性"变化。

2011年戈洛瓦诺娃编辑出版了第一本关于认知术语学的专著——《认知术语学引论》。该著作详细论述了术语的认知特性、行业交际语的发展规律等问题,同时阐述了认知术语学研究的主要问题以及术语认知研究应遵循的重要思想和原则。作者指出,概念化、范畴化、隐喻化是认知术语学研究的主要问题。

总之,近十几年来,越来越多的术语研究者开始关注并从事术语的认知研究,主要有阿列克谢耶娃、沃洛季娜、戈洛瓦诺娃、米什拉诺娃、杰米扬科夫、诺沃德拉诺娃(Новодранова В. Ф.)、伊维娜(Ивина Л. В.)等。俄罗斯在认知术语学理论研究以及应用认知术语学理论研究具体行业术语方面的成果越来越多。英语版和德语版的《俄国术语科学》(1992—2002)中有6篇文章阐述与认知

---

① Татаринов В. А. Общее терминоведение: энциклопедический словарь[Z]. Российское терминологическое общество РоссТерм. М. : Московский Лицей, 2006: 82.

术语学相关的问题,论文集《词汇学、术语学、修辞学》(2003)的30篇文章中有9篇文章与认知术语学相关(Л. М. Алексеева 2003；Л. А. Манерко 2003；В. Ф. Новодранова 2003,等等)。2014年和2016年举行的第四届和第五届"术语和知识"国际研讨会都把认知术语学作为重要议题之一。认知术语学的产生与以人为本的语言学研究范式有关,其本质在于"在研究语言系统的形成和使用时把人的因素考虑在内"。术语学在语言学内部产生,它具有语言学科的所有特性。因此术语学家们开始关注术语研究的认知基础,并从认知语言学角度来研究术语,库布里娅科娃、戈洛瓦诺娃、阿列克谢耶娃、米什拉诺娃等学者关注和研究术语的认知属性、术语的隐喻化研究、术语范畴化研究、科学世界图景等问题,对术语学的很多基本问题进行了重新阐释。

在同期的欧洲国家语言学界也经历了认知方向的转换,这一潮流同样对术语学界理论产生了影响。其中以20世纪90年代早期学者布朗热(Boulanger)、盖潘(Guespin)和戈丹(Gaudin)为代表的社会术语学(socioterminology)和以卡布雷(Cabre)为代表的交流术语学(communicative theory of terminology)是认知研究的两股重要力量。它们的共同点是关注专业文本和专业话语环境中的术语。

相比之下,我国术语学研究主要体现在以下几方面:术语规范实践工作的开展和完善;国外术语学理论的述评和引介;术语规范工作的历史和术语的演变;立足语言学,研究汉语术语结构;研究计算机辅助术语工作和术语研究。而认知术语学研究刚刚起步,相对零散,缺乏系统性。值得一提的是,随着20世纪90年代术语学界普遍泛起的对传统术语学思想的反思思潮,我国一些学者注

第二章 认知术语学——认知语言学和术语学的交叉融合

意到术语学研究中这一具有广阔发展前景和空间的研究方向,发表了不少文章来论述术语的认知研究趋向:

郑述谱在《术语是折射人类思维进化的一面镜子——〈比亚韦斯托克宣言〉阅读笔记》(中国科技术语 2007.5)一文中指出,术语学与人类学、科学学、心理学直至认知科学等多种学科具有紧密的内在联系,研究术语在科学认识与思维中的作用是术语学不可推卸的任务。

吴哲在《认知语言学框架内的术语研究》(中国科技术语 2008.4)一文中分析了术语的认知作用,并基于语言学研究确定了从认知角度研究术语的基本框架,即分别对术语语义、术语形态、术语构成和术语的句法层面进行认知研究。

姜雅明在《俄罗斯术语学认知特色的研究》(外语与外语教学 2009.6)一文中重点论述近年来俄罗斯术语学的认知研究,揭示术语作为承载特殊知识的语言符号所蕴含的知识结构,分析术语的产生、分类、认知机制,探讨术语概念的形成与人的思维发展的关系等。

梁爱林在《论认知术语学的理论基础及其应用》(术语标准化与信息技术 2009.1)一文中通过对认知科学和术语学关系的描述来探讨认知术语学的发展、其理论基础及其在实践中的应用。

郑述谱、梁爱林在《国外术语学研究现状概观》(辞书研究 2010.2)一文中指出,"在认知术语学看来,术语并非仅对专业领域内概念的语言指称,术语是对在认知过程中出现并完善的专业概念的口头化,或称在言语中或话语中物化的东西。它应该被理解成将稳定的符号系统与反复变化的认识辩证地结合在一起的语言动态模式的成分。术语可以看作是对研究者意识中发生的某种心智行为的特别校正物,因此,从术语中还能透出术语创建者主观世界的主观性特点。认知术语学给术语学研究带来的变化极可能是革命性的"。①

孙寰在《术语的功能与术语在使用中的变异性》(2011)一书中从认知角度分析了术语作为认知和交际单位的功能。

吴哲在《俄罗斯认知术语学研究管窥》(中国俄语教学 2013.4)一文中介绍了俄罗斯认知术语学的主要思想和研究内容。

随着认知研究的深入,很多硕博士论文选题也体现了这一研究趋向。上海外国语大学周大军的博士论文《军语的认知研究——军语的产生、发展和理解》主要基于认知语义学理论,同时吸收相关军事理论和术语学理论的观点,在一定的汉语和英语语料基础上,采取内省思辨和实证调查相结合的研究方法,旨在对军语发生的认知基础、军语语义发展变化的认知途径和军语意义理解的认知过程进行深入系统的研究。此外还有《〈文心雕龙〉文论术语的认知阐释》(博士论文)、《概念整合理论视角下石油术语的认知研究》(硕士论文),等等。

上述学者的研究可归纳为:1. 肯定认知研究与术语学密不可分的内在联系;2. 从认知角度研究术语的基本框架;3. 研究术语的功能及其在使用中的变异性;4. 介绍国外术语学的认知研究特色;5. 分析术语作为认知和交际单位的功能。总体来说,研究相对零散,缺乏系统性,对于认知术语学理论的构建和阐述仍有欠缺。此外,认知术语学理论的应用研究也相对较薄弱。以中医术语来说,目前语言学界和中医学界对中医术语的研究缺乏有力的

---

① 郑述谱,梁爱林.国外术语学研究现状概观[J].辞书研究,2010(2):96.

第二章 认知术语学——认知语言学和术语学的交叉融合

理论基础,理论思考不够深入。

综上所述,作为认知语言学和术语学的交叉学科,认知术语学引入隐喻化、概念化、范畴化、世界图景等一系列概念,从而形成了自己独立的研究对象、范畴机制、研究方法、理论问题,呈现出一个崭新的发展趋向,同时形成关于术语、术语集、术语系和术语篇章等研究单位的全新的观点体系。可以说,认知术语学是认知科学和认知语言学在术语学研究领域的交叉、融合,它是对传统术语观的颠覆和重构。从认知术语学的观点来看,术语是认知过程中不断产生和完善的言语化概念,此前术语学的全部范畴和概念可能都要被重新审视。认知术语学的理论研究无论对于术语理论还是术语实践活动都具有非常重要的意义。但目前关于认知术语学尚未形成一个严密而又完整的定义。如果要为认知术语学下定义的话,笔者综合上述术语学家的基本观点、研究内容和方法,试作如下总结:认知术语学是一门从认知和信息的角度来研究术语,研究术语的称名、交际、概念等,着力揭示语言结构和知识结构之间不断发展变化的校正联系,研究术语在科学认知和思维中作用等问题的新兴的、跨领域的交叉学科。

第二节 认知术语学的全新观点体系

一门学科首先要具有明确的研究对象。术语、术语集、术语系是术语学的主要研究对象,它们的定义、特点、属性等在传统术语学框架下获得阐释。然而着力认知方向的学者认为,在认知术语学框架下,这些研究对象的定义需要重新审视和修正,从而形成认知术语学关于术语、术语集、术语系、术语篇章等研究单位的全新观点体系。

一 术语

(一) 传统术语学研究中的"术语"

自术语学产生以来,作为术语学的基本研究对象,术语的定义一直是术语学研究首先关注的核心问题。许多从事术语研究的学者都一直致力于为术语下定义。戈洛温曾列举出7个关于术语的定义。达尼连科在其著述中列举了20世纪40—70年代产生的19种有关术语的不同定义,但这还远远不是全部。对术语的界定之所以会出现这种情况,其原因在于众多定义都是从本学科研究角度出发来界定术语的,而人们一直致力于在一个定义中将术语的所有属性都包括在内,然而这一想法始终无法实现。

术语学发展之初,关于术语的本质问题形成了截然不同的两种观点。俄国术语学的奠基人洛特认为,"术语是与通用词对立的特殊的词,它永远表达严格确定下来的概念。"①维诺库尔在术语的本质问题上的观点与洛特截然相反:"术语不是特殊的词,而只是用于特殊功能的词,任何一个词都能完成这一功能,但在术语中这一功能表现得最为清晰,而且普通词汇是称谓事物,科技术语则一定是称谓概念。"②此后维诺格拉多夫(Виноградов В. В.)指出术语的定义功能,卡帕纳泽(Капанадзе Л. А.)也赞同他的观点,并指出,"术语不是称谓概念,而是记录概念。术语的意义就

---

① Лотте Д. С. Основы построения научно-технической терминологии(вопросы теории и методики)[M]. Москва: Издательство академии наук СССР,1961: 18—36.
② Винокур Г. О. О некоторых явлениях словообразования в русской технической терминологии [A]. Тр. Моск. ин-та истории, философии и литературы [C]. Филологический ф-т. М. ,1939: 5.

第二章 认知术语学——认知语言学和术语学的交叉融合

是对概念的界定,即定义"。① 因此说,术语不同于普通词的地方在于它同时称谓和确定概念,即同时执行两个功能:称名功能和定义功能。此后,大多数学者对术语的界定和研究主要是在以上术语学家的观点基础上发展起来的。20 世纪下半期,语言学界关于术语的定义问题达成一个公认的结论:术语是一个综合体,它在语言中存在是必然的、符合规律的,它受到语言外因素(语言的社会特点和文化特点)和语言自身系统两个方面的影响,即术语同时处于一般标准语词汇和科学概念系统的影响下。正如列福尔马茨基所说:"术语是一仆二主:语言词汇系统和科学概念系统。"②一些术语学家对术语的界定(详见表 2-1)充分体现了上述观点。

表 2-1

Ахманова(1969:474)③	术语是为准确表达专业概念、指称专业对象,通过采纳或借用构成专业语言的词或词组。
Даниленко П. Н. (1977:15)④	术语是具有定义的、称谓专业概念的专门应用领域的词或词组。
Головин Б. Н. (1987:5)⑤	术语是具有专业意义、表达和说明专业概念,用于认识和掌握科学、专业和技术对象及其关系的词或词组。

---

① Капанадзе Л. А. О понятиях «термин» и «терминология» [A]. Развитие лексики современого русского языка[C]. М.:Наука,1965:78.
② Реформатский А. А. Термин как член лексической системы языка [A]. Проблемы структурной лингвистики[C]. М. ,1967:122.
③ Ахманова О. С. Словарь лингвистических терминов[Z].-2-е изд. , стер. -М.:Сов. энцикл. ,1969:474.
④ Даниленко В. П. Русская терминология[M]. М. ,1977:15.
⑤ Головин Б. Н. ,Кобрин Р. Ю. Лингвистические основы учения о терминах [M]. Москва:Высшая школа,1987:5.

续表

Гринев С. В. (1993:33)①	术语是用于准确称谓专业概念的自然语言的词或词组。
Климовицкий Я. А. (1995:155)②	术语是与特定科技领域概念系统中的概念相关联的词或词组。
Лейчик В. М. (1998:24)③	术语是特定专业语言中的词汇单位,用于称谓专门知识或活动领域理论中的一般(具体或抽象)概念。

综上,传统术语学对术语的界定主要包含以下要素:1. 术语是静态的单位;2. 术语是自然语言的词或词组;3. 术语与专业知识领域的概念相关;4. 术语行使的主要功能是称名功能和定义功能。总之,传统术语学把术语理解成"称谓专业知识或活动领域概念的词或词组",并强调"术语是以某一行业具体术语系统的成员进入专业语言的"。传统研究把术语作为一个现成的、已经确定的术语系统内的成分来研究,同时从对术语定义的研究引申到术语功能的研究。在此基础上为术语制定了"简短性、单义性、没有同义词、没有同音异义词、独立于上下文、系统性、与概念一一对应"等要求。可以说,术语的定义,对术语形式的要求以及术语的整理和规范工作(建立术语系统)、制定术语与其他语言单位的区分标准等问题是传统术语学的研究重点。

---

① Гринев С. В. Введение в терминоведение[M]. Москва: Московский лицей, 1993:33.

② Климовицкий Я. А. Некоторые методологические вопросы работы над терминологией науки и техники [A]. Татаринов В. А. История отечественного терминоведения (ТОМ2 Направления и методы терминологических исследований Очерк и хрестоматия, Книга 1)[C]. М., 1995: 155.

③ Лейчик В. М. Терминоведение: предмет, метод, структура[M]. Белосток: Издательство белостокского университета, 1998: 24.

第二章 认知术语学——认知语言学和术语学的交叉融合

(二)认知术语学研究中的"术语"

认知科学和认知语言学的发展使术语学界对术语的观点和研究方法发生了改变。随着社会组织结构的复杂化和交际方式的拓展,语言在社会群体中的作用也随之增长,因此必须在新的历史条件下对术语这一特殊的语言现象重新界定。很多研究者都提出要重新审视此前确定的术语的特征,并提出应对术语的定义进行相应的修正。

从认知术语学的角度来看,术语是表达科学知识和思维的手段,是记录和保存科学信息的载体。它不仅承载人们对客观世界的认识结果,而且是未来认知活动的手段,是专业领域认知和交际的单位。格里尼奥夫将术语的认知功能总结为"记录知识、传递知识和揭示新知"。因为术语不仅能够记录知识并对其进行系统化处理,同时还有助于开启新知。此外,术语作为对某一领域科学概念的称名,能够详细说明和展现术语的概念内容,并参与建构该领域其他概念的定义,和其他语言符号共同构成术语系,也就是将专业知识系统化和结构化。这些功能都是在语言本身因素和语言外因素共同作用下实现的。基于以上对术语的认识,很多学者对术语的定义进行重新界定:

沃洛季娜(2000:25—30)指出,"术语除表达专业概念外,还能够记录、保存专业知识,它在概念系统中具有自己的特殊价值。在这个意义上讲,术语是汇聚人类在长期发展历史中积累的、以具体语言形式表达行业科学知识的一种认知信息结构。"[1]

---

[1] Володина М. Н. Когнитивно-информационная природа термина [M]. М., 2000:25—30.

阿列克谢耶娃(2002:15)指出:"术语是稳定的语言符号系统与反复变化的认识辩证结合在一起的语言动态模式的成分。"①

伊维娜(2003:14)指出:"术语是科学、专业知识和活动领域的主要单位,它用于称谓事物、过程同时作为人认识周围世界的手段。"②

贾布洛娃(2004:44)指出,"术语作为语言单位和专业知识单位,是行业活动中认知和交际相互作用的结果。"③

列依奇克(2007:21)指出:"术语是一个动态的现象,它在认知过程中产生、形成、深化,经历由思维范畴的概念逐渐发展为与某一思维活动领域的理论或思想相关的言语化概念的过程。"④

戈洛瓦诺娃(2011:58)指出:"术语是行业思维的言语化结果,是行业领域重要的语言认知手段和行业交际的重要组成部分。"⑤

从以上定义可以看出,认知术语学视角下的"术语"主要包含以下几方面:1. 术语是专业知识和活动领域的单位;2. 术语是科学知识的体现和存储形式;3. 术语是具有行业语言特点的专业语篇的基本单位;4. 术语是获取、保存和再生产科学信息的手段。

---

① Алексеева Л. М., Мишланова С. Л. Медицинский дискурс: теоретические основы и принципы анализа[M]. Пермь: Изд-во Пермского ун-та, 2002:15.

② Ивина Л. В. Лингво-когнитивные основы анализа отраслевых терминосистем (на примере англоязычной терминологии венчурного финансирования): Учебно-метадич. пособие[M]. М.: Академический проект, 2003:14.

③ Зяблова О. А. Экономическая лексика современного немецкого языка: становление и особенности функционирования[M]. Дипломат. акад. МИД России, каф. германских яз. М., 2004:44.

④ Лейчик В. М. Терминоведение: предмет, метод, структура[M]. Изд. 3-е. -М.: Издательство ЛКИ, 2007:21.

⑤ Голованова Е. И. Введение в когнитивное терминоведение[M]. Флинта, Наука, М., 2011:58.

第二章 认知术语学——认知语言学和术语学的交叉融合

与传统的术语定义("称谓某一知识领域专业概念的词或词组")不同的是,认知术语学对术语的界定并不局限于语言学框架,而是在认知科学框架内把术语与其反映的科学知识的内在联系及术语在认知和交际中的地位提至首位。

列依奇克指出:"术语是稳定的符号系统和对它不断思考相结合的语言动态模式的成分,是研究者意识中发生的某些心智行为的特别校正物,术语中能透视出术语创建者主观世界的主观性特点。"[1]也就是说,任何术语都首先在某一自然语言基础上产生,语言是体现一定文化的世界图景的载体,它会对术语的形成产生一定的影响。语言是反映社会所有变化的一面镜子。行业活动的发展变化都会反映在专业语言中。可以说,术语是认知主体的日常知识和科学知识在认知过程中相互作用的产物。术语的认知性是其本质属性。术语与知识的内在联系是认知术语学研究的重点。

综观传统术语学与认知术语学对术语的界定,可以归纳出以下几点:第一,传统术语学研究中的术语具有静态的性质,即是"关于客观对象的知识的确定";认知术语学则确定术语的动态特性,在认知视角下它获得了新的名称"言语化符号",它可能随着所反映理论和知识水平的发展而不断变化。第二,传统术语学侧重研究术语的语言学特性,即研究术语作为词汇单位的属性和特点;认知术语学则突破语言学界限,把术语理解成某一专业知识或活动领域进行认知和交际的重要手段。第三,传统术语学研究强调术语和概念的密切相关性,但没有考虑认知主体的作用;认知术

---

[1] Лейчик В. М. Терминоведение: предмет, метод, структура [M]. Изд. 3-е. -М.: Издательство ЛКИ, 2007:234.

语学研究坚持人本主义原则,把人的因素引入术语研究,把认知看作是人的体验过程,关注术语的语言结构与知识结构之间的内在联系。第四,传统术语学重视术语作为术语系统内成员的研究,并将其形式和内容分别称为术语的"逻各斯"(从结构上分析其称名和语义方面的可能性)和"列克西斯"(分析术语在术语集和术语集在某一语言词汇系统中的地位);认知术语学则通过语言结构与其反映行业领域知识结构的相互作用来揭示术语的内容,它提出运用语篇分析的方法,探究术语在科学知识形成和发展过程中的作用等。在这种情况下,术语不仅仅是逻各斯或列克西斯的单位,而且还是语篇的单位。第五,传统术语学注重研究术语作为称谓不同知识领域概念的语言符号的本质属性,认知术语学研究则提出解决一个更为复杂的任务,即"要解释语言结构和知识结构之间不断发生的校正和联系"。

通过以上比较,可以说,认知术语学视角下的术语并非是一个固定不变的词汇单位,动态性和开放性是它的本质属性。动态性首先体现在语言本身的动态性及其从潜在属性不断向现实属性转换的过程;其次体现在术语具有矛盾性:独立于上下文的要求与其在具体篇章使用中产生的变异现象;追求单义性和实际存在的多义性。列依奇克认为,"术语的动态性与其存在的相对性有关。第一,术语本身是词,不具有稳定的语义和形式属性,只是获得在一定术语系统内的临时性;第二,术语系统本身的存在也是相对的,它取决于所反映理论的发展和衰退"。[1] 纳利莫夫(Налимов

---

[1] Лейчик В. М. Об относительности существования термина[A]. Материалы научного симпозиума 《Семиотические проблемы языков науки, терминологии и информатики》[C]. М. ,1971:442.

第二章 认知术语学——认知语言学和术语学的交叉融合

В. В.)认为,"术语的开放性,是指术语具有解释性(интерпретируемость),即对术语的界定一定与该词的词汇语义场相联系。同时还具有多功能性(полифункциональность)和语义不封闭性(семантическая незамкнутость),即科学领域中的术语不应仅仅是对已知概念的表达手段,而且对于未来的某一判断或发现有启发作用"。① 也就是说,术语在人认识世界、探索世界的过程中发挥着重要的功能,它随着科学的发展和认知水平的提高而发生变化,作为其形式的语言结构和所反映的知识结构之间在不断发生校正联系。

(三)术语的特征及其属性

传统术语学关注术语的语言学特征,并以此为基础制定对术语的要求。与它不同的是,在认知术语学看来,具有定义性、与概念的相关性、准确性和系统性是术语的本质特征。定义性即术语具有严格的、科学的、逻辑的定义。专业概念具有准确的定义、严格的界限,因此指称概念的术语单位也必须有定义。定义性被认为是术语的重要特性。达尼连科在界定术语时指出,"术语是应用于专业领域、称名专业概念的词或词组,要求具有定义"。② 与概念的相关性即术语具有严格的使用范围,它一定属于某一活动领域,与相应领域的概念相关。塔塔里诺夫提出将术语界定为与专业领域的专业概念相关的语言符号(词或词组)。与概念的相关性和具有特殊的使用范围是术语与一般词汇的根本区别。系统性是洛特首先提出来的。他认为"每个术语在其所属的术语系

---

① 转引自 Алексеева Л. М. Термин и метафора [M]. Пермь: Издательство пермского университета,1998:21.

② Даниленко В. П. Русская терминология[M]. М., 1977:312.

内都有确定的位置,它取决于相应概念在概念系统中的位置"。①也就是说,系统性既体现在内容层面,也体现在表达层面。系统性特征是界定术语的基础。

在肯定术语的本质特征之后,认知术语学对传统术语学关于术语的要求提出不同意见:

首先,认知术语学认为,单义性和简洁性始终是术语要致力于达到的目标,因为现实中更多的术语称名单位是多义的、多成分的,这是术语作为词汇单位不可避免的特性。术语标准化与科学领域的认知需求之间是二律背反的规律,相互间存在着不断校正的联系。术语标准化文件虽然具有一定的效力,要求必须遵守,然而它本身也不是一成不变的,随着科学技术的发展以及人们的认知需求,它会根据术语的现实使用情况,及时进行修改,以适应现实需要。

其次,认知术语学认为,术语独立于上下文不是绝对的。在传统术语学视角下,术语具有独立于上下文的属性,任何篇章条件都不会改变术语的概念内容。列福尔马茨基指出,术语的上下文就是它所属的术语系统,而不是篇章。与传统术语学观点不同的是,认知术语学则强调术语并不独立于上下文,应将术语使用的篇章作为研究的基本单位。"上下文是指与某一术语共同反映一个意思完整的文句。上下文分为定义性上下文、解释性上下文、联想性上下文"。② 上下文小至一句话,大至一整章,甚至一整本书。通过上下文分析可以很好地识别术语单位覆盖的概念,以达到遴选

---

① Лотте Д. С. Основы построения научно-технической терминологии(вопросы теории и методики)[M]. Москва:Издательство академии наук СССР,1961:14.
② R.迪毕克.应用术语学[M].北京:科学出版社,1990:43.

第二章 认知术语学——认知语言学和术语学的交叉融合

术语、辨明同义词、记录术语的派生形式和完整形式、提取定义等，同时强调关注术语在篇章中的功能、发展规律、特点和变异现象。

再次，随着认知研究范式的发展，对于术语在认知交际方面的要求受到关注：与构词理论密切相关的术语构成问题将从全新角度来研究。库布里亚科娃认为，术语构成应考虑到人的交际需求，术语在人的认知活动中除执行认知功能外，还行使交际功能，因为它反映某一领域的知识结构并把这些知识传递给他人。首先，从认知角度来看，术语是认知和交际相互作用的结果，它在记录专业知识的同时，还能体现行业活动专家的经验和评价成分。其次，从交际角度来看，术语应该遵循经济原则、对知识呈现的密集性和合适性原则，同时方便在行业交际中使用。

综上，可以说，对术语提出的种种要求是在术语学发展初期占主导地位的"规定论"影响下的结果。随着术语学"描写论"的兴起，人们逐渐看到并承认术语本身存在的动态性和变异性，也因此更客观合理地看待对术语提出的各项要求。在进入"解释论"之后，人们致力于通过描写术语所呈现的各种属性和特点，注重从认知角度解释术语背后的知识结构和语言结构之间的内在联系。

二 术语集和术语系

(一) 传统术语学中的术语集和术语系

术语学研究中关于术语集合的著述很多，俄语中表示术语集合的术语有 терминология（术语集合）和 терминосистема（术语系统）。俄罗斯术语学界对于 терминология 和 терминосистема 这两个术语的区分存在两种截然不同的观点。

第一种观点认为，терминология 和 терминосистема 没有本

质区别。最初洛特曾把经过整理的术语集合称为"научная терминология"(科学术语集),用以区别未经整理的术语集合。阿赫玛诺娃的语言学术语词典把"научная терминология"(科学术语集)界定为"反映一定科学世界观和具体科学领域概念系统性的系统"。① 阿赫玛诺娃认为,具体科学领域的术语集合不仅仅是术语的总和,还是表达该知识领域概念系统的术语系统,因此术语集合的系统性是它的根本特征。戈洛温进一步指出,"术语集合的系统性源于世界本身的系统性,任何科学或活动领域的客观对象及其特征本身是相互联系的,与该领域概念是相互对应的。因此把术语集合区分为整理和未整理在原则上是不符合逻辑的。换句话说,可以把 терминология 和 терминосистема 看作是同义词。"②

第二种观点以列依奇克为代表。他认为,"терминология 和 терминосистема 这两个术语具有本质上的区别。某一领域术语集合的形成是渐进的过程,术语的系统性只在相应领域概念系统形成的时候才存在。терминология 是指未经整理、未被规范的术语集合,而 терминосистема 完全是另一回事。"③此后学界基本上达成这样一个共识:从自觉性和自发性角度将术语集合划分为两种类型:术语集和术语系,在俄语中分别使用术语 терминология 和 терминосистема 来表示。терминология(术语集)是指自然形

---

① Ахманова О. С. Словарь лингвистических терминов [Z]. 2-е изд., стер. - М.:Сов. энцикл.,1969:6—9.

② Головин Б. Н., Кобрин Р. Ю. Лингвистические основы учения о терминах [M]. Москва:Высшая школа, 1987:78.

③ Лейчик В. М. Терминоведение:предмет, метод, структура [M]. Изд. 3-е. -М.:Издательство ЛКИ, 2007:107.

第二章 认知术语学——认知语言学和术语学的交叉融合

成的、未经整理的某一知识或活动领域的术语的集合。自然形成的术语集在大多数情况下是不完整的、逻辑不严谨的,其构成单位包括初术语、准术语、伪术语。терминосистема(术语系)则是经过人为整理的、系统地反映相应概念系统的术语集合,其构成单位是术语。术语集的构成单位可能包括传统的、语义不准确的、理据性不强的术语形式,换句话说,它的很多特点是可以用自然语言发展规律来解释的,即术语集的构成方法和模式与自然语言中词汇语义群的构成方式是相同的,它介于语言学和术语学之间。而术语系这一概念完全是术语学自身的概念,它只在术语学中存在,在一般语言中是不存在的。当某一知识或活动领域形成一定理论的时候,其术语集就会向术语系过渡。在这种情况下,部分初术语会被吸引到术语系中,还有一部分初术语会被形式和语义更加优化的术语所取代,同时还要补充新的词汇单位,以保障术语系的完整和严谨。术语系的系统性要达到三个条件:"第一,术语系统的建构应该以概念分类为基础;第二,根据概念分类划分出概念的必要特征;第三,构建术语所选择的词汇应尽可能直观体现出概念与其他概念的共同特征和区别特征,也就是说处于同一分类序列的术语应具有共同的成分。"[1]与术语集相对,"术语系具有完整性、相对稳定性、结构性、联系性的特征。"[2]完整性指术语系的成分应覆盖专业领域的所有概念,部分之和等于整体。相对稳定性指术语系应该能够反映一定领域在一定阶段形成的观点体系及其重要对

---

[1] Лотте Д. С. Основы построения научно-технической терминологии (вопросы теории и методики)[M]. Москва: Издательство академии наук СССР, 1961:73.

[2] Лейчик В. М. Терминоведение: предмет, метод, структура[M]. Изд. 3-е. -М.: Издательство ЛКИ, 2007:120—122.

象、方法等;结构性指术语是术语系统中不可缺少的成分,整体和部分之间存在必然的、不可缺少的联系,整体的内部联系确定了它的结构。术语系的联系性体现在内容和形式两个层面上。内容层面指术语系统能反映概念间的逻辑关系,如属种关系、整体部分关系、因果关系、客体关系及其特征等。形式层面体现在指称概念系统的术语系统内的术语具有相同的构成模式,能够体现概念间的系统性。

术语系作为术语学研究的基本概念,"是某一知识或活动领域内一定理论的符号模式,其成分是一定自然语言的词汇单位(词或词组),其结构反映该理论概念系统的结构"。[①] 术语系统的建构以该知识领域在一定程度上形成自己的理论、能够揭示自己的主要研究对象及其联系为基础。术语系统的形成满足一定的条件:"存在具有明确划分界限的专门领域;存在一般概念系统;存在描述该领域的足够严谨的理论;存在一定自然语言及其框架内的专业语言以及可以用于指称该概念系统中概念的词汇单位"。[②]

(二)认知术语学对术语系的界定

作为术语学的基本研究对象,术语系统的组织、建构和使用是研究者关注的重点。在认知研究对术语本质重新界定之后,对于术语系的本质和属性的界定也受到关注。

从认知术语学及人本主义研究原则来看,术语系统的形成和发展要比自然形成的术语集包含更多的人为因素,它是具有主体

[①] Загоровская О. В. ,Данькова Т. Н. Термин и терминология[M]. Воронеж,2011:26.
[②] Васильева Н. В. Термин[A]. Русский язык :энцикл[Z]. М. :Большая Рос. энцикл, 2003:119.

第二章 认知术语学——认知语言学和术语学的交叉融合

干预性的、反映知识领域概念系统的术语系统,是认知术语学的基本研究单位。从认知角度看,术语系是体现科学世界图景或行业世界图景的概念系统,它反映人类经验和实践活动的结果。这一属性是由它在行业科学知识过程中记录关于客体属性和本质特征的功能决定的。基于此,有学者认为,在认知术语学视角下,"术语系是科学或专业活动领域的认知系统,它根据知识的结构以术语和术语组合形式体现相应的概念系统,以保障对一定知识和活动领域的主要概念的称名。它之所以成为认知术语学的主要研究对象在于,术语系统具有更高程度的系统组织性,它自觉地接近和达到相应概念的分类,同时在这一过程中具有专家自觉的、积极的干预。"[1]根据结构构成,术语系内部可以分为:1. 一般科学术语(общенаучные термины),如 теория(理论)、гипотеза(设想)、методы(方法)、концепция(思想)、понятие(概念)等,这些术语对于所有科学领域来说是共同的,其应用也具有一般科学意义,不属于同音异义词。2. 跨行业术语(межотраслевые термины),如一般医学术语:здоровье(健康)、заболевание(疾病),диагноз(诊断),анамнез(病历)等;一般法律术语:право(权利),закон(法律),презумпция(推定),невиновности(无罪),уголовная ответственность(刑事责任)等;一般经济术语:продажа(出售),прирост(增长额),юридическое лицо(法人),оборот денежных средсв(资金周转)等。3. 高度专业化术语(узкоспециальные термины),即每个具体的知识活动领域所特有的专业术语,如医

---

[1] Махницкая Е. Ю. Термин и аспекты его изучения с позиции когнитивного подхода [J]. Вестник Московского государственного областного университета, Москва:Издательство МГОУ,2008(3):52.

学分为 хирургический мерццч（外科术语）、терапевтический мерццч（内科术语）、стоматологический мерццч（口腔科术语）等；法律分为 уголовный мерццч（刑法）、судебный мерццч（审判法）、законодательный мерццч（立法）等；经济学分为 банковский мерццч（银行术语）、бухгалтерский мерццч（会计术语）、биржевой（证券术语）等。

在认知术语学框架下，术语集和术语系是某一知识或活动领域的认知逻辑模式。术语系统是动态的、开放的、弹性的系统。术语系的发展是人对世界的认知和理论掌握不断加深这一过程的语言体现。它不仅反映某一专业领域的事物和现象，而且反映描述该领域具有一定完整性并在一定程度上深入认知客体本质的理论。认知术语学恰恰就是以上述内容为研究重点的学科。

三 语篇

（一）语篇的多学科视角

"语篇"（discourse，дискурс）一词源自法语 discours，拉丁语为 discursus，但这一术语的很多语言形式是由英语 discourse 转译过来的。美国结构语言学家哈里斯（Z. S. Haris）于 1952 年发表《话语分析》一文首次使用"话语分析"（discourse analysis）这一术语，"discourse"一词由此被引入语言学范畴。

语篇理论研究最初来自法国和英美学术界。discourse 和 text 在西方学术界被广泛使用。对于这两个术语的区分，归纳起来有以下几种观点：1. text 仅指书面语，即指关于一个交际事件的书面记录；discourse 指口头语言，如对话、广告、随便交谈等。2. discourse 包括书面语言和口头语言，text 仅指书面语言。3. 语

第二章 认知术语学——认知语言学和术语学的交叉融合

篇＝篇章＋语境。即语篇是篇章产生的过程、环境和条件，篇章是语篇的产品。对两词的汉译也十分混乱，包括篇章、话语、言语、语篇等，通常情况下学界倾向于将 discourse 译为语篇，将 text 译为篇章。欧洲语言学对语篇的研究大致可归为三种：第一是从形式主义或结构主义语言学角度把语篇定义为基于句子或词组以上的更高层面的语言；第二是从语言的功能角度出发在广义的社会文化背景下研究语篇的功能；第三是强调形式和功能的相互作用，即将语篇视为语言表达。在学术研究中，语篇分析侧重于口语分析，也称话语分析。篇章分析则专指对书面语言的分析。应用于语篇分析的理论主要有言语行为理论、社会语言学、交际文化学、语用学、会话分析、变异分析。

20 世纪中期随着篇章语言学的诞生，俄罗斯很多学者（Ю. Н. Караулов，В. В. Петров，Л. М. Макаров，И. С. Шевченко，А. В. Олянич）开始关注语篇研究，discourse 和 text 的俄语表达方式分别为 дискурс（语篇）和 текст（篇章）。俄罗斯学界倾向于把语篇看作是一个复杂的认知交际现象，尼古拉耶娃（Т. М. Николаева）指出，"语篇是篇章语言学中的一个多义术语，学者们对它的界定主要包括：①连贯的篇章；②篇章的口语形式；③对话；④意义相关联的一组表达；⑤现实的言语作品——口语或书面。"[1]阿列弗连科（Н. Ф. Алефиренко）认为，"语篇是比篇章意义更广的概念，它同时表示言语活动的过程和结果，被视为交际事件。它不仅包括篇章本身，还包括一些语言外因素，如关于世界的

---

[1] Николаева Т. М. Лингвистика текста. Современное состояние и перспектива [J]. Новое в зарубежной лингвистике. М. ：Прогресс，1978，Вып 8：5—39.

知识、看法、价值体系等,这些因素对信息的理解和接收起到重要作用"(如图 2-1)。① 也就是说,语言、语篇和篇章是相互关联的。语篇是篇章产生的过程、环境和条件,篇章是语篇的体现形式之一,语言系统是言语活动及构成语篇的重要手段和工具。语篇包括书面语言和口头语言,篇章则指书面形式的语言。

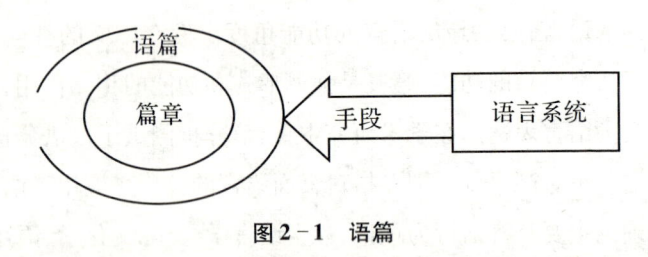

图 2-1 语篇

由于"语篇"这一术语具有多学科性和不确定性,众多学科都从本学科角度来界定并研究它,即使在语言学界,不同学者对它的界定和观点也各不相同,主要包括以下方面:

1)语言向言语转换的过程,也就是说话人使用的语言(Émile Benveniste 1974);

2)句子或言语行为的连续性(Ревзина О. Г. 1999);

3)言语行为的创造,在言语中产生的连贯上下文(Конецкая В. 1997);

4)它包含超语言因素,是借助篇章来实现的交际现象(Арутюнова,Баранов,Виноградов,Караулов,Петров);

5)具有认知交际功能的完整的言语作品(Панкратова О. А.

---

① Алефиренко Н. Ф. Текст и дискурс в фокусе языковой личности [A]. Языковая личность- текст-дискурс: теоретические и прикладные аспекты исследования: материалы международной конференции (3-5 октября 2006 г.) [C]. Самара:Изд. «Самарскийуниверситет», 2006,Ч. 1:6.

2001);

6)社会语言学现象——对它的分析包括作为某一社会群体代表的交际参与者以及广泛社会文化背景下的交际状况（Карасик В. И. 2000）；

7)篇章的属概念（Богданов 1993, Макаров 2003）；

8)认知过程（Кубрякова 1995, Александрова 1999）。

学界根据不同标准把语篇划分为很多类型——根据使用范围：政治语篇、教育语篇、科学语篇等；根据言语类型：书面语篇和口语语篇；根据行业属性：国际关系语篇、社会语篇、跨文化语篇、军事语篇等；根据言语风格：政论语篇、文学语篇等，在上述分类的基础上对具体行业语篇的特点进行分析。

综合以上分析，我们试总结关于语篇的特征：语篇是交际现象，是言语过程中产生的连贯上下文，具有超语言因素。由上述关于语篇特征的表述可以揭示语篇的构成要素：交际、交际空间、篇章建构、言语行为、超语言特性。对"语篇"界定的多样化一方面体现了对于这个术语的界定直至目前还没有达成一致观点；另一方面也说明了这个概念本身还处在发展阶段。对它的界定和描述因不同学科的研究及方法而有所不同。在此基础上，认知术语学研究视域下的语篇应被视为行业交际现象，是科学篇章产生的过程、条件和环境。

(二) 作为认知术语学范畴的语篇

1. 术语学篇章理论的产生和发展

随着篇章语言学的产生，术语学研究开始关注术语在篇章中的使用问题，由此产生了术语学篇章理论。越来越多的研究表明，不应该孤立地研究单个术语，术语不是在术语系统内产生和使用的,而是在科学篇章中。英国著名术语学家萨格(Juan C. Sager)认为,"术语研究除了应考虑认知层面(概念的操作)和语言层面(定义与命名)以外,还应该加上交际层面。术语不仅仅是独立于语境之外的'标签',而是应该把它置于语篇中进行研究,甚至术语本身也是在'语篇中通过词汇单位的划分'而形成的"。[①] 也就是说,术语是在实际语篇中产生的,并非是在术语系统中产生的。此后,术语的产生和使用逐渐被区分开来。达尼连科认为,"术语存在的领域分为两种:一种是确定领域(сфера фиксации терминов),一种是使用领域(сфера функционирования терминов)。术语的确定领域是指专门的术语词典、百科全书、术语推荐手册和具体行业术语的国家标准等。术语在这类篇章中是作为被规定的或者被推荐的表述单位使用的。术语的使用领域包括不同场合、不同语体的更广泛的专业交流文本或言语活动,如科学专著、论文、学术性专题报告和科普文章等。"[②] 列依奇克认为,"相对于术语的确定领域,术语使用领域的首要性被认为是术语研究的重要原则之一"。[③] 每一个术语都存在很多变体,在术语的确定领域,术语只是以聚合变体的形式出现,而在使用领域,术语是以聚合变体和组合变体的形式出现的。

随着科学技术的发展,每天都会产生大量不同类型的科学语篇。术语在语篇中产生、在术语系统中得以确定,之后又投入到语篇使用当中。列依奇克根据术语从创建到使用的过程,将包含术

[①] Juan C. Sager. A practical course in terminology processing[M]. John Benjamins Publishing Company,1990:25.
[②] Даниленко В. П. Русская терминология[M]. М., 1977:38—39.
[③] Лейчик В. М. Терминоведение: предмет, метод, структура[M]. Изд. 3-е. -М.:Издательство ЛКИ, 2007:148.

第二章 认知术语学——认知语言学和术语学的交叉融合

语的篇章分为以下三种类型："第一，创建术语的篇章（терминопорождающие тексты），如阐述新概念、新理论的科学篇章。第二，确定术语的篇章（терминофиксирующие тексты），即各种类型的专业术语词典、百科全书、术语标准及术语推荐手册（评价、推荐术语和禁止某些术语的使用）等。在这类篇章中出现的术语是被正式确定下来的，以及被推荐使用的，同时对术语的意义进行界定。第三，使用术语的篇章（терминопользующие тексты），包括科普、政论、技术文件、说明书等。术语在这类篇章中是作为已经确定的、并为读者已知的概念表达手段使用的。"[①] 通常将创建术语的篇章和使用术语的篇章统称为术语的使用领域，相应地将确定术语的篇章称为术语的确定领域。上述三种类型篇章正体现了术语从产生到确定再到使用的过程。术语学篇章理论在明确划分包含术语的篇章类型之后，进而研究术语在不同类型篇章中呈现的某些重要特征。术语学篇章理论认为，首先应对创建术语的篇章进行术语分析，将其中表达新概念的术语抽取出来进行术语性分析、评价，在其作为概念的称名单位被确定之后表明该术语从言语层面正式进入语言术语的行列，同时对它在篇章中的使用提出种种规范性要求。总的来说，术语学篇章理论提出解决术语和篇章问题通常使用的两种方法：对术语的篇章分析（从术语到篇章）和对篇章的术语分析（从篇章到术语），这两种方法为研究不同类型篇章（根据术语密度、术语信息饱和度的不同划分）的术语结构、对术语进行统计分析（术语的应用情况），以及

[①] Лейчик В. М. Терминоведение: предмет, метод, структура [M]. Изд. 3-е. -М.: Издательство ЛКИ, 2007:146—147.

确定术语在计算机系统中的使用特点提供了可能。这一理论也毫无疑问将应用于认知术语学，因为它能够展示专业概念从认知到确定的言语化过程，以及术语的语义和形式结构的发展变化规律。

2. 认知术语学的语篇研究

在认知科学的影响下，研究术语作为认知和交际单位的特点和属性被提至首位。术语符号的种类和类型、它所反映的知识的种类和类型，术语符号产生和发展的条件以及使用规则等研究任务被提出来。认知术语学认为，研究术语单位的认知潜力不应仅限于术语系统内，而应在更广阔的背景下研究。在这一前提下，术语"语篇"（дискурс）、"行业语篇"（професиональный дискурс）、"科学语篇"（научный дискурс）、"术语语篇"（терминологический дискурс）等一系列概念备受关注。有学者认为，研究信息社会中科学语篇的特点应结合方法论、社会文化等因素来考察。综合以上因素来看，科学语篇是科学团体对于一定知识活动领域的客观现实的认知产物，它遵循一定的语言使用规则，能够保障交际过程中知识的形成、掌握和传播。行业语篇是一个动态的结构，是命题、表达、词组、句子等一系列语篇要素的总和，它包括物质方面（物质生产过程中人与自然的相互作用）、社会方面（人对社会进程和社会生活的影响）和精神方面（人的智能和创作潜力的实现），以一定知识领域的知识、技能、能力、实践、义务、权利、兴趣等相关因素为基础，它是综合性的，既包括理论，也包括实践，具有自己的词汇、用词规则、语法和修辞等。术语语篇是行业语篇的一种，是以专业术语的特点作为研究对象的词组和句子的总和。这类语篇的产生是以社会和相关知识活动领域对于统一、规范、编辑和为相应术语单位制定标准的需求为基

第二章　认知术语学——认知语言学和术语学的交叉融合

础的,如医学语篇、经济学语篇等。这类语篇的研究应与语言学理论紧密相连,因为术语首先是词。

认知术语学认为,术语不是静止不变的,而是动态发展的,应把语篇作为认知术语学研究的基本单位,从术语所在的语篇角度研究术语的使用和特点。

首先,科学篇章能够记录人类关于某一知识领域的科学认知的发展阶段,不同的篇章类型会对其中所使用的语言符号的内容和形式施加影响。每一个学科都要经历从前科学认知到科学认知的阶段,所有科学发展史和科学认知的演变都会体现在具体的语言表达手段、形态和句法结构上。反映已进入成熟发展阶段的知识领域的篇章,起码应该具有清晰的句法连贯性、词汇选择的精确性和术语性、客观传达信息的严谨性和准确性以及语句表达的完整性。其次,关注术语在篇章中的使用特点和功能以及术语在篇章中的变异现象。术语表达形式要符合不断发展变化的意义系统,就必然会产生变体现象。科学技术的不断创新必然会导致很多新事物的产生、已有概念发生变化,势必会造成新术语的产生和术语更替。对记载某一领域的科学篇章进行比较研究,可以考察同一客观对象的术语表达形式的演变,从而反映人类对该领域认知和经验的变迁。此外,科学篇章对于术语研究的意义还体现在:科学篇章作为保存和传播科学知识的载体,表达一个整体意义。篇章分析能揭示不同类型概念间存在的联系,通过描述该学科主要概念和范畴来记录该学科的世界图景。考察篇章的术语结构、篇章的术语饱和度(专业词汇,首先是术语在篇章中所占比例)、篇章的术语使用频率(专业词汇,首先是术语与一般词汇的比重)等方面,能够反映人类认知活动的特点和规律,同时对于知识的获取和使用具有一定的启示作用。

术语的语篇研究应与文化背景相结合。如果说,此前术语学研究还局限在术语系统和它所表达的概念系统的话,那么认知术语学则向广阔的跨学科研究敞开了大门,它致力于在广泛的文化背景下去研究术语。主要体现在两个方面:

一是研究术语语义中体现的认知过程,包括记忆、表象和认知,它们与术语的称名过程密切相关。因为术语称名是以记忆、表象、认知为基础的,同时也是上述过程的结果。例如"混凝土"是建筑工程中最常用的词,但笔画太多,写起来费力又费时。1953年著名结构学家蔡方荫教授用"人工石"代替"混凝土",因为"混凝土"三字共有三十笔,而"人工石"三字才十笔,可省下二十笔,大大加快了笔记速度。后来"人工石"合成了"砼"字,构形会意为"人工合成的石头,混凝土坚硬如石",并得到推广。这一术语的形成过程充分体现了认知主体对这一概念的认知理解以及术语形式的汉语言特点。

二是揭示术语在篇章中的使用特点及变异现象。由于不同语言群体间存在认知差异,对术语的选择会受到主体所在的时间、空间、认知结构、文化氛围、社会环境等因素的限制,这一切都是基于文化的。因此研究术语在语篇中的发展规律和民族认知特点,不仅对于研究科学认知的发展特点具有重要意义,而且对于研究人类文化和文明发展途径也具有重要意义。

第三节 认知术语学的理论基础

任何一门学科的建立都基于一定的理论基础。术语学作为一

第二章 认知术语学——认知语言学和术语学的交叉融合

门综合性的应用学科,其产生与很多学科都是密不可分的。首先它与语言学、逻辑学、心理学有着传统联系,其次与符号学、信息学、系统论、控制论、科学学等学科具有密切的亲缘关系。如今,认知术语学作为一门由认知语言学和术语学融合形成的、综合性的交叉学科,依然可以在与其密切相关的亲缘学科中找到认知根源。这些学科的研究理论和方法都为认知术语学奠定了坚实的理论基础。此外,认知研究范式的基本原则和方法也对认知术语学研究具有重要的指导作用。

一 认知术语学的重要思想和原则

在认知视角下,术语是认知和交际的单位,它执行记录知识、传播知识和启发新知的功能。它能解释人们关于客观世界的科学知识结构、经验和认知变迁,是多学科的综合研究对象,因此在新的研究范式下,术语研究应遵循以下原则:

(一)人类中心主义

"20世纪世界语言学研究的历史大致经历了三种基本的科学范式:结构——系统范式(20世纪初起)、社会范式(20世纪中叶起)和人类中心范式(20世纪90年代起)。"[1]在人类中心主义范式影响下,很多与人相关的学科内部形成了专门的认知研究方向,如认知社会学、认知人类学、认知心理学和认知语言学,以全新的视角来评价人对世界的认知和经验。英国哲学家培根的名言"知识就是力量"的核心思想就是人类中心主义。康德提出的"人是目的"的重要论断被学界看作人类中心主义在理论上完成的标志。

---

[1] 赵爱国.人类中心论视野中语言与世界的关系[J].外语学刊,2011(5):107.

人类中心主义又称"人类中心论"①,是以人为世界的中心的哲学思潮或理论。它的含义随着人对自身在宇宙中地位的认识的变化经历了4个不同的发展阶段:古代朴素的人类中心主义、神学人类中心主义、近代盲目的人类中心主义和现代理性的人类中心主义。语言学界的人类中心主义思想具有自己的特点,它的特征是将语言学的研究对象由语言客体转向语言主体,即转向说话的人。也就是说,语言中的人和人所说的语言成为语言研究的关注对象。

20世纪80年代以来,俄罗斯语言学研究中的人类中心主义研究范式主要体现在以下几方面:第一,研究方法由描写转为以阐释为首要方法,从以研究语言形式结构为主转向以研究语言的内容和使用为主;第二,研究对象由内部语言学转为外部语言学,即将所有与语言的理解和使用有关的人义社会科学领域都包括在内,如认知科学、人类学、心理学、文化学等;第三,研究单位由以词汇为主转向以语篇为主,重视言语交际和活动。

与传统术语学在语言系统范围内研究术语,即语言中心论相对,库布里亚科娃指出,"科学研究以人为本首先要关注科学对象对于人的作用,它对于人的活动、个性发展和自我完善的用途和功能。"②也就是说,术语学研究的人类中心主义原则体现在把科学

---

① 注:一般词典多将 антропоцентризм 译为"人类中心论",1983年苏联哲学百科辞典(Философский энциклопедический словарь)对 антропоцентризм 的释义为:от греч. человек и от лат. центр, воззрение, согласно которому человек есть центр и высшая цель мироздания。根据该释义,антропо-指作为个体的人,而非作为整体的人类。从这一角度来看,这个译名也许还值得进一步商榷。

② Кубрякова Е. С. Лексикализация грамматики:пути и последствия[A]. Язык-система. Язык-текст. Язык-способность[C]. М., 1995:16.

对象对于人的作用,在人的特性的发展和完善过程中所具有的功能作为研究目标,它强调人的主体性,它以人的生存和发展为最高目标。在认知术语学研究框架下,主要关注行业思维和术语结构的关系;关注人的认知中语言世界图景和语言外客观现实的关系;科学世界图景和语言世界图景的关系;科学知识和日常知识的关系;知识在语言中的体现以及语言在建构世界中的作用等问题。

(二)新功能主义

"新功能主义"这一术语由美国社会学理论家 J. 亚历山大(J. C. Alexander)于 1985 年在其论文集《新功能主义》中首次使用。语言研究中的新功能主义思想认为,不应该把语言符号作为静态的单位来研究,而应从其在篇章中的使用角度来研究。不同篇章类型会对其中使用的语言符号的内容和形式给予限制。随着认知语言学的产生,对语言研究提出的问题是语言为什么服务?它具有怎样的功能?这样的研究背景对术语学产生的影响就是形成术语的认知研究。术语也是语言的一部分,它为科学知识的发展服务。从认知语言学角度看,只有动态的、能适应科学知识发展需要的术语,才能为不断变化的社会需求服务。与传统术语学关注术语的确定和规范相比,认知术语学则更关注术语的使用及其在科学认知中的功能、在语篇中的认知和交际功能。新功能主义思想在术语研究中体现为几个方面:术语在语篇中的功能、术语在认知中的作用、术语在科学发展中的作用、术语的认知和交际功能。

(三)解释主义

语言研究的历史大致经历了规定、描写和解释三种研究方法。作为标准语词汇中一个特殊的组成部分——术语也不例外。术语学研究也经历了初期以洛特为代表的"规定论"研究和以维诺库尔为代表的"描写论"研究,再到如今的认知研究阶段。

解释主义主张人对世界的体验并非是对外界物质世界的被动感知与接受,而是主动的认识与解释。传统术语学重在描述术语的特征、属性,进而对其进行规范,然而无论是规定,还是描写已不能满足研究发展的需要。认知术语学认为,术语是一个动态发展的系统,它随着科学知识的发展而发生相应的变化,术语工作者只有观察和研究在现实的科学语篇中使用的术语,揭示术语在使用中的特征,同时对术语发展变化的特点和规律做出解释,才能通过语义、逻辑等方法对其进行适度的规范,以促进术语更科学合理地使用。解释主义侧重从认知角度揭示术语形式结构与其所反映的知识结构之间不断的校正和联系,解释术语产生、发展和变化的规律和特点。

(四)扩张主义

扩张主义,即多学科主义,主张综合运用多学科知识为术语研究服务。术语学作为一门综合性的应用学科,与众多学科具有密不可分的联系。首先,术语学与语言学、逻辑学、心理学、符号学、信息学、控制论、系统论以及科学学等学科之间具有密切的亲缘关系,其次它又服务于自然科学、技术科学、社会科学,因此术语学研究从很多学科汲取研究方法。"术语学的亲缘学科是一个开放的、与时俱增的系列。这是由术语学本身的性质,即它的综合性和应用性决定的。"[①]如今,跨学科性、交叉性已成为学术研究的发展趋势。认知科学范式的发展将众多学科联系在一起,共同服务于一个研究目标,即对人智能的研究。认知术语学作为其中一员与

---

① 郑述谱. 俄罗斯当代术语学[M]. 北京:商务印书馆,2005:127.

第二章 认知术语学——认知语言学和术语学的交叉融合

其他众多学科有着密不可分的联系,这种范式的发展将术语看作是人对知识、经验、文化的浓缩,为术语研究的跨学科性开阔了视角和方向。在此基础上,术语的认知属性、文化属性、交际属性、社会属性等特征,术语和概念的关系,隐喻术语的认知功能及语篇功能,术语的世界图景等问题是认知术语学的研究重点。

二 认知术语学的性质

认知术语学是认知语言学和术语学融合形成的一门交叉学科。从方法论角度来讲,在明确认知术语学研究对于术语学发展的意义之前首先要了解术语学的学科性质及其内部划分,即术语学的性质和结构。

列依奇克在《术语学:对象、方法和结构》一书中对术语学的学科性质有清晰的描述:"术语学是根植于社会和人文科学(语言学),接近于方法论科学(哲学和认识论、认知科学、符号学、系统论),即术语学是融合了语言学科、科学学科和方法论学科的一门综合性学科。"[①]

对于术语学的学科结构划分,苏佩兰斯卡娅、格里尼奥夫、列依奇克等都有过详细论述。苏佩兰斯卡娅在《普通术语学》中指出术语学研究包括理论问题和术语活动两个部分,理论问题包括术语的特点、专业词汇和次语言、术语称名和术语创作、学科分类等,术语活动包括科学思想、科学语言和术语学发展史、规范化和标准化、术语编纂和术语教育等。格里尼奥夫把术语学分为理论

---

① Лейчик В. М. Терминоведение: предмет, метод, структура [M]. Изд. 3-е. -М.:Издательство ЛКИ, 2007:174.

术语学和应用术语学。理论术语学包括普通术语学、类型术语学、对比术语学、语义术语学、称名术语学、历史术语学、功能术语学、认知术语学等。应用术语学包括术语规范、术语编辑、术语翻译、术语编纂、术语教学等。格里尼奥夫特别指出术语学中形成的一些新研究方向，其中包括认知术语学，并初步阐述术语的认知功能。此外，列依奇克通过图表展现术语学内部的方向划分。由图2-2可见，左侧是应用术语学部分，右侧的对比术语学、历史术语学、术语学篇章理论和术语学史是理论术语学。

需要指出的是，一门科学或者说学科的结构不仅仅是把它划分成各个部分，而且还要揭示每个部分所研究的问题，确定它的研究对象及其产生和发展的一般规律和特殊规律。根据对科学结构的这种理解，我们认为，术语学是一个综合的科学实践性学科，它的研究对象是术语和术语的集合(术语系和术语集)及其形成、建构、功能和使用的规律。语义术语学、称名术语学等具体方向都有自己明确的研究对象，如语义术语学研究专业词汇意义(语义)、意义的变化和所有潜在的语义现象，如多义、同音异义、同义、反义等问题，称名术语学研究专业词汇单位的结构形式、命名专业概念和选择优化称谓形式的过程等问题。历史术语学研究术语集的历史及其形成和发展趋势。仅从这个角度来看，似乎无法把认知术语学简单地视为与上述分支方向具有同等地位的一个术语学内部分支。因为认知术语学并不是从术语学中划分出一个理论部分作为研究对象，而是关于术语、术语系、术语篇章等单位的全新观点体系，包括对术语语义、术语构词、术语形态和术语句法等方面的认知研究。它是一种研究方法和范式。认知研究范式对术语学的理论和方法都产生了本质性的影响，术语学内部的所有理论研究

第二章 认知术语学——认知语言学和术语学的交叉融合

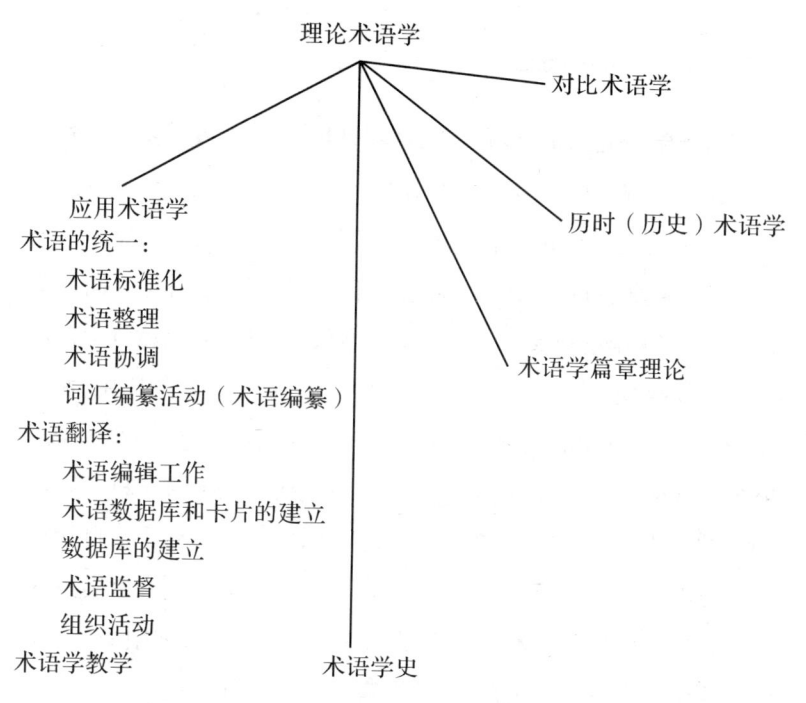

```
                    理论术语学
                   /  |  |  \
                  /   |  |   \
                 /    |  |    对比术语学
                /     |  |
               /      |  |    历时（历史）术语学
    应用术语学        |  |
    术语的统一：      |  |
       术语标准化     |  |
       术语整理       |  |
       术语协调       |  |    术语学篇章理论
       词汇编纂活动（术语编纂）
    术语翻译：
       术语编辑工作
       术语数据库和卡片的建立
       数据库的建立
       术语监督
       组织活动
    术语学教学        术语学史
```

图 2-2 俄罗斯术语学的结构图(俄罗斯术语学派)①

对象都可从认知视角重新阐释和研究。加之列依奇克在上述术语学的结构图表中所作的表述：今天的理论术语学已发展到认知术语学阶段。从认知角度来看,传统术语学的很多理论问题都需要重新审视。因此应该说,认知术语学是理论术语学在研究视角和方法层面上发展的一个阶段,是解释术语现象的一种方法和路向。

---

① 列依奇克在该表下方做出这样的标注："目前理论术语学已过渡到认知术语学阶段。"参见 Лейчик В. М. Терминоведение：предмет, метод, структура[M]. Изд. 3-е. -М.：Издательство ЛКИ, 2007：175.

三 认知术语学的内容

术语学研究的重点随着科学知识和时代的发展需要而不断发生变化。传统术语学多重视术语形式、结构、内部关系的描写,以及术语的整理和规范工作。波兰学者盖达(С. Гайда)认为,"术语理论和实践研究的主要问题应包括术语的定义、术语作为词汇单位的地位、术语的语义、术语的语法、术语发展的历史、篇章中的术语、术语的约定性和可控性、术语政策的基础、术语学的应用、术语化、不同术语学派的观点、术语学与语言学和科学学方法在术语研究中的融合"。[①] 在术语学发展之初,上述研究任务对于科学知识领域的交流和传播具有非常迫切的意义。而如今,在认知科学范式的影响下,术语学研究侧重从认知主体在术语产生和发展过程中的作用角度来研究术语产生、发展的特点和规律。相比之下,传统术语学研究偏向于规范性,并没有真正从认知角度充分考虑认知主体(术语创建者)的主观作用,将主观与客观紧密结合起来深入解释术语与它所反映的科学知识之间的内部联系。

认知术语学是认知科学和认知语言学在术语学领域的交叉与融合,它从认知科学中借用了范畴化、隐喻化、概念化、概念模式、概念空间、世界图景等一系列概念,形成了自己的理论问题、研究方法和范畴机制,具有极具前景的发展趋向。塔塔里诺夫在2006年出版的《普通术语学百科词典》中指出:"认知术语学研究不仅要构建专业知识或活动领域的概念结构、概念模式,还要明确知识

---

① 转引自 Лейчик В. М. Терминоведение: предмет, метод, структура[M]. Изд. 3-е. -М.: Издательство ЛКИ, 2007:199.

第二章 认知术语学——认知语言学和术语学的交叉融合

结构与其语言表达形式之间的内在联系。为此需要完成:1. 揭示专业知识领域的基本概念;2. 分析术语系统中概念之间的主要联系和关系;3. 研究体现这些概念及其联系的语言表达形式;4. 构建术语系统的组织结构图。"[1]上述过程不仅体现出该研究的组成部分,还有它的结构顺序。

阿列克谢耶娃和米什拉诺娃指出,"从认知角度研究术语,其意义主要体现在以下三方面:1. 通过认知研究,术语不仅可以把它自身作为描述对象来研究,还能揭示研究者是如何呈现它的。2. 认知术语学研究考察术语的复杂性和矛盾性规律,深入探索术语的具体特征及其发展变化的内在规律。3. 认知研究有助于对术语问题进行更新的、更深层次的思考,包括人和周围世界的关系问题,以及人通过语言来表达认知结果的问题。"[2]

笔者试图通过表2-2来展现传统术语学和认知术语学在各个层面的区别:

表2-2

	传统术语学	认知术语学
研究原则	语言中心论	人类中心论
研究单位	词汇研究	词汇研究+语篇研究
研究对象	语言学特性	认知和交际特性

---

[1] Татаринов В. А. Общее терминоведение: энциклопедический словарь [Z]. Российское терминологическое общество РоссТерм. М.: Московский Лицей, 2006: 82.

[2] 转引自 Борисовна Т. И. Когнитивное моделирование профессиональной терминосистемы(на материале английской терминологии нефтепереработки) [D]. Омский государственный технический университет. Омск, 2010: 35.

续表

关注重点	传统术语学	认知术语学
	术语—概念	术语—科学理论—知识结构
	术语的确定领域	术语的使用领域
	术语的确定和规范	术语的产生和发展
	术语作为语言词汇单位和概念系统单位的相互关系	概念结构和语言结构的相互关系
	术语的稳定性	术语的动态性

综上,认知视角与传统视角不同的是关注行业领域的概念结构和语言结构之间的校正联系,关注术语作为认知活动手段和结果的产生、发展和变化,关注术语研究中的概念化、隐喻化、范畴化问题。认知术语学不是一个孤立的、简单的分支方向,而是术语学研究的一种方法和视角。它的研究内容主要包括:1. 术语的认知功能及认知交际特性;2. 术语的隐喻化特点和规律;3. 术语概念化分析;4. 术语范畴化问题;5. 术语产生和发展的认知机制;6. 术语所反映的世界图景问题。上述每项研究内容不是孤立存在的,而是相互联系、相互交叉的。如隐喻是人认知世界的重要思维方式,是术语形成和发展的主要手段,又是范畴化的工具,术语隐喻化也是产生术语同义和术语多义现象的原因之一,术语隐喻化和语义发展过程能体现出认知主体的语言特征和文化特征及世界图景。

认知术语学研究将认知主体因素考虑在内,即研究术语的语义结构与认知结构之间的内在联系以及术语变化的认知机制。同时融合了对概念认知的语言文化因素的分析,以及具有心理学基

第二章 认知术语学——认知语言学和术语学的交叉融合

础的民族世界图景的分析。传统的观点一般认为,概念及其术语的形成和发展应排除认知主体的主观因素,将其视为客观事物的本质属性在人们意识中的镜像反映,然而,我们知道概念形成来自感知和实践,需要人的认知加工,是人的认知活动的结果。而术语总是在一定自然语言基础上产生的,因此语言特性和认知主体文化因素或多或少会对术语的形成施加影响,这里所说的术语既包括自然科学、也包括人文和社会科学,应该指出,自然科学中的这一因素相对较少,人文和社会科学中比重较大。本书例证所选取的中医学科术语虽属自然科学,但却是一门人文性极强的特色学科,因此成为认知术语学理论应用的最佳范本。

本章小结

认知术语学是随着认知科学、认知语言学的兴起而产生的,是认知科学范式下学科交叉融合的必然趋势,术语与认知的联系是天然的。术语、科学知识和人之间的内在联系使得在认知科学的框架下形成认知术语学这样一个前沿性的研究方向成为必然。认知术语学一方面继承了传统术语学的研究传统,另一方面又获得了认知科学发展现阶段特有的规律和特点。在认知术语学视域下,术语、术语系、术语篇章等单位获得全新阐释。在认知术语学理论框架内解决术语的实际问题,要比单纯依据术语的语言结构作为分析方法的传统术语学,有着更广阔的视角和更新的思路。它给术语学研究带来的变化极可能是革命性的。

第三章 概念化和范畴化

第一节 科学知识及其表达

一 科学和语言的关系

英语"science"(科学)一词来源于拉丁文"scientia",意为知识、学问。达尔文(Charles Robert Darwin)曾给科学下过一个定义:"科学就是整理事实,从中发现规律,做出结论"。也就是说,科学是建立在实践基础上的关于客观世界各种事物的本质及运动规律的知识体系。"科学"一词在古代汉语中原指"科举之学"。明治时代日本启蒙思想家西周借用"科学"作为"science"的译词。1893年,康有为引进并使用"科学"一词,此后便开始在中国使用。《辞海》(1999)中"科学"的定义是"运用范畴、定理、定律等思维形式反映现实世界各种现象的本质和规律的知识体系"。

自古以来,科学知识的产生和发展,总要催生一些用于确定并传播这些知识的词汇,即术语。在反映客观事物固有规律的科学知识体系中,每一个新概念的产生都需要有相应的术语形式来表达它。随着人们认知水平的提高和科学知识的发展,当已有概念被实践证明是错误的或被新概念取代时,与之相应的术语也随之

第三章　概念化和范畴化

退出应用,只有在科学史中才会被提到或引用。这种新旧概念的交替都要通过术语来体现。与此相应,"科学知识的发展是通过其概念系统的发展与交替来实现的,而最能反映科学概念系统的手段就是相关学科的术语结构。每个概念的变化一定会体现在相关术语结构的形式与内容的变化上。"①无论是作为探究活动的科学,还是作为知识体系的科学,都与语言密切相关。所以说,科学就其构造的本质而言是语言的,一门科学的发展史实质上是其术语发展的历史。术语作为科学语言的核心部分,是人类所获取的知识在自然语言中的结晶。术语与科学知识是密切相关的,哪里有知识,哪里就有术语。在知识的产生和发展过程中始终伴随着术语的产生和发展,如图3-1:

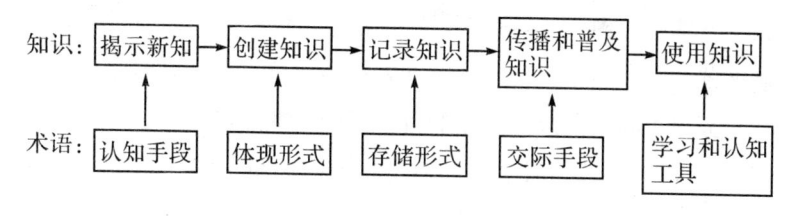

知识：|揭示新知| → |创建知识| → |记录知识| → |传播和普及知识| → |使用知识|

术语：|认知手段| |体现形式| |存储形式| |交际手段| |学习和认知工具|

图3-1　术语与知识的关系

法国著名化学家拉瓦锡(Lavoisier)指出,"没有术语就没有科学,没有科学就没有术语。因为每一门科学都由三个因素构成:一系列科学事实,关于这些科学事实的认识以及表达科学认识的术语。"②列福尔马茨基指出,"语言在科学发展中起到结构化的作

---

① 郑述谱. 俄罗斯当代术语学[M]. 北京:商务印书馆,2005:148.
② 转引自 Суперанская А. В., Подольская Н. В., Васильева Н. В. Общая терминология: вопросы теории [A]. Татаринов В. А. История отечественного терминоведения (ТОМ3 Аспекты и отрасли терминологических исследований 1973—1993 хрестоматия)[C]. Москва:Московский Лицей, 2003:47.

95

用。一门科学越'科学',语言在其中的分量就越重。"[1]术语是语言中反映人关于世界的认识的核心部分。任何一个知识或活动领域的术语都是保存、加工、传播和发展科学概念的主要手段。郑述谱教授在《术语的定义》一文中将术语界定为"凝集一个学科系统知识的关键词"。[2] 首先他用"关键词"作为解释术语的中心词,凸显了术语在专业词汇中的地位和作用。其次说术语凝集了一个学科的系统知识则充分体现了术语本身的系统性、逻辑性等特征。术语系统反映每一个学科或专业领域的知识结构。一门严谨、先进和发达的学科必须要拥有一套完整、准确的术语系统。术语的发展状况直接反映科学知识的发展水平。"认识发展的一个总趋势就是知识的专业化。现阶段新的学科正以几何级数在增长。知识的专业化,反映在语言上,就是词汇数量的扩大与词语意义的不断准确化。"[3]当科学理论中没有表达相应概念的术语时,就需要创造或引进新术语以传达新的科学概念。准确表达科学概念的术语系统能促进科学知识的进一步发展,术语系统的落后反过来会阻碍科学知识的发展和认知活动的深入。因此可以说,科学与语言是并行发展的关系。

二 科学语言、专用语言、次语言

对于表达科学概念及其系统的语言形式有很多不同的说法。在术语学著述中经常会看到"科学语言"、"专用语言"、"次语言"

---

[1] Реформатский А. А. Мысли о терминологии [A]. Современные проблемы русской терминологии [C]. М., 1986:164—165.
[2] 郑述谱. 术语的定义[J]. 术语标准化与信息技术,2005(1):14.
[3] 郑述谱. 术语是折射人类思维进化的一面镜子[J]. 中国科技术语,2007(5):13.

等概念。它们所表示的概念及其关系究竟是怎样的？具有哪些特性？下面一一详述。

最早提出使用"科学语言"这一概念的是英国学者瑟沃里（T. H. Savory）。科学语言有广义和狭义两种理解。"就广义来说，科学语言或者等同于某一门专业科学知识系统，即这一学科本身，或者等同于其学科理论、学科逻辑，即该学科的概念机制以及论证方法。从这个意义上说，科学语言与科学知识是非常接近的。"①换句话说，科学的表达系统——术语体系只是科学语言的一个组成部分。"从狭义上来说，科学语言被看作是某些形式符号系统与阐释规则的整合。可以说，对科学语言进行广义的分析是对知识结构的描写，而对其进行狭义的分析是对术语与使知识概念化的句子类型的描写。"②最初对科学语言的研究是在语言学范围内进行的：科学语体在修辞学中研究，术语特点在词汇学中研究。从20世纪30年代术语学呈现出作为一门独立学科被确立的趋势开始，它与其他学科不断交叉渗透，特别是逻辑学和信息论。随着信息时代过渡到概念时代，科学语言的意义显得越来越重要。科学发现和科技进步的实际需要使人们意识到，它不仅是认知的结果，而且是认知和知识的来源。一个专业领域的术语如果不能恰当、准确地反映概念内涵，则会阻碍科学的发展，科学语言因此被确定为专门的研究对象。

20世纪70年代"专用语言"作为一个新术语首先出现在德语国家，即奥地利、比利时、民主德国、联邦德国及瑞士等国家，英语

---

① 郑述谱. 俄罗斯当代术语学[M]. 北京：商务印书馆, 2005：150—151.
② 同上.

表示为 LSP(Language for special purposes),俄语表示为 ЯСЦ(язык для специальных целей),汉语译为"专门用途语言"或"专用语言"。科学语言和专用语言在某种程度上来讲是通用的。在很多情况下,人们把它们作为同义词来使用。它是自然语言中的一个重要部分,以自然语言为基础,同时具有自己的特点。作为术语学的研究对象,很多学者对专用语言的词汇单位进行类型划分。格里尼奥夫认为,专用词汇单位的核心部分是术语,此外还有名称、类术语、初术语、准术语、俗术语、行业用语和行话等。术语作为科学语言的核心部分是术语学研究的基本对象。

科学语言可以说是一般标准语的次系统。达尼连科指出,"术语是一般标准语的次系统,即一般标准语中一个相对独立的部分。一方面,术语符合并顺从一般标准语的发展趋势,另一方面,术语的发展具有相对独立性,甚至能够对一般标准语的发展施加影响。"[1]应该指出的是,与术语"次系统"相应,"次语言"于20世纪60年代出现并积极使用。它指称俄语中具有鲜明行业取向的一个特殊的存在形式。专业词汇在一般语言基础上形成次语言系统。苏佩兰斯卡娅指出,"次语言是人为构建的、词汇量小于一般标准语并在其系统内处于从属地位的专业语言系统。"[2]

一般语言和科学语言相互影响、相互渗透。一般语言是科学语言形成的基础。一般语言的词汇单位通过专业化之后可获得新的术语意义,换句话说,术语意义中通常带有一般语言词汇关于世

---

[1] Даниленко В. П. Лексико-семантические и грамматические особенности слов-терминов[A]. Исследования по русской терминологии[C]. Сб. ст. М. :Наука, 1971: 11.

[2] Суперанская А. В. Общая терминология : терминологическая деятельность [M]. 3-е изд-е. М. :Изд-во ЛКИ, 2007:8.

界认识的初级知识的痕迹,例如俄语中数学术语"круг"(圆)的概念内容是附加于人们通过这个词所表达的初级知识(圆形物、环形物)上的,而这个知识是在数学产生之前长期积累而成的。这两种知识类型的关系在大多数术语中都得到充分体现,即专业知识(派生知识)附加在语言知识(初级知识)上。甚至还有的术语所反映的派生知识是在外语或已经消亡的语言基础上形成的。例如俄语中 сейсмограф(地震仪)来自希腊语 сейсм。反过来,当术语进入一般语言时,术语意义通常被扩展,同时失去其作为术语的界限清晰性及作为术语系统成员的系统性,例如 невесомость(〈专〉失重→〈日常〉没有重量的、非常轻的);атмосфера(〈专〉气压→〈日常〉气氛、环境)。

总之,科学语言最大的特点在于它具有与自然语言不同的词汇系统,它的核心部分是术语。科学语言中的术语不仅具有严格的定义,还形成一个相互联系、相互制约的系统。

三 行业交际语

认知科学范式的发展使众多学科出现了交叉、融合的基本趋势。很多学科借用和引入新术语来指称新概念。与"意义"(значение)相对,"概念"(концепт)被引入语言学及其他学科;与"篇章"(текст)相对,"语篇"(дискурс)被引入语言学及其他学科;在认知术语学将术语作为认知和交际单位来研究的背景下,与"术语"相对,"行业交际语"作为新的研究对象被提出来。需要强调的是,在新的研究背景下,不应仅仅局限于语言学框架,而是需要在语言和非语言因素的共同作用下来界定上述引入的新术语。术语"行业交际语"的产生是认知语言学和术语学融合发展的必然结果,是上述科学领域向认知交际范式过渡的产物。与日常交际相对,行业交际具有明确的目的性,在语言手段的使用上有一定的限制,由此产生的交际空间使行业交际语成为该领域的专用语言。戈洛瓦诺娃指出,"一方面,行业交际语是某一领域包含概念和范畴的言语化单位的体系;另一方面,行业交际语是在一定交际领域形成和使用,以篇章形式呈现的专业知识体系。行业交际语包括терминология(术语);профессионализмы(行业用语,主要指профессиональные просторечие—行业俗语);профессиональные жаргоны(行话)和корпоративные диалекты(暂译作:团体方言)四个部分,术语是行业交际语的核心"。① 这些组成部分无论是在承载的知识容量,还是语用特点上,都有所区别,它们之间具有复杂的相互联系。

按照每种类型在行业交际活动中所执行的功能和重要性排序依次是:术语 > 行业用语 > 行话 > 团体方言。术语是一定专业知识领域的符号模式的成分。它是行业交际活动的主要交际手段和核心,如图3-2:

行业用语可以作为专业概念的符号,与术语同等对待。科任娜(М. Н. Кожина)指出,"行业用语对于业内人士来说就是术语"。② 但它多数是在实践活动中产生和使用的,而不是在理论环境中。有很多行业用语可以直接进入术语的行列,如черная

---

① Голованова Е. И. Введение в когнитивное терминоведение [M]. Флинта, Наука,М. , 2011:46—48.
② 转引自 Голованова Е. И. Прагматические характеристики единиц профессиональной коммуникации [A]. Сборник докладов Международной научно-практической конференции « Профессиональная коммуникация вербальные и когнитивные аспекты»[C]. М. :ИГУМО, 2007:95.

第三章 概念化和范畴化

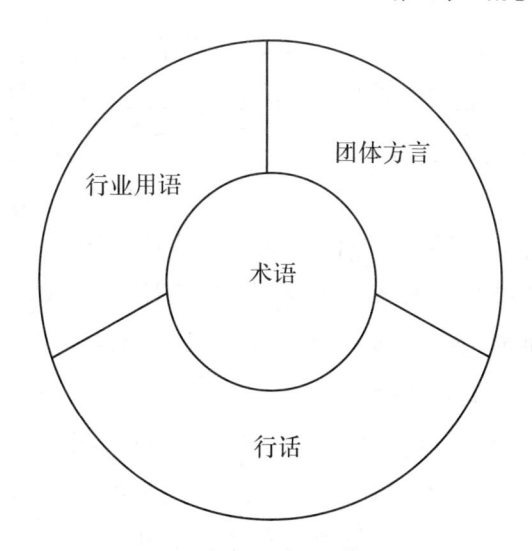

图 3-2 行业交际语的结构

дыра(黑洞)等。与术语相同的是,行业用语同样是指称一般概念的符号。与术语不同的是它具有特殊的视角。对于行业用语来说,重要的不是语言符号这一客观形式,而是与行业活动主体的实践知识、创作活动相关的主观因素。随着行业用语作为语言符号的隐喻性和借代性不断提高,它比术语更具有多义性和不确定性,即同一个行业用语可以指称不同情境和上下文中的不同对象,它取决于行业交际的社会文化、心理和语用特点。这正是它与术语的不同之处。行话是行业用语的一种,但它并不具有规范的性质,它与行业用语不同的是,它与术语的相关程度较小。它不仅指称行业内客观事物本身,而且还包括术语形式无法体现的特点、属性、关系等,行话的使用是有条件的。行话体现的重点不是行业信息,而是评价信息,包括团体对于特定职业条件的态度,例如нутрянка——внутренние санитарно-технические системы(建筑领域:内部卫生设施系统)、убить—разрушить структуру данных(计算机领域:销毁数据结构)中的 нутрянка, убцтб 就带有明显的主观评价色彩。

在不同的知识领域,基于团体文化、团体环境、团体关系等因素,会形成各自的团体方言。这里的团体是指由同一种职业或同一个阶层的人组成的团体、行会,如学术团体、手工业团体等。每一个行业群体,如工业企业、机关单位、高等院校等,都会形成体现其自身特点的行业交流。

上述组成部分在行业交际语的交际空间中共同构成相互协调的言语活动领域,不同语言手段的选择和使用要取决于具体的交际目的、交际情景以及交际参与者的关系等因素。

行业交际语作为表达专业思维的载体,对于研究心智结构和专业词汇的语言结构之间的联系具有重要意义,它的产生、使用和演变充分体现了认知主体在科学认知活动中的思维发展规律以及民族文化特点。行业交际语正是蕴含上述内容的一个重要载体,是认知术语学的重要研究对象。

第二节 术语和概念的关系

一 "понятие"和"концепт"的区分

术语和概念的关系一直是术语学研究的核心问题之一。在认知术语学看来,要研究术语和概念的关系,要先弄清楚概念的意义和内涵,首先是 понятие 和 концепт 的区分问题。这两个词语在汉语中经常都被译为"概念",концепт 除了"概念"之外,还有很

第三章 概念化和范畴化

多译法,如"观念"、"理念"等,华劭教授和郑述谱教授都曾撰文探讨过 концепт 的翻译问题,他们认为,国内学界把"концепт"翻译成概念的居多,但汉语辞书和各类标准对"概念"一词都有明确的界定,它很难包含"концепт"的全部内容,却更符合俄语里"понятие"的含义,如果同样翻译成概念,就会混淆对两个词的理解和使用。

从词源上说,"концепт"源于拉丁语"conceptus",意义相当于俄语里的"понятие","мысль","представление"等。conceptus 是动词 concipere 的派生词,经常使用的意义是"зачатый"(孕体),而 понятие 的古俄语形式"поятие"是动词 пояти 的派生词,动词 пояти 意为"抓住、占有、娶为妻",与 concipere 的一个义项相近。从词源上看,концепт 和 понятие 的生产词意义和内部形式相近,但却具有明确的界限和差别,是完全不同的术语。拉丁语"conceptus"在被引入其他语言后的理解和使用情况是各不相同的:拉丁语"conceptus"经常使用的意义是"зачатый"(孕体),意大利语"concetto"和西班牙语"concepto"从一开始就经常在文艺作品中被使用,并形成了大量的成语性组合,而在法语中没有。德语"konzept"的意义则是"要点"、"提纲",与俄语中的"конспект"意义接近,英语里的"concept"作为哲学术语(意义相当于"a priori"——推理、先验)于 19 世纪下半叶开始被广泛应用。而借入俄语后词义发展成"蕴含"、"概念的内涵"、"概念"。在俄罗斯,是著名学者阿斯科尔多夫-阿列克谢耶夫(Аскольдов-Алексеев С. А.)于 1928 年开始将"концепт"引入当代知识领域的,在 20 世纪 70 年代以前,концепт 一直作为 понятие 的同义词被使用。20 世纪 90 年代初,随着研究的不断深入,концепт 与 понятие 的意义和区别性特征越来越明显。也是从这个时候起,концепт 开始在俄罗斯语言学文献中被积极使用。从事认知研究的学者倾向于"把 понятие 看作是 концепт 的一个组成部分,понятие 包含客观事物或现象的最一般的、最本质的特征,相当于去除次要特征的 концепт"。① 还有很多学者根据各种区分标准来分析两词:"从表现特征来看,понятие 只体现本质特征,концепт 不仅体现本质特征,还体现非本质特征;从知识类型来看,понятие 体现客观的、评价外的知识,концепт 还体现主观的、有评价色彩的知识;从在社会群体中的地位来看,понятие 属于整个社会群体,концепт 属于个别群体;从在文化中的地位来看,понятие 是文化中立性的概念,концепт 是蕴含文化特征的概念。"② 术语学界认为,"понятие 的内容是根据学界一致认可的逻辑建构的;而 концепт 的内容是在人对客观对象的认知过程中自然形成的,它是模糊的、离散的、它能够反映任何非本质性特征,其中反映的世界也可能具有主观性质"。③

  术语"концепт"是随着认知和认知科学的发展而逐渐成为众多研究者的关注焦点的,因为它覆盖了很多与人相关的学科:哲学、文化学、语言学、心理学等,由此产生了大量的定义。俄罗斯学术界对"концепт"的理解主要包括:1. 认知的客体;2. 某类事物

---

  ① Болдырев Н. Н. Перекатегоризация глагола как способ формирования смысла высказывания [J]. Известия АН. Серия литературы и языка, 2001, - Т. 60, № 2:36—38.

  ② Блох М. Я. Концепт, понятие, термин и картина мира в философском языкознании [A]. Сборник докладов Международной научнопрактической конференнии «Профессиональная коммуникация вербальные и когнитивные аспекты» [C]. М., 2007:32.

  ③ Борисовна Т. И. Когнитивное моделирование профессиональной терминосистемы(на материале английской терминологии нефтепереработки) [D]. Омский государственный технический университет. Омск,2010:38.

的共同的相关特征；3. 认知和世界互动的工具；4. 对于人来说是基础概念的综合体；5. 思维产生和发展的源泉。上述各种对концепт的研究和解读，其共同点在于承认这一术语的认知性，它与понятие的不同之处在于，除了包括关于客体的本质特征外，还包括对客体的经验和情感评价的成分。对"концепт"进行认知研究的共同点主要归于其作为思维单元、知识单元和认知单元，体现了人关于客观世界的经验和知识，具有保存和传播人关于世界知识的功能。

语言学中存在两种解读"концепт"的方法，即认知语言学方法和语言文化学方法。

作为认知语言学的基本概念，语言学研究对"концепт"的理解既包括广义的、宽泛的理解，也包括狭义的理解。在广义上，"концепт"是指能够体现该语言主体的世界图景的语言单位，以库布里亚科娃的定义最具代表性。她认为，"концепт是表示人认知过程中的心智资源单位和信息结构单位的术语，它反映人的知识和经验，是行之有效的，含义丰富的人的记忆、心智词汇、概念系统和心智语言及反映在人的心理的整个世界图景的单位。"[1]在狭义上，它是一种体现语言文化特点的语义构成，以克拉斯内赫（Красных В. В.）的定义为代表。他认为，"концепт是最普遍的、最抽象的概念，它反映经过人们认知加工的关于客观事物的思想，其中包括带有民族文化标志的所有相关联系。"[2]

---

[1] Кубрякова Е. С., Демьянков В. З. и др. Краткий словарь когнитивных терминов[Z]. М., 1996: 90.

[2] 转引自 Касьян Л. А. Термин «Концепт» в современной лингвистике：различные его толкования [J]. Вестник югорского государственного университета, Вып 2, 2010: 50.

作为语言文化学的基本概念,它把文化、认知和语言领域的科学研究联系在一起,它属于认知,通过语言来物化,是文化的体现形式。从语言文化角度对"концепт"最具代表性的阐释主要有:斯捷潘诺夫(Степанов Ю. С.)认为,"концепт 是人认知中的文化的节点,是人走向文化的中介。концепты 在人的认知中以概念、知识、联想、感受的形式存在,它不仅是被思考的,而且是被感受的"。① 此外,利哈乔夫(Лихачев Д. С.)认为,"词不会首先在人们的认知中激发出一系列词典意义所列的特征或逻辑概念,人们通常来不及,或者说不能掌握它的全部意义,而只是通过自己的方式来理解它。他认为,концепт 的内容既包括相应的词典意义,也包括该语言使用个体和群体中与文化经验相关的联想、评价等。也就是说它是词条意义和人们的民族经验相结合的产物,对它的理解不能排除人的因素"。②

应该说,这两种解读 концепт 的方法并不是相互排斥的,концепт 作为个体认知中的心智构成属于社会群体的文化范畴;而 концепт 作为文化的单位,是集体经验的体现,反过来也成为个体认知的基础和财富。卡拉西克(Карасик В. И.)认为,"认知语言学的'концепт'是遵循从个体认知到文化的方向;而语言文化学的'концепт'是遵循从文化到个体认知的方向。"③

总之,концепт 是一个综合现象,具有多方面的特征,很多学

---

① Степанов Ю. С. Константы. Словарь русской культуры. Опыт исследования [Z]. М.:Школа«Языки русской культуры»,1997:40.
② Лихачев Д. С. Русская словесность:от теории словесности к структуре текста [M]. М.:Academia,1997:320.
③ Карасик В. И. Языковой круг:личность, концепты, дискурс[M]. Гнозис, 2004:117.

第三章 概念化和范畴化

科都侧重研究它作为本学科研究对象的某一方面特征，试图在一个定义中把所有本质属性都体现出来是不太可能的。从以上对 концепт 的分析可以看出，концепт 和 понятие 的区别已经十分清楚了（见表3-1）。

表3-1

понятие	концепт
最初应用于逻辑学、哲学，具有自己的一套逻辑术语体系，即 понятие（概念）、суждение（判断）、умозаключение（推理）。	最初是数理逻辑术语，此后广泛应用于语言学和文化学。
被认知客体的本质特征的总和	具有民族和文化特点的心智构成，它的内容层面是关于客体的知识的总和，表达层面是所有语言手段的总和。
包括客体的本质特征和必需特征	除本质特征、必需特征外，还包括非本质特征。
术语的语义核心	术语在概念基础上的更大的语义集合体。

概念是术语工作的出发点，因此术语和概念的关系始终是术语研究者的关注焦点。随着认知研究范式的发展，从认知术语学角度来看，术语不仅是语言的范畴和单元，而且是思维、知识和认知的范畴和单元。因此认知术语学与传统术语学不同的是，它的关注重点不仅是 термин 和 понятие 的关系，还有 термин 和 концепт 的关系。

二 认知术语学视域下的"концепт"

说到术语和концепт的关系,首先要弄清楚концепт在认知术语学视域下的内涵。从认知术语学来看,концепт既是认知术语学的基本概念,又是认知术语学的研究对象。也就是说,既可以从认知术语学的基本概念角度出发来阐释,也可以考察其本身作为多个人文科学术语的特点。

首先,концепт之所以成为人文社会科学的基本术语和研究对象,是因为它的认知性。"我们所认识的世界并不等同于现实的客观世界,而是理论化的世界,是关于客观现实的知识与范畴网络的结合体。理论体系中的概念则是在认知过程中产生的。人对客观世界的认识要经历一个过程,从最初的表象认识到专业化概念,再到言语化表达形式,最终通过术语形式确定下来。"[①] концепт是понятие产生的重要基础。上述过程体现人把关于客观世界的认识通过语言符号物化出来的过程,体现人的认知特点和方式。作为涉及众多科学领域的术语,与понятие相比,концепт是人意识中更为丰富的思维形态,它包含认知个体的直观感性认识、行业群体的专业认识和民族的共同认识。其中包含的除客观事物逻辑特征以外的个体经验、社会和民族经验,正是人文社会科学研究的核心部分。个体经验是个体的认知经验,如每个人对书的直观感觉形象各不相同。说到书,有的人会想到字,有的人会想到圣经,有的人会想到他喜欢的普希金作品。又如在对

---

① Лейчик В. М. Терминоведение: предмет, метод, структура [M]. Изд. 3-е. -М.: Издательство ЛКИ, 2007:99.

第三章　概念化和范畴化

篇章的阐释过程中，阐释者的个人经验起着决定性作用，主要包括他对修辞学、心理学、语言学知识的认知，对篇章、篇章作者的态度以及对作者写作风格的了解等。个体经验和社会经验的民族特性相互联系，因为个体是一定历史时期、文化、阶层、民族和职业的代表。综上可以说，концепт 成为人文社会科学的基本术语，主要是因为它能够体现世界图景中的人的因素。концепт 是通往认知研究的窗口。

其次，作为认知术语学的基本概念，концепт 在人的认知活动中产生，处于 понятие 的前科学认识阶段。"每一个术语所称谓的概念内容都要经历从 концепт（人对专业知识的自发性总结）到 понятие（人对专业知识的自觉性的理论凝结）的过程。понятие 在 концепт 的基础上建构。концепт 包含 понятие 并影响它未来的发展。"[1]在术语所称谓的概念从 концепт 发展到 понятие 的过程中，认知主体具有至关重要的作用，他们需要把关于客观事物的逻辑特征和本质属性抽离出来，使其上升为理性认识。认知主体的这一操作是术语产生的认知基础和过程，是认知术语学研究的核心问题之一。有很多研究者专门著述研究人心智世界中的 концепт 和 понятие 的关系。杰米扬科夫指出，"концепт 是人们对客观世界的认知，人们自觉、有目的地把对客观世界的认知结果进行结构化和加工，而 понятие 正是人们对 концепт 进行加工的结果，其目的是消除专业领域交流中存在的障碍。换句话说，

---

[1] Голованова Е. И. Введение в когнитивное терминоведение [M]. Флинта, Наука, М., 2011：39.

понятие 是人们有目的地对 концепт 的内容进行加工的结果"。[1] 斯捷潘诺夫也在专著中分析了二者的关系,他认为,"концепт 可以视为 понятие,不过是在现代科学背景下扩展了的 понятие;两者区别可以描述为:понятие 是业已确定的,而 концепт 是体验和感受的"。[2] 从认知角度看,术语能够体现人们在具体行业认知过程中通过与客观世界的互动所积累的经验,某一语言 концепт 的内容能够反映该语言主体认知客观世界的民族特点,因为民族认识和经验的差异直接影响其认识事物的方式和范畴化结果,进而影响术语的构成。这一差异在 концепт 中可以清晰地体现出来,因为它不仅包括客观事物的逻辑特征(понятие),还包括与该事物相关的科学的、心理的、艺术的、情感的部分以及人的直观感觉和经验。可以说,在认知术语学研究中,концепт 和 понятие 是术语所称谓的概念发展的两个重要阶段:第一阶段注重认知特点,第二阶段注重逻辑特点。从 концепт 到 понятие 的过程是术语产生的重要过程,也是认知术语学研究的核心内容之一。

在认知术语学框架内,концепт 作为一种知识结构,反映认知主体对术语背后的概念内容的认识结果。它包括语言知识、科学知识和专业知识三部分。每一种类型的知识都以人与世界互动的经验为基础。术语是科学知识、语言知识和专业知识在科学理论形成阶段不断相互作用的结果。因此,研究术语与所反映的 концепт 之间的关系能够更好把握术语的产生、形成和发展的特

---

[1] 转引自 Кожанов Д. А. Новые подходы к определению сущности термина в когнитивно-дискурсивных исследованиях [J]. Мир науки, культуры, образования, Вып 5. 2008:45.

[2] Степанов Ю. С. Концепты. Тонкая пленка цивилизации [M]. М.: Языки славянских культур,2007:19.

点和规律,这也正是认知术语学与传统术语学的不同之处。

综上所述,在认知术语学看来,作为人文科学的基本研究对象,концепт 体现了世界图景中的人的因素。其中的个体认知和民族认知是人文科学研究的核心内容,它们体现了人类认知的民族特性。综上,可以得出关于 концепт 的基本认识:术语 концепт 没有严格的结构和界限,其外延是开放的,不能通过语言完整地表达出来,通过语言手段传达的意义只是它全部内涵的一部分。它不是固定不变的,而是具有开放性、复杂性、人文性的,它根据客观世界的变化、认知主体的因素、社会实践的发展而发生变化。作为认知术语学理论的基本概念,концепт 与 понятие 是术语的概念内容发展的两个重要阶段,分别注重认知特征和逻辑特征研究。术语所反映的概念从 концепт 到 понятие 的发展过程体现出多面性、综合性和认知性等特点,是认知术语学研究的核心问题。

三 概念分析

术语作为表达概念的专业符号要不断适应科学发展的需要,因而在科学发展轨迹中要经历长期的、不断的术语化过程(从表象到高度抽象到理论概括),这一过程是主客体相互作用的结果。术语表达的概念(концепт)是一种知识结构,其中包含认知主体的经验积累和专业知识的演变。概念作为知识的单位,是人对世界认知和概念化的结果,是人在认知过程中通过不同程度的理论总结形成的专业知识。它有不同的体现形式:心智体现和语言体现,语言体现形式不仅包括科学篇章、术语集、术语系,还包括各类篇章中使用的术语变体。因此对术语进行概念分析是研究术语语义演变、揭示知识结构与其语言结构之间内在联系的重要手段。

在认知视角下,概念分析首先是对概念的语言表达形式进行语义分析,主要包括定义分析、上下文分析、词源分析,分析其同义词、反义词及其意义演变、组合能力(包括自由组合和固定组合),以及概念与其他概念的关系分析。概念分析和语义分析虽然有交叉的部分,但它们的最终目的不同。"语义分析侧重阐释词语的语义结构,弄清它的概念意义、指物意义、认知意义,即与词语的阐释相关。而概念分析是寻找符号所表达的概念,即探究关于世界的知识。在这里,概念是认知的单位,是人关于世界总的概念模式的组成部分"。[①] 语义分析和概念分析的结果分别反映相应的语言世界图景和概念世界图景。综上所述,概念分析除了结合自己的研究目的进行语义分析外,还要结合大量相关的历史和文化信息来进行。

其次,认知术语学视角下的概念分析除对概念表达形式本身的语言分析外,还包括研究某一科学领域的概念形成、概念结构等问题,如构建理论框架、选出基本概念;分析不同篇章中基本概念的言语表达;研究定义的演变;考察其各种语义关系的相互作用;建立认知模式;揭示概念的演变轨迹和发展规律;明确概念在概念系统中的地位、概念与其他概念的关系、概念与其反映的概念系统和科学理论的关系。这对于厘清术语、概念和理论的关系以及概念之间的关系,进而考察术语的发展规律具有重要意义。

(一) 术语、概念和理论

在术语学研究中,术语指称,或者在一定程度上反映具体或抽

[①] Кубрякова Е. С. Об одном фрагменте концептуального анализа слова «память»[A]. Логический анализ языка. Культурные концепты[C]. Под ред. Н. Д. Арутюновой. М. ,2008:85—91.

第三章 概念化和范畴化

象概念。泛泛地说,术语的内容就是专业概念,而概念作为专业概念系统的成分,要经历从最初在认知过程中产生的思维范畴的概念到语言表达层面的言语化概念的过程。从认知理论来看,专业概念是一定理论体系的成分。"作为人类的认知对象,我们所认识的世界是理论化的世界,是经过人们概念化的世界"。[①] 认知研究范式承认主体在认知过程中的积极能动性,它认为,理论化的世界是人们关于客观现实的认识同范畴网络结合在一起的产物,它是由知识水平来决定的。因此术语的概念分析应在一定理论框架内进行。专业概念的本质特征是由客观对象本身及相关理论确定的。术语系统不只是反映概念系统,而是反映一定理论的概念系统。由于客观现实的多角度性和不可穷尽性以及每个理论的局限性,同一个客观现实可能会同时通过几个理论来阐释。例如物理学、语言学等学科中都存在某一研究对象由多个理论从不同角度对其阐释的现象,由此产生相应的术语系统。从科学理论的角度去选择和评估术语,能更加明确术语作为反映相应理论概念的特点和属性。因此,科学理论和知识体系对于术语的概念分析来说是第一位的。列依奇克曾使用语义三角(见图3-3)阐述术语、客观对象和概念之间的关系。在语义三角中,作为符号形式的术语称谓客观对象,同时指称概念,术语意义的界定即是专业概念的内容。此后,为体现术语与概念系统及其理论之间的关系,揭示术语作为表达概念的符号的本质,列依奇克提出应加入理论这一要素,即通过语义四角(见图3-3)来体现术语系统、概念系统、客观对象系统和理论之间的联系:第一,术语是作为反映某一概念系统的

[①] Чудинов Э. М. Природа научной истины[M]. М.:Политиздат,1977:218.

术语系统中的成分存在的,术语系统称谓客观对象,指称概念系统,概念系统是由该知识领域的一定理论决定的。因此,在语义四角中阐述的对象是客观对象系统、概念系统、术语系统和理论,而非单个客观事物、单个概念和单个符号。第二,概念系统是某一理论的概念系统。术语系统作为某一理论概念系统的语言体现,是为某一理论服务的。第三,概念系统是在关于客观事物的对象系统的基础上概括而成的,是关于客观对象的知识在人脑中的反映。

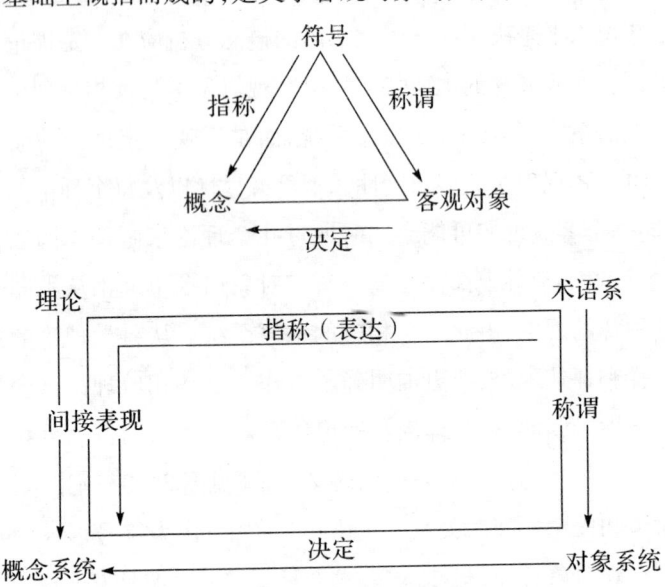

图 3-3 列依奇克的语义三角和语义四角①

综上所述,对术语的概念分析从最初阐述术语和概念、术语系统和概念系统之间的联系发展为术语系统和科学理论之间的联

---

① Лейчик В. М. Терминоведение: предмет, метод, структура [M]. Изд. 3-е. -М. : Издательство ЛКИ, 2007:103.

系。因为术语系统不是随着科学的产生而产生,而是随着科学理论的产生而产生的。从这一角度来看,术语系统的形成主要有三种情况:

——科学理论从无到有。在这一阶段,其语言表达形式从未经整理的、具有极大偶然性形成的术语集合向术语系统过渡。

——科学理论的丰富和发展。当某一学科理论在自身框架内出现新的客观对象或新的知识增长点,从而丰富并发展已有的理论,那么术语系统在自身基础上进行扩充,例如技术科学领域出现新的机器、仪器等引起其术语系统的扩充和丰富。

——科学理论的更迭带来术语系统的更替。这种更替过程不是一次性的,初期新理论依然使用前一理论的术语来描述,这些术语会被赋予新的概念内容。随着认知的发展,新理论开始引用或创建新术语表达其理论中必须表达的概念,这些新术语在开始阶段可能是不够准确的、冗长的,它们会逐渐被准确的术语所替代。也就是说,在以新理论为基础建立的概念系统中,每个术语都有自己的位置,此前理论的术语系统中一部分术语被赋予新的概念内容而继续保留,另一部分则退出应用。例如,随着热素理论被推翻,"теплород"(热素)一词已经退出科学应用,但"тепло-"却作为术语成分保留下来,并参与很多新术语的构成,如теплопроводность(导热性)、теплоемкость(热容)等。术语"холод"从专业词典和汇编手册中被排除,但是却作为术语成分保留下来:хладоагент(制冷剂)、хладноломкость(冷脆性)。

有学者认为,科学知识的增长与反映其理论的术语系统之间并不是直接对应的。一方面,术语系统或其中的单个术语可能会滞后于知识的积累和增长,如客观对象已经产生,但是没有相应的称名形式;另一方面,有一些客观对象尚未被发现,专业概念尚未形成,但其术语形式已经产生了。对于术语系统和科学理论之间的校正关系,恰恰需要从认知术语学角度分析科学知识的发展与随人类认知不断加深而变化的术语系统之间的内在联系。列依奇克将术语系统和理论之间的关系归结为一句话:"没有理论就没有术语,没有术语就没有理论。"①在这一层面上,术语系不仅反映某一专业领域,而且反映描述该领域具有一定完整性并在一定程度上深入认知客体本质的理论。可以说,没有理论就没有术语系。术语系的结构体现它所反映的客观世界的理论知识,揭示客观对象的特征及其联系。

当然对于术语系统和科学理论的关系还要视学科而定,例如对于人文社会科学的术语系统来说,不仅仅由相应理论决定,还包括意识形态、观点体系,从更广意义上说是由世界观决定的。而对于有些简单的术语系统,如一年中的 4 个季节或 12 个月,并没有相应的理论对应。此外,有些科学领域会存在两个以上的理论及相应的术语系统。因此,明确术语和术语系、概念和概念系统以及科学理论之间的关系不仅有助于厘清概念分析的方式方法,还有助于揭示术语形成和发展的认知根源。

(二) 概念和反概念

概念和反概念(концепт, антиконцепт)是在认知视角下受到关注的一对概念。斯捷潘诺夫、诺沃德拉诺娃等很多俄罗斯学者都专门论述过这对术语。诺沃德拉诺娃指出,"антиконцепт 是认

---

① Лейчик В. М. Терминоведение: предмет, метод, структура [M]. Изд. 3-е. -М.: Издательство ЛКИ, 2007:106.

知主体对客观对象自身的矛盾性进行深入研究的产物。与作为知识结构的 концепт 相对, антиконцепт 是一种特殊的知识结构, 二者之间的关系不是其所包含概念内容的简单对立, 它们之间的关系要比语言层面的反义词关系复杂得多"。① 很多知识领域的概念都存在这样的关系, 同时二者的关系规律体现在, 反概念要比初始概念的语义范畴更大, 参量较多, 包含更多的特征。例如, 医学术语中与 здоровье(健康) 相对的概念是 болезнь(疾病), 然而 болезнь 作为一个复杂的结构, 包含大量的特征和复杂的感觉。再如术语 норма(标准)是一个参量固定、人为制定的概念, 而 отклонение от нормы(偏离标准)则包含更多方面的内容, 例如妇产科中违背骨盆尺寸标准的情况包括 таз кососмещенный(歪斜骨盆), таз плоскорахитический(扁平佝偻病性骨盆), таз сколиотический(骨盆侧倾、骨盆倾斜), 而标准尺寸的情况只用术语 нормальный таз(正常骨盆)来表示。类似的例子在很多行业领域都存在, 如法律中的 закон(法律)与 нарушение закона(违法), 贸易中的 правила торговли(贸易规则)与 нарушение правил торговли(违反贸易规则), 修辞学中的 языковая норма(语言规范)与 нарушение языковых норм(违反语言规范)等都存在这种情况。由此可见, 在专业领域中, 反概念是在初始概念指称内容基础上派生的, 它在与初始概念对立的基础上包含了更加复杂的结构和内容。由初始概念派生反概念的过程是人在认知世界过程中在概念系统中已有概念基础上生成新知识结构的一种认

---

① Новодранова В. Ф. Концепты и антиконцепты в медицине [J]. Научно-техническая терминология:научн. -технич. Реф, Сб. Вып 2. М. ,2001:71.

知过程,是认知主体进行范畴划分的结果。确定初始概念与反概念的认知机制能够确立概念系统中重要的基本概念,有助于探究概念产生的连续性,厘清系统内的概念关系。

第三节 范畴和范畴化

一 范畴理论

(一)范畴

"范畴"是一个用途很广且含义模糊的术语。"世界上的所有事物和现象都有其特性,人们根据这些特性来认识事物。经过认知加工的世界是主客观相结合的产物,这种主客观相互作用对事物进行分类的过程即范畴化过程,其结果即认知范畴。"[1]范畴化"是人类高级认知活动中的最基本的一种,它指的是人在有差异的现实中看到相似性,并据以将可分辨的不同事物处理为相同的,由此对世界万物进行分类,进而形成概念的过程和能力。"[2]世界万物林林总总,纷繁多样,"为了从观念上加以把握,在语言上便于称说,以归类和划分为目的的范畴化是一种最好的认知策略。它把具有广泛联系而似乎浑然一统的外在世界条理化、层次化,把人与事物、人与人的复杂关系以及人的各种行为和感受类型化,使非语言世界获得一种语言形态,变成可以理解的语言世界。"[3]范

---

[1] 赵艳芳.认知语言学概论[M].上海:上海外语教育出版社,2009:55.
[2] 戴昭铭.认知策略和汉语词汇的系统性[A].新疆大学语言文化国际学术研讨会论文集[C].2002:204.
[3] 戴昭铭.认知策略和汉语词汇的系统性[A].新疆大学语言文化国际学术研讨会论文集[C].2002:204.

第三章 概念化和范畴化

畴化的结果即是产生诸多认知范畴,如蔬菜、水果、家具等。范畴化的根本出发点在于对事物属性(或特征)的认识和判断,如果事物之间具有相似性,便可归于一个范畴。

哲学中的范畴是反映事物本质属性和普遍联系的基本概念。亚里士多德的《范畴篇》第一次对范畴体系进行了较系统的整理和研究,他提出作为基本概念的10个范畴:实体、数量、质量、关系、地点、时间、位置、状态、活动、遭受。康德确定了数量、质量、关系和模态范畴。黑格尔确定了存在、本质、概念范畴。汉语中的"范畴"最早来源于《尚书·洪范》,其中提出治理国家必须遵循的9条大法,也称"洪范九畴"。

从认知心理学角度来看,人周围的世界是由无数的事物和现象组成的,对事物和现象进行分类和范畴化是人最重要的能力。这一过程包括两个阶段:第一是把客观对象作为整体的认知(所谓整体认知);第二是把整体分化成个体的属性和特征。心理学主要通过非离散的概念结构来研究人的心理活动,因为它是在人与周围世界互动基础上产生的。范畴化过程和概念化过程都是分类活动,它们之间的区别在于结果和目的不同。"概念化过程旨在区分出人类经验的最小单位,而范畴化过程是把同类单位联结成一个更大的部分。"①发现或建构新的科学范畴是非常复杂的过程,但对于科学的发展来说是必需的。

从认知语言学角度来看,认知语言学主要研究语言与认知方式、概念结构、语义系统、人的知识、文化规约之间的密切关系,解

---

① Новадранова В. Ф. Когнитивное терминоведение [A]. Татаринов В. А. Общее терминоведение: энциклопедический словарь [Z]. Российское терминологическое общество РоссТерм. М.:Московский Лицей, 2006:83.

释语言事实背后的认知规律,这些都与"范畴"紧密相关。不同的认知主体划分范畴的方式也不同,例如,汉语区分"毛"和"发",俄语统称为"волосы";汉语将现代常用的计时设备根据大小分为"钟"和"表",俄语统称为"часы"。在中国饮食文化中,米饭作为主食具有重要的地位。汉语分别用"稻"、"谷"、"米"、"饭"来表示从水稻到米饭这个过程中的各个阶段,俄语统称为"рис"。因此可以说,范畴化研究是认知语言学的基础,它可以揭示人们在对世界概括、归类,并赋予其语言符号的过程中存在的差异和特点。

从术语学角度来看,首先,每个学科的术语系统都是建立在严密的逻辑分类基础上的,范畴的名称和数量因学科不同而不同。其次,范畴的形成会因不同民族、文化、地域等有所不同。不同民族的人群所生活的自然与社会环境的不同,他们认知事物的视角也不尽相同,从而产生对事物的不同划分和归类。例如,在通信领域,"俄语无线电波划分为 4 个区段(диапазон):низкие радиоволны(低频)、высокие радиоволны(高频)、сверхвысокие радиоволны(超高频)、крайние радиоволны(极高频)。"① 而在汉语中,通信领域的无线电波划分为 8 个区段:甚低频、低频、中频、高频、甚高频、特高频、超高频、极高频。俄语的高频区段包括 3 个术语,与我国的 5 个高频区段术语相对应,低频的内容也相互不对等。由此可见,不同语言主体对事物的认知范畴也是不同的。卡西尔(Ernst Cassirer)指出,"人是分类的动物,所谓分类就是将事物范畴化,而分类的结果就是范畴了。"② 总体上来说,"对世界的

---

① 格里尼奥夫. 术语学[M]. 北京:商务印书馆,2011:271.
② 转引自赵彦春. 范畴理论是非辨——认知语言学学理批判之三[J]. 外国语文,2010(6):58.

经验使人们从两个基本层面认识世界：一是基本范畴，也就是说，人是从具有完形特性的中间层面开始，向更高或更低层面认识世界的；另一个基本层面是从具体事物的原型向外扩展到范畴边缘成员一直到更抽象的事物和概念的。"[1]范畴与分类、层级、部分、组群、集合、种、属等概念直接相关。范畴化是概念形成的基础。术语系的构建是以对概念的不同范畴划分为基础的。它通常包括对象、属性、过程和特征等基本范畴。洛特将专业词汇划分为4个概念范畴："对象、过程、属性、长度"。[2] 坎杰拉基(Канделаки Т.Л.)将专业词汇划分为10个概念范畴："对象、过程、状态、制度、属性、长度、测量单位、科学、行业、工种"。[3] 从术语学角度来看，某一领域的概念分类和范畴划分是多维的，即不仅仅依据一种概念关系构成概念系统，而是由多种关系汇集的多维系统。例如，交通工具既可以根据用途分为载客交通工具、载货交通工具和客货两用交通工具，还可以根据运输形式分为陆地交通工具、水上交通工具和空中交通工具。这种多维的范畴和分类对于概念系统的构建以及厘清概念间的关系具有非常重要的意义，它可以使术语工作者对专业领域有充分的理解，避免漏掉专业领域中的重要概念，从而促进术语的构建、整理和规范工作。

(二)经典范畴理论

经典范畴理论(Classical Category Theory)始于亚里士多德的

---

[1] 赵艳芳.认知语言学概论[M].上海：上海外语教育出版社,2009:9.
[2] Лотте Д. С. Основы построения научно-технической терминологии(вопросы теории и методики)[M]. Москва：Издательство академии наук СССР,1961:29.
[3] 转引自 Татаринов В. А. Общее терминоведение：энциклопедический словарь[Z]. Российское терминологическое общество РоссТерм. М. ：Московский Лицей, 2006:79.

范畴说。在亚里士多德提出范畴理论到维特根斯坦提出家族相似性理论之前这段时间,一直是经典范畴理论起主流作用。经典范畴理论以二元划分为依据,它的基本观点是:范畴是根据成员的充分必要条件来界定的。范畴内成员共同具有某些特征。范畴有明确的边界,某一事物要么属于,要么不属于某一范畴,范畴内成员具有同等地位。范畴具有同一性、绝对性、离散性。例如几何中"三角形"的定义是"由不在同一直线上的三条线段首尾顺次连接所组成的封闭图形"。根据这一定义,图 3-4 中只要符合条件,不论角度大小(直角、钝角、锐角)都是三角形,凡不符合条件的都不是三角形。

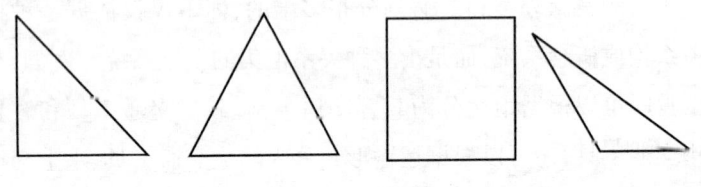

图 3-4 三角形

再比如语言学中对于单句和复句的划分和界定:单句是由短语或单个的词构成的句子,不可再分出分句。复句是由两个或两个以上意义相关,结构上互不作句子成分的分句组成。根据上述定义中的判断标准就可以去分析所有的句子,非单句,即复句。这种二元对立的划分标准广泛应用于很多学科,如哲学里的"物质"和"意识","感性"和"理性",化学里的"化合"与"分解"等。

经典范畴理论在心理学、语言学、人类学、哲学等很多学科被视为重要的研究和判断标准,二元对立可以解释很多问题并使复杂的现象变得简单明了。但随着科学的发展和认知水平的提高,经典范畴理论只适用于部分范畴,而在解释其他许多领域和问题时逐渐显得苍白无力。

(三)原型范畴理论

原型范畴理论(Prototype-based Category Theory)始于维特根斯坦的"家族相似性"(family resemblances)。维特根斯坦的家族相似性理论以游戏为例说明了同一范畴内的成员只有相似点而没有共同点。以此为基础,形成了与经典范畴理论相对立的范畴观,即原型范畴理论。根据原型范畴理论,范畴不是根据成员所具有的充分必要条件来界定的,而是根据所有成员具有的某种相似性确定的。范畴的界限是模糊的,具有原型性、向心性、开放性,其内部成员根据所具有相似性的程度,地位并不相等。最早对原型范畴理论进行实质性的应用研究始于柏林和凯(Berlin & Kay)(1969)对基本颜色词的研究、拉博夫(Labov)对 cup、mug、bowl 的研究以及罗施(Eleanor Roch)(1978)对"家具"、"车辆"、"鸟类"等基本范畴的研究。在对基本颜色词的研究中发现,在颜色范畴中每一种颜色都有其典型代表,在光谱上的各种颜色之间是没有明确界限的,人们没有办法标出红色和橙色、蓝色和绿色的确切分界线,各民族根据自己的认识和交际的需要对颜色连续体进行切分,因此在不同语言中产生了不同数量的颜色词。罗施对鸟类范畴的研究发现鸟类范畴具有原型结构,知更鸟是与其他成员具有更多共同特征的成员,而其他成员与原型结构之间具有不同程度的相似性,如麻雀比鸵鸟和企鹅更属于鸟类范畴。

研究表明,范畴的边界是模糊的、不确定的,其成员具有家族相似性。正如客观世界没有提供自然的区分标准一样,很多事物本身没有明确的界限,就像我们没有办法明确区分长短、高矮、胖瘦、冷热等的界限一样。在经典范畴理论无法解释的一些领域里，原型范畴理论具有很强的解释力，尤其是对于多义现象的解释。根据原型理论，一个词的意义内部包括基本义项和非基本义项，可分为中心成员和边缘成员。一个义项包含的原型特征越多，就越接近其概念范畴的原型，属于中心成员，而包含特征越少的义项就越远离概念范畴，属于边缘成员。从语言学层面来看，词义范围的发展扩大形成多义现象，表现出多个范畴之间的交叉。原型范畴理论能够解释同一词表示不同范畴之间的投射关系。

国内语言学界自20世纪90年代初开始关注原型理论，"利用原型理论阐释语义范畴的研究包括语义范畴的描写、语义模糊的探究、一词多义模式的描写、语义演变的分析等"。[1] 同时在当今学术界还存在对于两种范畴论的是非之辨，既有以原型范畴取代经典范畴之势，也有力挺经典范畴有原型范畴无法取代之处。我们认为，对于两个理论各自可以解决哪些领域的问题没有明确的划分，它们是相互补充的。现有的文献对范畴理论及其在语言学中的应用已有大量研究，而对于范畴理论和术语研究的结合却少有人涉及。两者结合的原因一方面在于，术语也是自然语言的一部分，它遵循自然语言的发展规律。术语作为科学知识的体现形式，能反映人们对客观世界的范畴划分和认知方式。另一方面，范畴理论可对术语产生和发展的规律及特殊性具有更强的解释力和说服力。

---

[1] 梁彩琳,石文博.语义范畴原型理论研究:回顾与展望[J].外语学刊,2010(5):44.

二 术语多义现象

多义现象是指"一个词存在两个以上相互联系的意义。"[1]它是语言学及其他相邻学科共同关注的焦点。在术语学研究中,多义现象几乎存在于所有知识领域,为专业领域的理解和沟通带来障碍,是有待解决的术语问题之一。甚至连术语"多义性"本身也存在这样的问题,在俄语中它的表达式有 полисемия, многозначность, неоднозначность。"полисемия 和 многозначность 有时被视为同义词。通常情况下把 полисемия 理解为词汇多义性, многозначность 则没有这个限制。此外, полисемия 多指聚合关系,即一个词具有两个或两个以上的意义,而 многозначность 还包括组合关系。полисемия термина 是指术语具有两个或两个以上意义的特性,它所包含的各个义项能表达所指概念之间相互依赖和相互作用的逻辑联系,被视为 неоднозначность термина 的属术语。"[2]可以说,自术语学研究开始以来至今,术语学界对于术语多义现象的态度经历了很大的转变,传统的规定论研究将多义性视为术语应该消除的"弊病"之一,描写论开始承认多义性是术语发展过程中不可避免的自然语言规律,解释论认为通过掌握术语语义变化规律可以预测其未来发展的方向和途径。

(一)传统术语学怎样看待术语多义现象

传统术语学对于术语多义现象评述不一,归纳起来有三种

---

[1] Шмелев Д. Н. Полисемия[A]. Языкознание. Большой энциклопедичный словарь[Z]. гл. ред. В. Н. Ярцева. М. : Большая Рос. энциклопедия,1998:382.

[2] Мишланова С. Л. , Филиппова А. А. Внутриотраслевая полисемия в методическом дискурсе[M]. Перм. гос. ун-т. Пермь,2010:9.

观点:

第一种观点认为术语不应该是多义的。以洛特为代表的术语研究者认为,单义性是术语符号的基本属性,也就是说,术语符号与其所指的概念内容应是一一对应的。很多学者从规定论的角度为术语制定了一系列要求,如形式简明规范、单义性、没有同义词、具有系统性等。洛特指出,"术语多义现象的原因在于术语所反映的概念内容包括很多不同特征,这些特征分属于不同范畴。每个变体可能从概念的不同特征入手来描述这一概念"。[1] 对于指称不同领域概念的术语被视为同音异义词,而非多义词。

第二种观点不否认术语存在多义现象,但强调术语的单义性趋势。洛特之后的术语学家和语言学家在对术语系统的形成过程进行历时研究后已经不再对术语提出这样严格的限制,而只是说术语具有单义性趋势。苏佩兰斯卡娅认为,"随着科学的发展,指称科学概念的术语也可能发生变化,术语单义性只是人为设定的限制"。[2] 在这样的背景下,学界认为,一方面需要遵守术语单义性要求,另一方面,对语言符号的不对称规律要做一些折中性解释,如:"术语的单义性被解释为术语没有感情色彩"[3];"术语不仅是一定自然语言词汇系统的组成部分,同时还受制于某一科学概念系统。因此它具有双重特性,即它同时属于两个系统:语言系统和概念系统";"术语在其所属的术语场内保持单义,即术语集合是术语的场,它赋予场内术语准确性和单义性,离开术语场,该词

---

[1] Лотте Д. С. Как работать над терминологией: основы и методы[M]. М.: Наука, 1968: 40.

[2] Суперанская А. В., Подольская Н. В., Васильева Н. В. Общая терминология: вопросы теории[M]. Москва: УРСС, 2004: 130.

[3] Будагов Р. А. Введение в науку о языке[M]. М.: Просвещение, 1965: 31.

就失去了术语特性"①;"关于术语对上下文的依赖性则提出这样的观点:对于术语来说,上下文不是情景或篇章,而是术语集合,在该集合内术语保持单义,因此术语不依赖于上下文"②。

第三种观点认同术语中存在的多义现象。在传统术语学研究阶段,很多学者对大量具体行业术语的多义现象进行分析,如俄罗斯学者库季娜(Кутина Л. Л.)曾分析物理学术语中的多义现象并得出结论:术语多义现象是一般语言自然规律(语言符号不对称性)的体现,是不可避免的。科兹洛娃(Козлова Г. В.)等人认为,"术语的多义性不可避免,因为术语首先是某一自然语言的词汇单位,术语多义性是对语言词汇系统所固有的多义倾向的自然体现"。③

综上所述,传统术语学对术语多义现象达成的共识是:单义性只是人们希望术语具备的属性或者说构建术语系统的理想要求,而多义性是术语固有的属性。在处理这类问题时,对于指称不同概念系统中概念的术语被视为同音异义词;对于同一专业领域内指称不同概念的术语则通过人为规范来划定语义界限。可以说,传统术语学研究把多义性视为术语的一个需要规范和根除的"弊病",并没有把握术语多义现象的本质,很多相关问题未能得到彻底解释。

(二)认知术语学怎样看待术语多义现象

认知科学把语言看作认知机制,以新的视角重新审视很多语

---

① Реформатский А. А. Проблемы структурной лингвистики [M]. М.:Наука,1968:103.
② Реформатский А. А. Мысли о терминологии [A]. Современные проблемы русской терминологии [C]. М.:Наука, 1986:166.
③ 转引自吴丽坤. 俄罗斯术语学探究[M]. 北京:商务印书馆,2009:114.

言现象,包括多义现象。认知语言学研究认为,"多义现象(包括不同义项和不同词性)是通过人的认知手段(如隐喻、转喻)由一个词的中心意义或基本意义向其他意义延伸的过程,是人认知范畴和概念化的结果。"① 在认知语言学看来,多义性是一种与认知原则相关的范畴化现象。它具有三方面特征:"1. 多义词的多种意义是通过一套认知原则(隐喻、转喻、自喻等)互为联系的,其意义是一种互为理据的结果。2. 多义词的词义可以构成一个圆形结构、家族相似性结构或词汇网络。3. 研究多义词跟研究语言和非语言概念的范畴化一样具有许多共同特征。"②

从认知术语学角度来看,术语符号的意义反映了一定的认知阶段。因语言符号有限性和世界无限性之间形成的矛盾,多义现象是人在对客观对象进行范畴化和概念化过程中所采取的节约性和灵活性原则的体现,是科学概念及相应术语发展的普遍方式。术语多义性是被引申出来的、被推理出来的、被设计出来的,也就是说通过预测性方式得出的。多义词不仅仅是它所具有的众多义项的简单集合,它的所有义项相互联系,构成这个词的意义范畴,其中包括日常意义和术语意义。基本义项即原型范畴中的原型,而其他义项是在与基本义项的相似性基础上引申出来的,这种相似性或基于隐喻相似,或基于转喻相似。例如,операция 来自拉丁语 operatio,本义是为达到某一目的而采取的行为,以基本义项为原型,进而指数学中的运算,而后用于医学、军事、金融等领域术语,形成一个包含以与基本义项的相似性为基础的语义链:①行为

---

① 赵艳芳. 认知语言学概论[M]. 上海:上海外语教育出版社,2009:36.
② 郭熙煌. 语言认知的哲学探源[M]. 武汉:华中师范大学出版社,2009:164.

第三章 概念化和范畴化

→②〈计〉运算→③〈工业〉工序,操作→④〈医〉(外科)手术→⑤〈军〉战役,作战→⑥〈金融、贸易〉业务,交易。这种情况虽然在术语学框架内被认定为同音异义现象,然而其实质是由一词引申多义从而指称多个概念的体现。

认知术语学认为,术语作为表达概念的语言符号,是一个复杂的系统,其中包含一系列特征和属性。术语是对认知活动高度抽象的成果体现,因此术语包含了很多世纪以来人类思维活动的成果。术语多义性是指"术语指称多个专业知识或活动领域概念,在多义术语的意义中拥有共同的专业义素"。① 达尼连科指出,"多义术语产生的原因有很多,主要包括术语用于广义和狭义上的不同理解引起的多义;由于概念内容的具体条件发生变化引起的多义;同时称谓不同知识领域的研究对象引起多义;对于同一研究对象在观点上的分歧产生的多义;学者的研究立场及其所属学术派别引起的多义;用学科中已有的术语来指称新的对象和概念引起的多义等"。② 米什拉诺娃专门著述对比分析传统术语学和认知术语学对术语多义现象的研究状况,并从认知术语学角度分析方法论术语"цель"(目的)多义现象的形成及特点。她认为,"多义性的发展与词在言语中的使用频率相关,频率越高,发展多义性的可能性越大。"③通过多义词的语义结构和影响多义词发展的因素可知,多义词的意义构成一个语义网络,它是由核心义项向边缘义项不断辐射的语义结构。多义性是术语固有的属性,是不

---

① Лейчик В. М. Обнование структуры термина как языкового знака понятия [J]. Терминоведение. М. ,Вып 2. 1994:10.
② Даниленко В. П. Русская терминология[M]. М. ,1977:66—69.
③ Мишланова С. Л. , Филиппова А. А. Внутриотраслевая полисемия в методическом дискурсе[M]. Перм. гос. ун-т. Пермь,2010:26.

间断的、开放的、无限的。

行业内术语多义现象主要是范畴多义性,多通过转喻和提喻方式来实现,主要类型包括以行为指行为结果、以种指属、以部分指整体、以个别指一般等。它是在语言本身因素和语言外因素共同作用下形成的。换句话说,除了语言自身发展规律外,它是由人通常将已知事物和概念与新认识的事物和概念建立关联这一认知特点和规律所致。以医学术语多义现象为例:

过程/结果:

гипертрофия(肥大,肥胖)——①机体对营养的吸收增高;②因脂肪数量增大导致机体或部分器官肥大。

вывих(脱臼)——①关节脱位;②脱臼的部位。

一般现象/专业现象:

имплантация(移植法,植入法)——①所有种类的整形手术的统称;②指外科手术,即将他人的器官移植体内。

医学体系的分支学科/研究对象:

патология(病理,病理学)——①研究疾病产生、发展规律及病理过程和状态的学科;②任何对机体标准指数的偏离状态。

从认知视角来看,以上医学领域内的多义术语是一个综合现象,它既是专家对医学现象进行范畴化和重新思考等认知能力及特点的体现,同时也是在专业知识和语言知识相互作用的基础上对科学概念的体现方式。换句话说,多义术语的形成机制取决于业内专家的认知能力以及科学知识的发展特点。由此可见,人的认知和实践活动是一个不断发展演变的、开放性的过程,作为记录和保存人类认知结果的词汇系统也是一个不断发展演变的、开放性的系统。沃洛季娜指出,"术语的定义随着它所反映概念的信

第三章 概念化和范畴化

息容量的增长而变化,信息容量指术语的概念语义结构,也就是反映具体术语信息的意义集合。术语信息容量的变化取决于人类认知的发展以及相应概念的发展和变化"。[①] 由此可见,多义现象正是由于人类认知水平的提高和科学知识的发展而引起术语意义不断发展变化的一个自然体现。

综上,无论是传统研究还是认知研究,都在术语多义性问题上取得显著的成果。传统观点将多义现象视为语言系统中与同义、反义、同音异义并列的语义关系,并且试图解释多义性的发展。而认知研究关注多义性形成的机制,通过多义性研究看到了解释术语意义发展及趋势的可能性。洛谢夫(Лосев А. Ф.)指出,"多义性产生的本质在于语言是人思维的工具,思维是无限的,作为反映客观现实的语言也是无限的"。[②] 塔塔里诺夫认为:"多义术语是研究科学和技术领域各逻辑—概念范畴相互作用、相互转换和发展的手段。术语的多义现象能反映行业概念系统的结构及其同其他系统的对应关系。"[③] 掌握其意义发展的思维规律可帮助预测术语意义未来的发展方向。

三 术语化

术语化(terminologisation)是指普通词汇通过隐喻、转喻等手段获得专业术语意义的过程。它反映术语和词之间的关系。随着术语学研究的深入,对于术语的认识也不断发展。各个阶段对术

[①] Володина М. Н. Когнитивно-информационная природа термина[M]. М.,2000:35.
[②] Лосев А. Ф. Знак. Символ. Миф[M]. М.:Изд-во Москов. Ун-та,1982:123.
[③] 转引自吴丽坤. 俄罗斯术语学探究[M]. 北京:商务印书馆,2009:113.

语本质的认识不同,对术语化的相应理解也不同。传统术语学研究初期,术语被视为"特殊的词",是固定不变的符号。研究术语特点和属性的不是语言学家和术语学家,而是各个知识领域的专家。随着以维诺库尔为代表的学者将术语研究推进到功能研究阶段,对术语本质的认识也发生了改变,即"术语不是特殊的词,而是具有特殊功能的词",同时确定一般语言词汇单位是术语的语言基质,由此开始在语言学框架内研究术语。依据以上观点,术语化是"一般词汇转化成术语的过程"。① "普通词汇在过渡为术语之后,其意义变得专业化,同时失去与原来的同义词和反义词之间的联系。"② 这种对术语化的理解基于规定论把术语作为固定不变的静态性符号。在这样的研究背景下,通常认为,术语化的过程只有一步,即一般语言符号意义实现专业化的过程,经过术语化过程之后的术语是单义的。

以人本研究为主的认知研究范式认为,术语是在以"人"为中心的认知过程中产生、形成和发展的。在这一研究背景下,对术语化的理解和认识发生了质的改变。术语由传统研究阶段的静态单位发展为认知研究阶段的动态单位。从动态角度看,科学是不断向前发展的,术语的意义也在发展变化,因此一般词汇转化成专业术语仅是术语化过程的第一步,在该词获得专业术语意义的基础上还包含产生新意义并指称新概念的可能性,即术语出现新意义,进而导致多义性的产生。也就是说,从认知视角来看,术语化过程

---

① Васильева Н. В. Термин [A]. Языкознание. Большой энциклопедичный словарь[Z]. гл. ред. В. Н. Ярцева. 2-е изд. М. : Большая Рос. энциклопедия, 1998: 508—509.

② Мишланова С. Л., Филиппова А. А. Внутриотраслевая полисемия в методическом дискурсе[M]. Перм. гос. ун-т. Пермь, 2010:31.

包括两个阶段:第一阶段是一般语言词汇单位向专业词汇过渡的过程。第二阶段是语言符号在专业领域的进一步发展,即通过术语化过程之后,该词或许会在该行业内进一步发展,产生行业内多义术语,或许会引申为其他行业术语。在术语学框架下,指称不同知识领域概念的术语称为同音异义术语,而非多义术语。同音异义术语和多义术语正是进一步术语化产生的不同结果(见下例)。

① засев(播种)→〈生物〉接种(微生物)→〈动〉产出卵
　　　〈军〉伪装设施
　　　　　↑
② маска(假面具)→〈专〉防护面具→〈医〉防传染面罩
　　　↓
　　〈技〉防辐射面罩

③ канал(管道)→〈解〉血管→〈医〉经脉

由上面的例子可以看出,①和②分别由一般词汇经过术语化过程获得专业术语意义,又通过相似性进一步发展成为其他学科术语,③由一般词汇经过术语化过程后成为医学术语,在医学领域内进一步产生多义性。从原型范畴理论来看,术语化过程恰恰说明:人认识事物的范畴化能力是以"原型"为中心向外扩展的,原型是某一范畴中最具代表性的事物。随着认知的发展,范畴不断扩大,当人们不断发现和创造新事物的时候,并不是毫无止境地创造新词语,而是将新认识的抽象概念与已知事物建立关联,从而形成新术语。从认知角度来看,术语多义性与自然语言发展规律相关,术语首先是自然语言,必然包含自然语言发展过程中的多义性规律,但其本质与认知、思维相关。多义术语中的多个义项形成一个相互联系、相互影响的意义网络,其间的任何联系都可能成为术语意义进一步发展的基础。

综上所述,术语学对于术语多义性问题的认识经历了很大的改变。传统观点将术语化理解为一般词汇过渡为术语的过程,认为术语是单义的,但大量实践研究表明,多义性是术语固有的属性,在此基础上术语化包含一般词汇过渡为术语并进一步发展两个过程。也就是说,在科学发展过程中,术语多义性是不可避免的,它是语言因素和非语言因素共同作用的产物。在认知术语学看来,术语多义现象广泛存在于各个知识领域,一般词汇获得术语化意义之后在其基本义项的基础上,进一步引申新义,指称新概念,形成行业内术语多义现象,义项之间形成互为理据、具有某种相似性的意义网络。对术语多义性和术语化的动态理解有助于深入挖掘术语发展变化的本质规律和特征。

第四节 如何看待中医术语多义性

多义现象在具有悠久历史的中医术语中尤为普遍。有学者统计,"《中医大辞典》(基础理论分册)4937条术语中,具有二义以上的术语多达780条,多义率占15.8%,与现代科学术语多义率0.3%的标准相比差距非常大。"[①]多义性、意义模糊性甚至成为中医科学性遭受质疑的论据之一。那么对于中医多义术语的普遍存在,我们要如何看待呢?能够将它们一刀切似的硬性规范吗?显然不能。原型范畴理论认为,多义术语以某一概念原型为基础,不断向外扩展。正是这种相互联系的意义网络为人们提供了反映该

① 候占元.中医问题研究[M].重庆:重庆出版社,1989:44.

第三章 概念化和范畴化

理论基本观点的认知框架。很多中医理论的基本概念都是多义术语,并且依然存在进一步发展的趋势。我们以中医理论中的"气"、"阴"、"阳"等基本概念为例,分析其在中医范畴内的多义发展网络和趋势。

一 "气"的原型范畴

"气"是中医术语中意义最多的一个基本概念,它在中医学经典著作《黄帝内经》中使用极广。中医界认为它是《内经》中哲学和医学理论的基石,从人体生命的产生及形体的构成、各种生理功能、病理变化、精神活动等,无不用气的理论加以阐述。中医中的"气"是日常词汇通过术语化过程而获得的专业术语意义。《现代汉语词典(第六版)》中的"气"字有15个义项,其中有两个义项是中医范畴的"气",即①名词,中医指人体内能使器官正常发挥功能的原动力:元气,气虚。②中医指某种病象:湿气,痰气。我们试图通过"气"的语义发展链来分析"气"从基本义项向作为中医基本概念的义项演变的规律,如图3-5:

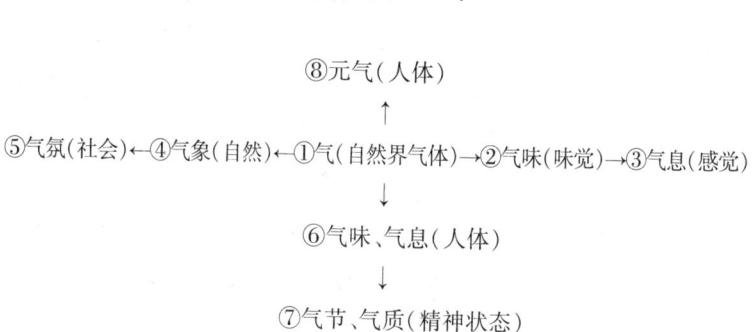

⑧元气(人体)
↑
⑤气氛(社会)←④气象(自然)←①气(自然界气体)→②气味(味觉)→③气息(感觉)
↓
⑥气味、气息(人体)
↓
⑦气节、气质(精神状态)

图3-5 "气"的语义发展链

135

在"气"的意义网络中,①—⑧的意义辐射链是以气的"基本功能"为相似联系,由日常意义向中医术语意义转化的术语化过程。①表示在以自然为整体的环境中,气体是必不可少的基本要素;⑧表示在以人体为整体的环境中,元气是使人体各器官正常发挥功能的原动力。二者具有功能相似性,即元气对于人体相当于自然界的气体对于人。⑧是①基本义项的意义延伸。①—④—⑤是由自然现象引申为社会现象,具有状态相似。①—②—③,①—⑥—⑦均由具体事物引申为抽象事物,具有感觉相似。每个引申义项中都隐含其基本义素。也就是说,多义词的意义发展不是随意的,而是形成相互联系的意义网络。术语意义中通常包含日常知识和科学知识,二者相互联系、相互影响。也就是说,术语作为一般词汇意义的基本义项与派生术语意义之间具有联系性。"气"在被引入中医科学后进一步发展,派生出多个意义。在中医理论中,"气可指大自然之气,包括天气、地气;还可指人体之正气,包括元气、宗气、营气、卫气等;还可指中药温热寒凉之气;还可指致病之气,如疠气、淫气等;可以用气说明人体的生理功能,也可说明人体的病理变化,也可用于疾病的诊断和防治。"①《难经·八难》说:"气者,人之根本也,根绝则茎叶枯矣。"也就是说,气在生命活动中具有十分重要的作用,人体的生长、发育、衰老、死亡和疾病的发生发展都与气的盛衰、运动变化有关。在中医理论中,各种"气"既有联系,又有区别,正是这些联系和区别共同构成的意义网络反映了中医关于"气"的基本理论,同时蕴含着未来发展的可能性,这对于理解中医精神至关重要。

---

① 邱鸿钟.中医的科学思维与认识论[M].北京:科学出版社,2011:73.

二 "阴阳"的原型范畴

阴阳学说是中医理论的基本学说。基本概念"阴"、"阳"取自中国古代哲学,是对宇宙中相互关联的事物或现象对立双方属性的概括,源自中国古代人民的自然观。《说文解字》曰:"阴,暗也,水之南、山之北也,阳,高明也。"由此可见,"阴阳"最初是指日光的向背,向日光为阳,背日光为阴。向阳的一面温暖、明亮,背日光的一面寒冷、阴暗。古代很多著作中都有关于阴阳的描述,它指两种具有不同特性的事物(见表3-2)。

表3-2

	阴	阳
《诗·大雅·公刘》:"相其阴阳,观其流泉。"	山丘北面	山丘南面
《史记·天官书》:"行南北河,以阴阳言,旱水兵丧。"	北河星以北	南河星以南
《礼记·郊特牲》:"乐由阳来者也,礼由阴作者,阴阳和而万物得。"	地	天
唐代杜甫《阁夜》:"岁暮阴阳催短景,天涯霜雪霁寒宵。"	月	日
《礼记·祭义》:"日出于东,月生于西,阴阳长短,终始相巡。"	夜	日
唐代柳宗元《天说》:"寒而暑者,世谓之阴阳。"	寒	暑
明代归有光《贞女论》:"阴阳配偶,天地之大义也。"	女	男

此后,"阴阳"逐步渗透中国传统文化的方方面面,包括宗教、

哲学、立法、建筑等。在"阴阳"被引入中医理论后进一步发展为中医理论中基本的划分标准,从而成为多种概念的指称。中医强调整体性,将整体划分为对立统一的两个属性——阴和阳,用阴阳来概括处于正反对立的概念,将阴阳的特征、联系和区别对应投射到对人体脏器、病理等方面特征的描述中。在中医理论中,阴阳代表一切事物的最基本对立面:"凡是事物或现象,具有火的炎热、干燥、升发、蒸腾、运动等特点,皆属于阳,如温热的、明亮的、上升的、活动的、外在的、功能的、机能亢进的等等,皆属于阳。相反,具有水的寒冷、湿润、沉降、凝聚、宁静等特点,皆属于阴,如寒凉的、晦暗的、下降的、沉静的、内在的、物质的、机能衰退的等等,皆属于阴。与之相应,人体中所体现的表证、热证、实证属于阳证范畴;里证、寒证、虚证属于阴证范畴"。①

在中医理论中,"阴阳"广泛用于解释人体的表里、脏腑以及功能与物质的关系,阴阳所反映的人体相对立的两方关系主要包括阴阳交感、对立制约、互根互用、消长平衡、相互转化。阴阳学说的基本理论都是以此为基础构建起来的(如表3-3)。

表3-3

	自然现象				人	重量	光亮度
阴	地	夜	秋/冬	冷	女	重	黑暗
阳	天	日	春/夏	热	男	轻	光明
	人体						
阴	肠胃(内部结构)		下半身		五脏		血

---

① 《黄帝内经·阴阳应象大论篇五》.

续表

阳	背部(外部结构)	上半身		六腑	气
人体功能					
阴	降	向内	稳定	减弱	冷,湿
阳	升	向外	动态	加强	风,热

中医理论认为,人体生病是由于体内的阴阳失衡,治病的根本是帮助病人调节阴阳使其平衡。阴阳学说将所有事物属性均分为阴阳,以与阴阳相符的属性划分范畴,在中医理论术语中,它们指称多个概念,具有不同的所指。如上所述,在中医阴阳学说中,以"阴"、"阳"的基本义项为基础构建的隐喻转义网络正是将阴阳所有范畴和概念结构的特征投射于中医理论对人体的阐释。

在中医术语的整理和规范工作中通常对多义术语进行人为约定,如"血"在中医中有两个义项:"一是由饮食精微所化生而循行于脉管中的血液,血依赖气的推动以供养全身各脏腑组织,维持其正常功能活动;二是温病辩证的一个阶段或病位。"[1]名词委根据单义性原则,将第二种含义由"血分"来表示,而"血"专指第一种含义,作为血液的简称,在内涵上中西医已基本一致。除人为约定外,还可以根据其使用的具体搭配及上下文情境来判断多义术语的具体所指,如中医术语"结"既可表示"积聚阻滞",也可表示"纠缠混杂",在与"郁"搭配时,即郁结表示"积聚阻滞",与"困"搭配时,即困结则表示"纠缠混杂"。再比如,"标本"一词是一般科学术语,原为关于事物主次关系的相对概念,本指主要方面,标指次

---

[1] 朱建平. 我国中医药学名词术语规范与应用[A]."中医药名词术语规范原则及其应用"暨"中医药基础学科名词术语规范研究"项目培训会资料[C]. 2012:10.

要方面。在引入中医理论后用来指称多个概念,可根据其具体使用的上下文来判断:如在经络学说中,经络在四肢者为本,在头面、躯干者为标。在病因病机学说中,从正气和邪气来说,人体正气是本,致病的邪气是标;从疾病本身来说,病因是本,症状是标;从原发病和继发病来说,旧病是本,新病是标。医患关系中,病人是本,医生是标;在运气学说中,标本指标气和本气。

从以上中医术语多义现象来看,中医理论的内涵正是通过多义术语的义项形成的意义网络来构建的,它蕴含了中医概念之间的联系和区别。从术语标准化角度来看,术语多义现象是一个难题,人们经常会通过人为约定哪个术语表示哪个概念来加以区分,然而,随着认知水平的提高,术语形式和概念之间的关系会逐渐明确,也许顺着约定的趋势,也许逆着约定的趋势。我们认为,术语是在具体语篇中使用的,从术语所处的语篇角度去考察术语可以明确多义术语在具体篇章使用中的意义,并不会对术语的理解造成障碍。更重要的是,多义术语所包含的意义网络蕴含了人对事物的认识和概念间的联系,反映了人类认知发展的规律和趋势。随着认知水平的提高以及对未知领域的不断探索,基于隐喻或转喻,术语意义由单义向多义发展,再向同音异义发展——这是人类认知发展规律在术语形式上的必然体现。

本章小结

当代,不同学科间的相互渗透和交叉成为科学发展的一个总体趋势。每个新的知识领域都需要有自己的概念和术语。концепт 是认知研究领域的重要概念,同时也是认知术语学的主要研究对象,认知术语学关注 термин 和 концепт 的关系,作为认知术语学研究的基本概念,концепт 是术语产生的重要基础和过程。它不仅包括 понятие,还包括认知主体的知识经验的积累和演变(如图 3-6),分析术语所反映的 концепт,对于揭示术语产生和发展的认知机制、特点和规律具有重要作用,能揭示不同语言关于世界知识的认知方式,以及语言结构和知识结构之间的内在联系。

术语
↑
| концепт |
| понятие |

图 3-6 术语的产生

认知语言学的范畴和范畴化理论为术语研究提供了全新的视角和方法。它为术语多义现象提供了全新的阐释方式和研究范式。传统术语学研究认为,单义性是术语的基本属性,它忽略了术语意义之间的内在联系以及同义、同音异义和多义等现象之间的联系,把术语多义现象看成是术语的一个需要规范和根除的"弊病",这并没有把握术语多义现象的本质。原型范畴理论对于中医术语多义现象的分析使我们认识到,多义术语的各个义项之间是具有某种联系的,多义现象是通过人的认知手段由一个词的中心意义或基本意义向其他意义延伸的过程,是范畴化和概念化及隐喻思维不断发展的结果,是科学概念及相应术语形式发展的普遍趋势。由此来分析中医术语多义现象可见,中医术语意义的发展变化是人类认知水平发展的结果体现,是学科知识不断深入及概念内部联系不断细化明晰的体现。

第四章 术语隐喻化

隐喻化(metaphorization)是指两个概念域或认知域之间结构映射的过程。当人们用一个领域(始源域)的事物或概念去认知和理解另一领域(目标域)的事物或概念时,概念结构由一个领域对应投射到另一领域,即隐喻化。术语隐喻化是指由某一词汇通过隐喻转义指称专业概念进而获得专业意义的过程。认知术语学与传统术语学不同的是,它注重隐喻术语的认知属性和功能等方面研究,不再仅仅把隐喻看作术语构成的手段之一,而是生成概念、构建理论框架、提供科学研究范式的基本思维方式和认知手段,是用一系列认知模式进行信息加工的方法。

第一节 术语与隐喻

一 科学认知中的隐喻

自亚里士多德开始的传统隐喻研究局限于修辞学框架,认为隐喻只是提高语言表现力的手段,主要用于文学作品中。他认为,隐喻的本质在于"意义的转换",若应用于科学领域则违背了传统科学关于科学理论建构的逻辑性要求,因此不主张在科学语言中使用隐喻。同时以逻辑经验主义为代表的形式主义和逻辑主义传

第四章　术语隐喻化

统曾在西方学界占据统治地位,他们强调所有科学概念都应基于严密的逻辑归纳和演绎,陈述科学理论的语言也必须准确、无歧义,不允许使用隐喻这种"模糊"的表达形式。科学哲学家邦格(Bunge)认为,"隐喻语言至多可被作为科学教学法的帮助、修饰或补充,它永远都是'真实事物的不可靠的替代品',因此在科学理论的陈述中应该'力图避免其使用'。"① 这样的观点致使长期以来科学和隐喻的关系一直未受到重视,很多学者秉承传统,极力避免隐喻在科学领域的使用。20世纪50—60年代,随着对科学的传统形象以及隐喻在科学领域中作用的重新评估,学界对科学隐喻的态度发生转变。这种转变基于试图从科学语言中清除所有不确定的隐喻表达和术语这样的新实证主义设想遇到了极大的困难。希望使科学语言遵循准确性和单义性而极力避免隐喻现象这一做法导致科学语言的"停滞",大大削弱了科学语言应有的认知和启智功能。用维特根斯坦的话来说,"力图追求理想的科学语言就像在冰面上行走一样,没有任何摩擦力和阻力的冰面是完美的,但是人却寸步难行"。② 随着认知科学的发展,隐喻问题越来越引起学者的密切关注,关于隐喻的论著不计其数,似乎在世界范围内掀起了一场"隐喻革命"。在这样的背景下,科学隐喻逐渐被纳入研究视野,并突破语言学界限,迈入认知研究阶段,但关于科学隐喻的研究在很多方面还有待深入挖掘。

认知说成为传统理论和现代理论的分水岭。传统隐喻理论认为隐喻是一种修辞格,科学语言是不允许出现隐喻的。很多学者

---

① 转引自郭贵春,安军.隐喻与科学理论的陈述[J].社会科学研究,2003(4):2.
② http://www.madrace.ru/filosofiya-metafori/kurs-metafora-v-filosofii-i-v-nauke/metafora-v-nauchnom-poznanii.

认为隐喻是对常规语言的偏离,如隐喻是"激情的语言"(C. R. Rogers)、"语言世界的黑洞"(G. Frege)、"意义的崩溃"(G. B. Vico)、"范畴错误"(G. Ryle)、"语言领域的日食"(Кулиев Г. Г.)等。现代隐喻理论则认为隐喻是一种思维方式,一种认知手段,如"思维本身就是隐喻的"(I. A. Richards)。瑞恰慈指出,传统隐喻理论侧重划分隐喻构成的方法,限制隐喻在科学领域的使用,这毫无疑问延误了科学隐喻研究的发展。尽管从亚里士多德开始到逻辑实证主义者都反对在科学语言中使用隐喻,但从科学历史的发展轨迹来看,隐喻在科学理论中的运用始终存在,几乎没有任何科学理论是基于纯粹的逻辑建构的。从生物学中分子的"双螺旋体结构"到化学研究中的"苯环结构",再到核物理学中的"夸克"。20世纪60年代美国物理学家默里·盖尔曼提出中子、质子这一类强子是由更基本的单元——夸克(quark)组成的,"夸克"一词取自詹姆斯·乔伊斯的小说《芬尼根守灵夜》中的诗句:"向麦克老大三呼夸克"。盖尔曼之所以选用"夸克"一词,原因之一在于"夸克"(意为海鸥的叫声)与他为这一核子基本构成部分的命名拼读相近,原因之二在于词句中的"三"跟自然中夸克的性质不谋而合,也有人说是出于他对鸟类的喜爱。我们很难想象没有隐喻的"科学语言"。

认知研究范式的发展使科学隐喻受到关注。从认知角度来看,人们对世界的认识总是由近及远,由浅入深,由具体到抽象,由已知到未知,这个过程始终伴随着隐喻。在科学认知活动中,隐喻不仅是一种描述科学理论的语言手段,更是认知和探索世界的工具,它具有组织人类概念系统和发展人类认知的功能,能够为人认识事物提供一种重组世界的新方法,同时扩展人对世界的理解,进而达到认识和解释事物的目的。如今隐喻的思维说或认知说已经得到学界的广泛认可。在这个意义上,科学不仅不是例外,反而充分体现了科学思维的隐喻性、认知性。

二 科学隐喻的概念及特征

(一)科学隐喻的概念

科学隐喻(scientific metaphor)是"人们在科学理论交流过程中通常使用的一种特殊的、经过集体约定的语言,其本质特征在于将一般的隐喻理论应用到科学理论的具体解释和说明中,并由此形成一种科学解释的方法论思想。"[①]郭贵春认为,"科学隐喻是由科学共同体所集体约定并广泛认同的,具有确定的稳定性和一致性,而不是瞬间的、暂时的和权宜的东西。更主要的是它具有重要的方法论功能,而且常常是自然地、非强制地、潜在地、微妙地发挥着它的功能。"[②]也就是说,科学隐喻的创建是通过隐喻表达形式形象地描述和解释所研究的对象,以此达到更好地解释科学事实,满足学术团体认知、交流和建构相关理论需要的目的。

从字面看,科学隐喻可以有两种解读:一是科学的隐喻,即合理、恰当的隐喻;二是科学中的隐喻,这里的科学是指隐喻的载体,即在科学理论陈述中所使用的概念隐喻。我们所要论述的科学隐喻包含上述两层含义,即科学领域中的合理的、恰当的隐喻。此外,科学隐喻还可根据表层单位分为句子层面的隐喻(即科学语言结构上使用的隐喻),以及词汇层面的隐喻(即隐喻

---

① 孟令霞.科学隐喻的原型与主体关系探微[J].外语学刊,2008(4):66.
② 郭贵春.科学隐喻的方法论意义[J].中国社会科学,2004(2):98.

称名)。我们的研究对象是科学语言中的词汇隐喻,主要以概念隐喻为主。

(二)科学隐喻的特征

每一门新科学的创立和发展,都要伴随产生一系列新概念和术语。未知世界的无限性与人类语言手段的有限性形成的矛盾使得人们自然要利用已知的概念来命名新事物。科学隐喻与日常隐喻、文学隐喻具有明显的本质区别(图4-1):文学隐喻通常以已知喻已知,通过意义替换的过程来增强语言表现力,凸显作者本身对它的独特理解;日常隐喻则通过这种修辞手段拓展人们对已知事物及其特征的全方位了解,例如莱考夫的典型例句"爱情是旅程"即是把对爱情的认识和对旅程的认识联系在一起,使人们通过对旅程的认知更加深刻地理解爱情;科学隐喻通常是以人们熟知的事物来认知和理解抽象的、未知的事物,这种相似性的创造以专业人士的知识和经验为基础。它的本质在于科学性,"是为实现对客观世界某种特征的猜测、探索和描述目的,体现科学家共同体对理论认知或预测的某种一致的倾向性,是科学家共同体集体智慧和洞察力的产物。"[1]在科学隐喻中,替换过程仅是第一步,它是科学概念生成的基础。为了深入认识研究对象,科学家们往往通过类比将研究对象之间的相似性特征进行推导,在此基础上进一步派生出新的意义。如牛顿从"声波"类推出"光波",之后又出现"电波"、"微波"、"超声波",从"水流"类推出"电流"、"气流"、"寒流"、"意识流"等。因此可以说,科学隐喻具有启发性功能,对于一事物或概念形成的隐喻表达可类推到其他领域,从而在科学

---

[1] 安军,郭贵春.科学隐喻的本质[J].科学技术与辩证法,2005(3):45.

第四章 术语隐喻化

领域形成一条隐喻链。在这一层面上讲,隐喻是科学认知活动中的一种信息加工方式,它对于科学概念的生成、新理论术语的引入以及科学理论的构建发挥着重要的、不可替代的作用。

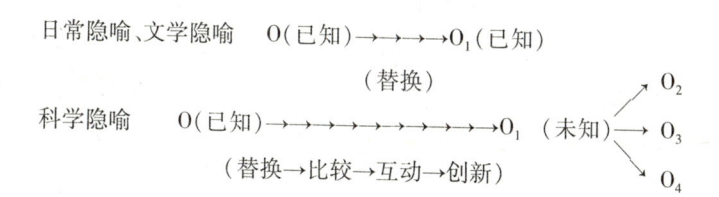

```
日常隐喻、文学隐喻    O(已知)→→→O₁(已知)
                         (替换)              ↗ O₂
科学隐喻     O(已知)→→→→→→→O₁(未知)— O₃
                (替换→比较→互动→创新)         ↘ O₄
```

图 4-1 日常隐喻、文学隐喻与科学隐喻的差别

与日常隐喻、文学隐喻相比,科学隐喻的创造更多取决于学科自身特点、发展状况及其在科学体系中的地位等因素。一些较为古老的知识领域中的隐喻术语通常来自一般口语词汇,年轻的学科则从一般科学领域借用基础词,从而形成自己的术语。科学发展初期,人们通常借用熟知的日常词汇来表达客观事物,随着科学的发展,科学隐喻逐渐从其他学科借用术语,这种趋势逐渐大于从日常词汇借用的比重,即呈现出喻体从日常词汇到一般科学领域,再从一般科学领域到其他专业科学的方向性规律。因此,对科学隐喻的研究不仅要从逻辑层面进行,还要考虑历史层面,有很多科学隐喻是在学科发展初期就已经产生并作为一种固定的意义保留下来,到现在依然在使用。它们通常反映该学科基本思想的形成和发展,描述科学历史上的重大事件。正是这些隐喻的存在见证了科学演变历史,同时也说明了科学隐喻的不可缺少。

三 传统术语学的隐喻研究

术语学产生之初,正值维也纳学派和逻辑经验主义的兴起,逻辑分析原则为描述术语系统奠定了基础。在这一阶段,术语的形式、特点、与一般词汇的区分以及以术语规定性要求为基础的整理和规范工作是传统术语学的主要内容。传统术语学侧重在称名术语学框架内,考察隐喻作为术语的语义构成方式的称名特点。洛特在《科技术语构成原理》(1961)一书中指出,词义变化是基于概念的发展而产生新术语的最能产的方法之一。他在分析术语意义变化类型时指出,这种意义的转变包括四种类型:①词义的细化,如 хрупкость:脆弱、易碎——〈技〉脆性,这一变化使 хрупкость 在技术领域获得科学和技术意义,即某材料易被损毁。②词义的变体和变异,如最初 локомотив 和 паровоз(蒸汽机车)是绝对同义词,随着技术的发展又出现了 электровоз(电力机车)和 тепловоз(内燃机车),因此 локомотив 获得了广泛的意义,成为 паровоз、электровоз 和 тепловоз 的上位概念,意为机车。③基于概念相似性发生的意义变化,如 усталость:疲劳、疲倦——〈技〉疲劳,指材料、零件和构件在循环加载下,在某点或某些点产生局部的永久性损伤,并在一定循环次数后形成裂纹,或使裂纹进一步扩展直到完全断裂的现象。④基于概念相邻性发生的意义变化,如 tap 既指包装重量,又指包装本身。洛特对术语意义变化的分类非常细致,但只把隐喻看作一种词语借用现象,并没有深入探究这种意义变化背后的认知机制。格里尼奥夫在《术语学引论》(1993)一书中将术语的构成分为语义构成、形态构成和句法构成方式,并指出语义构成方式包括通用词汇意义的隐喻和转喻两种类型。他把借助隐喻产生的术语分为根据外形相似,如 раковина(〈洗手、洗碗的〉水池——贝壳);шея(〈人的〉颈部——〈物体的〉狭窄部分);根据功能相似,如 фонарь(灯笼——〈工业建筑用〉灯光防护装置);根据外形相似和功能相似重合,如 слезный мешок(口袋——泪囊)。普罗霍罗娃在《俄语术语词汇语义构成》(Русская терминология(лексико-семантическое образование))(1996)一书中对隐喻术语的构成进行了更细致的分类,他指出隐喻术语的形成可能基于外形相似、功能相似、外形和功能相似、形式和地位相似、结构相似、情感评价相似、现实特征和心理特征相似等。

综上,传统术语学的隐喻研究以术语的隐喻表达形式为主要内容,即在词汇层面将隐喻术语作为语言现象来研究,通常根据喻体的来源把隐喻术语分为源于一般语言的隐喻术语和从其他专业语言借用的隐喻术语,在此基础上研究隐喻作为术语语义构成方式的主要类型和特点。而对隐喻术语的成因、认知模式、功能及其与篇章的联系等方面少有涉及。

我国的术语学研究起步较晚,在很大程度上仍处于借鉴和模仿国外术语学理论与方法的阶段。对于科学隐喻的研究主要包括以下几方面:"1. 引进、借鉴、发展各种隐喻理论;2. 隐喻与科学语言、科学理论的关系以及科学隐喻的科学发展史上的具体剖析;3. 科学隐喻的相关概念界定及其各种特征、属性的揭示;4. 科学隐喻的合理性、合法性基础探究;5. 科学隐喻的功能分析等。"[①]在引介国外隐喻理论的基础上,对具体行业隐喻术语的类型、认知机制和认知功能等方面研究仍显不足。

四 认知视角下的隐喻术语研究

莱考夫于1980年首次提出认知隐喻(cognitive metaphor)的概

---

① 兰倩,李炳辉. 近年来我国科学隐喻研究综述[J]. 科教文汇,2008(5)下旬刊:174.

念。由此开始的认知研究给术语学带来本质性的影响。在隐喻认知研究的背景下,术语学对隐喻的态度从最初的排斥到承认,从最初认为隐喻语言不宜出现在科学领域到可以接纳隐喻术语并将其作为术语构成方式展开研究。阿列克谢耶娃认为,"术语的产生,一方面和研究者的认知活动有关,一方面和对认知成果进行言语化的必要性有关。无论从认识论层面,还是从语言学层面,术语的产生都是隐喻的。""术语的隐喻称名要比创造一个单义的、严谨的科学术语,如 ген(根)、кислород(氧)、двенадцатиперстная кишка(十二指肠)等具有更大的作用。"[1] 库布里亚科娃认为,"认知隐喻是概念化的方式之一,是表达和形成新概念的认知过程,没有它就不能获得新知识"。[2] 伊维娜认为,"隐喻在对客观世界概念化过程中起主要作用。对周围世界概念化的最普遍方式之一就是概念隐喻。隐喻的原则是将复杂的、不能直接被观察到的心智空间与简单的、具体的事物联系在一起"。[3] 尼基金认为,"隐喻最主要的认知和语用功能之一就是能够在人的意识中构建概念,并对它进行说明和解释,在这个意义上说,只有隐喻术语能够传递那些尚无名称的研究对象的本质。因此在认知术语学框架下研究隐

---

[1] Лейчик В. М. Метафоризация как способ образования научных и технических терминов [A]. Материалы II Международного симпозиума 《Терминология и знание》[C]. Москва, 2010: 296.

[2] Кубрякова Е. С., Демьянков В. З. и др. Краткий словарь когнитивных терминов[Z]. М., 1996: 55-56.

[3] Ивина Л. В. Лингвокогнитивныеосновы анализа отраслевых терминосистем (на примере англоязычной терминологии венчурного финансирования): Учебно-метадич. пособие[M]. М.: Академический проект, 2003: 46.

第四章 术语隐喻化

喻术语是极具前景的方向之一,尤其对于人文科学术语"。[①] 此外,从信息理论的角度来看,隐喻中包含了能够执行术语功能的信息量。"如果某一出乎预料的成分(隐喻形式)被纳入术语系统而且不破坏其规则,那么这一成分有能力提高该系统的信息容量"。[②] 从认知角度看,术语是特殊的认知信息结构,它以具体语言形式汇聚了人类发展历史中积累的科学知识。在认知研究范式的影响下,还有很多俄罗斯学者关注具体行业隐喻术语的构成类型和特点,涉及行业包括政治隐喻、计算机术语隐喻、经济隐喻、大众传媒语言隐喻、医学隐喻以及文学隐喻等,如《作为认知工具的计算语言隐喻》(Компьютерная метафора как инструмент познания,Кириченко М. В.)、《隐喻—术语中人类中心主义的体现》(Метафора как проявление антропоцентризма в терминологии,Чернышова Л. А.)、《俄罗斯政治隐喻》(Русская политическая метафора:Материалы к словарю.,А. Н. Баранов 1991)、《20 世纪语言学中隐喻功能研究:方向和分类标准》(Изучение функций метафоры в лингвистике XX века:Приоритеты и критерии классификации Ахмадеева С. А.,2001)、《隐喻镜像中的俄罗斯:政治隐喻认知研究》(Россия в метафорическом зеркале:Когнитивное исследование политической метафоры(1991 - 2000),А. П. Чудинов 2001)、

[①] 转引自 Росянова Т. С. Когнитивный подход к рассмотрению термина[J]. Известия Санкт-Петербургского университета экономики и финансов,2011,№ 5 (71):107.

[②] Ивина Л. В. Лингвокогнитивные основы анализа отраслевых терминосистем (на примере англоязычной терминологии венчурного финансирования):Учебно-методич. пособие[M]. М.:Академический проект,2003:48.

151

《鱼类学次语言中隐喻术语的使用》(Функционирование метафорических терминов в подъязыке ихтиологии И. Г. Гусева)等。

此外，阿列克谢耶娃和米什拉诺娃一直关注隐喻术语的认知研究。阿列克谢耶娃的专著《术语和隐喻》(Термин и метафора, 1998)阐述了隐喻术语的产生过程、科学隐喻的本质、术语隐喻化的特点和科学篇章中的隐喻术语研究。米什拉诺娃的代表文章和著作主要有:《医学篇章中的隐喻》(Метафора в медицинском дискурсе, 2002)、《隐喻化对比研究》(Исследование метафоризации в сопоставительном аспекте, 2011)、《医学隐喻术语解读分析》(Анализ восприятия медицинских метафорических терминов, 2010)、《旅游篇章中术语的吸引功能》(Аттрактивная функция метафоры в туристском дискурсе, 2010)等。这两位学者对隐喻术语的研究无论在隐喻界还是术语学界都可以说是独树一帜。

在认知视角下，隐喻术语形成的认知机制及其对于科学术语发展的意义在我国也受到关注。胡壮麟指出，"语言隐喻实际上是概念隐喻在语言中的体现，即我们首先建立的是概念上将一个范畴隐喻化为另一个范畴，然后才有语言中将一个词语隐喻化为另一个词语的现象。……原有的概念、范畴不能反映新的事物，就会产生新的概念、范畴。人的认知能力在许多情况下是通过隐喻化来建立学科间的联系，最终认识整个世界的。隐喻可以扩大人们对尚无名称的或尚不知晓的事物进行组合的能力。它能超越思维过程中单纯的范畴化的局限，也能超越以规则为基础的语言的范围。加强社会科学和自然科学之间，以及社会科学和自然科

第四章 术语隐喻化

内部各分支学科之间的沟通,得以实现的理论基础便是隐喻化。……隐喻正是各学科通向未来的工具。"[1]在认知术语学看来,隐喻不仅仅是术语的语义构成方式之一,同时也是构建科学思维的重要手段,它参与术语产生、使用、发展变化等所有环节。认知视角下,术语隐喻不是言语活动的终端产品,而是构成科学创作过程的基础,它的目标是反映所发现知识和语言化的创新点。"术语研究的认知途径建立于术语与其描述现象的本体间关系的基础上。词的意义已经不仅仅被看作语言中某些要素的内在关系网络,而是要与对世界、对人的思维活动及其认知能力的认知过程联系起来。"[2]

综上所述,与传统术语学把隐喻作为语言现象不同的是,认知术语学将隐喻看作是人探索客观世界的认知机制,它将认知主体的因素,即人的因素考虑在内,因为隐喻术语的形成是人的思维能力的发展和体现,同时需要认知主体的建构、整理和规范。两者关于隐喻术语观点的差别就在于是否把隐喻作为术语创造和概念生成的认知机制,如表4-1:

表4-1

	传统术语学	认知术语学
术语隐喻	个例(术语构成方式之一)	认知机制:概念生成和理论构建的思维方式和认知手段
	名称的替换	概念结构的映射
	术语命名的手段	概念化的手段,术语构建的普遍方式。

---

[1] 胡壮麟.语言·认知·隐喻[J].现代外语,1997(4):54-55.
[2] 吴哲.认知语言学视角下术语的隐喻性解析[J].中国俄语教学,2009:51.

就科学术语来说,隐喻的构建受到学科特点、民族文化及专业知识等因素的影响,有很多概念隐喻具有跨文化的普遍性,还有很多概念隐喻具有独特的民族文化特征。因此可以说,科学隐喻研究具有双重属性,一方面通过学科隐喻术语的成因、模式和特点可考察学科发展轨迹及人类在该知识领域形成的经验和认知特点;另一方面通过对比不同民族的认知和思维方式对术语形成和发展产生的影响,可揭示不同民族语言认知世界的方式、特点和差异。上述研究对于掌握术语发展的普遍规律和特点及解决具体学科术语的现实问题具有重要意义。

五　术语的理据性

瑞士语言学家索绪尔曾提出语言任意性(arbitrariness)理论,即语言符号在绝对任意性的基础上具有相对理据性(motivation)。认知语言学对于语言任意性提出不同意见,从认知角度看,语言的共性正说明它不是任意构成的,而是主体在一定的认知环境下创造的,在很大程度上是有理据的。术语的理据性相对更高,在一定程度上是人有意而为之的,从词源学角度看术语符号系统中能指和所指的结合在一定程度上是可以论证的。

早在20世纪30年代,列福尔马茨基就论述过术语的理据性问题,他指出,"术语一方面是封闭的,另一方面又处于与日常语言不断的作用和联系之中"。[1] 格里尼奥夫指出,"理据性是术语的基本属性,通常指术语的语义透明性,即术语形式具备的一种认

---

[1] 转引自 Алексеева Л. М. Термин и метафора [M]. Пермь: Издательство Пермского университета,1998: 91.

识术语所称谓概念的属性",①如 многоплодие（多胎妊娠：много + плодие）。在术语的整理和规范工作中，通常会首先选择具有理据性、系统性和有序性几方面特征的术语形式。系统性，即术语不是孤立的，它一定是属于某一术语系统的。"通过术语形式可以反映概念在系统中的位置，构筑术语时要使用相同的术语元素。"②有序性体现在，一个成功的术语应该具有通过它的字面意义能够反映术语所称名概念的特征，以及概念在其所属系统中的地位及其与其他概念之间关系的特性，通过术语形式中共同的词缀等构成成分可反映系统内术语间的关系。例如：

1）окрашивание（属概念，染色，着色）：
  закрашивание（种概念，开始上油漆）
  перекрашивание（种概念，重新油漆）
  подкрашивание（种概念，再染一染，刷新）
2）交通工具：载客交通工具
  载货交通工具
  客货两用交通工具
3）车辆：轿车
  摩托车
  卡车

上述三个例子中的属术语和种术语都具有共同的成分，体现了上下位的概念关系，种术语通过不同的前缀来限定自身的内容，并反映与其他概念的区别，充分体现出术语的有序性和系统性。

---

① 格里尼奥夫. 术语学[M]. 北京：商务印书馆，2011：187.
② 吴丽坤. 俄罗斯术语学探究[M]. 北京：商务印书馆，2009：222.

认知术语学概论

除了通过术语的结构形式体现理据性外，舍洛夫认为，"术语形式与概念内容之间的理据性关系可能隐藏在术语的定义之中。"①也就是说，术语的产生和发展是人的认知和思维的体现，在术语最初形成时，体现在定义中的某些特征会成为术语命名的理据。例如，最初我国对于雾霾天气污染物没有固定的称谓，人们将其称为"PM2.5"，这一名称的来源和理据在其定义中可以找到，即"指大气中直径小于或等于2.5微米的颗粒物"，业内人士用其本身所具有的"直径小于或等于2.5微米"这一特征来作为称名概念的理据，随着对这种污染物的深入研究，全国科学技术名词审定委员会将"PM2.5"的中文名称确定为"细颗粒物"。由此可以看出，术语的定义即是术语命名的理据。术语的产生分为两个阶段：1. 确定概念的内涵。2. 确定术语形式。被命名的事物及其定义首先在科学语篇中产生，这其中包含确定术语形式的理据性，随着知识发展的要求以及对概念的进一步明确，人们会替换并选择更优化的术语形式来表达概念。

随着当代科学知识的不断发展和细化，科学概念的内涵随之发展，从而导致术语的更替以及语义结构的发展变化，在这一背景下，隐喻术语的理据性与一般术语相比具有自身的特点。从语言层面看，任何术语都是具有理据性的，因为它可以通过其表达形式——自然语言单位的词汇意义来解释。正如列依奇克指出，"术语具有双重理据性，一方面是自然语言单位的词汇意义，另一

---

① 转引自 Алексеева Л. М. Терминиметафора [M]. Пермь：Издательство Пермского университета, 1998：90.

第四章 术语隐喻化

方面是指描述一定知识领域科学概念系统中的概念"。① 这可以从符号学角度找到依据,如图 4-2:

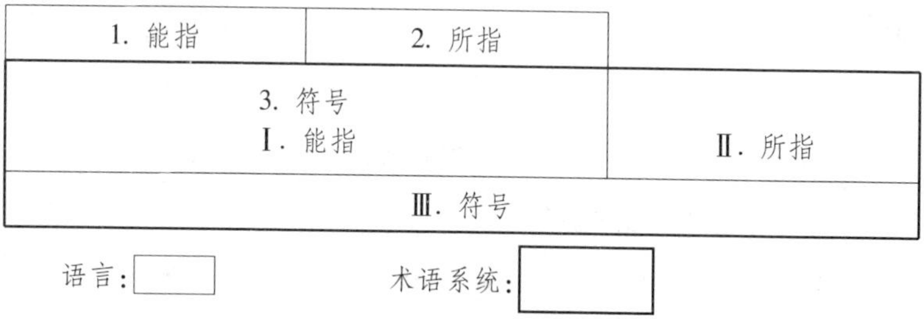

1. 能指	2. 所指	
	3. 符号	
	Ⅰ. 能指	Ⅱ. 所指
	Ⅲ. 符号	

语言：☐　　　术语系统：☐

图 4-2　术语的双重性

由图 4-2 可知,任何术语单位的能指都建立在自然语言基础上。能指符号的初始意义是其成为理据性术语的基础。术语符号的意义既包括该词汇单位的初始意义,也包括所获得的专业意义,这是构建理据术语的基础,因为能指形式包含关于研究对象的初始认识,也就是已知事物和新知事物的联系。例如"цветной кварк"(色夸克)中的 цветной 并不表示夸克带有真实的色彩,它与光学原理上的"颜色"无关,而是借用"色"一词来表示夸克所具有的一种物理属性,即在一定条件下夸克会改变自己的特性,这种变化就如同不同颜色之间的渐变一样。这里的"色"是量子物理学概念,只表示夸克所具有的一种状态。可见,选择它作为术语构成单位是基于其词汇意义与所表达概念之间的联想关系在主体认知活动中的建构。

从认知层面看,术语从来都不是绝对任意性的单位,而是具有

---

① 转引自 Алексеева Л. М. Терминиметафора [M]. Пермь: Издательство Пермского университета,1998: 93.

理据性的。隐喻术语的理据性具有自身的特点,它基于人类心理的统觉①(apperception)性质,依据已有知识去构建新知识。首先,隐喻术语的形成是两个世界图景的融合,它通过隐喻形式为概念创造一种有意义的形象,帮助人们理解和掌握术语称谓的专业概念,即所谓的形象性理据,如 электрический ток(流,流动—电流)、квантовая яма(坑、窖、潭—量子阱)、солнечная корона(冠状物、古代的礼帽—日冕)等;其次,隐喻术语的理据不仅体现客体本身的特性,而且体现已有知识和新知识之间的联系(即本体和喻体的相似性),因为"我们所认识的自然不是自然本身,而是以我们提出问题的方式去探索的假想的自然。隐喻术语的理据性不是被体验和感受的,而是被创造的"。② 这一点与日常词汇的隐喻恰恰相反。

术语的理据性是术语理论的基本问题,术语理据性研究可揭示隐喻术语的本质特征。从认知角度可以对术语理据性进行更深入的阐释。

第二节 认知视角下的中医术语隐喻

医学作为一门古老的科学,无论在哪种语言国家中都具有悠久的历史。医学术语是医学理论和知识的主要载体,它在医学概念体系中具有相当的价值。中医药学是我国传统文化的一个特殊的组

---

① 德国哲学家莱布尼茨和康德的哲学中关于认识论的重要概念,指知觉内容和倾向蕴含着人们已有的经验、知识、兴趣、态度,因而不再限于对事物个别属性的感知。

② Алексеева Л. М. Термин и метафора[M]. Пермь: Издательство Пермского университета,1998: 91.

成部分,其中隐喻术语的大量存在是中医术语的一个重要特点。笔者以国家名词委 2004 年公布的《中医药学名词》为蓝本,对其中所列中医基本名词的隐喻现象进行抽样调查。结果如表 4-2:

表 4-2

中医药学名词	总词汇量	隐喻术语	比例
中医基础理论	804	606	75%
针灸学	708	420	59%

从上述调查数据可以看出,在抽样中医术语中隐喻术语所占比重均在一半以上。从传统术语学来看,一个学科理论的语言中有如此多的隐喻术语,它就是不科学的、其所描述的理论就是不可靠的。"隐喻在中医术语中如此之多导致概念模糊、语义不确定"的说法甚至一度成为中医科学性遭受质疑的理由之一。然而,在认知术语学看来,术语是特殊的认知信息结构,通过具体语言形式汇聚科学专业知识。中医药学是我国一门具有悠久历史的特色学科,其中的概念隐喻恰恰具有重要的认知研究价值,它反映了中华民族对生命独特的认知和体会,隐喻作为人赖以生存的思维方式,其成因、特点和认知机制,可反映汉语言民族认知事物的思维方式,重塑学科发展的历史和演变轨迹。

一 中医隐喻术语的认知机制

在中医长期发展过程中,隐喻机制对其术语构成产生过重要的影响。正是这些隐喻的存在见证了中医发展历史及其中蕴含的文化因素。根据莱考夫对概念隐喻的分类,可从三方面考察中医

术语的隐喻现象:

(一) 实体隐喻

实体隐喻(ontological metaphor)是概念隐喻的主要方式。人在感知外部世界的过程中,通常以有形的、具体的事物理解无形的、抽象的概念。"人最初的生存方式是物质的,人对物体的经验为我们将抽象的概念表达、理解为'实体'提供了物质基础。以有形喻无形是最基本的隐喻机制。"[①]因认知主体所处的地域、环境、文化等因素不同,用于理解生命现象的认知模式也不同。实体隐喻在中医隐喻术语构成中占主要部分,且其构成模式具有鲜明的中国传统文化特色:

1. 隐喻模式"人体是社会"

①心者,君主之官,神明出焉;肾者,作强之官,伎巧出焉;肺者,相傅之官,治节出焉;肝者,将军之官,谋虑出焉;胆者,中正之官,决断出焉。[②]

(心相当于君主,对整个机体有统帅作用;肾功能强大、灵巧,对五脏六腑都有好处;肺犹如丞相,能够帮助君主治理和调节;肝具有刚强之性,肝气主升、主动,容易亢逆,像古代将军一样;中正是指办事不偏不倚,刚正无私,胆是中正之官,指胆对于防御和消除某些不良精神刺激,保护人体气血的正常运行有重要作用。)

②肺为华盖

(盖,即伞,华盖原指古代帝王的车盖或指画上文彩的伞。肺在体腔中位居最高,具有覆盖和保护诸脏抵御外邪的作用。两者

---

① 赵艳芳.认知语言学概论[M].上海:上海外语教育出版社,2009:109.
② 《素问·灵兰秘典论》.

第四章 术语隐喻化

因功能相似建立关联。)

上面两例中的术语皆以反映社会制度的事物为喻体,其认知模式是"人体是社会",即把人体看成是一个大的社会,用中国古代社会的官僚制度等级形象比喻各脏器在人体中的地位和作用及相互关系,隐喻构建基于功能相似。通过这样的隐喻表达可以对脏器在人体中的功能有很好的了解和认识,这对于中国人来说具有解释和理解的功能,对于其他文化群体来说需要首先了解中国的历史文化才能成功解读术语的内涵。

2. 隐喻模式"母子关系"

①母病及子,子病及母,子盗母气

②五行相生(水生木,木生火,火生土,土生金,金生水)

③三子养亲汤

④虚者补其母,实者泻其子。

上面几例以母子关系为喻底,基于关系相似构建隐喻。例①②④用母子关系来说明五脏之间相互资助和相互依赖的关系,由于母脏病变累及子脏以及子脏病变累及母脏的病机传变,例如"脾土为母,肺金为子",即指脾胃虚弱可累及肺气不足。心为肝之子,心火旺盛可相应引起肝火旺。再如子行亢盛,损伤母行,导致子盛母衰,称为"子盗母气"。例③"三子养亲汤"中的"三子"是指紫苏子、白芥子、萝卜子三种药材。该方剂功效为主治老年人中气虚弱,运化不健。因其用三种果实组方,以治老人喘嗽之疾,因此寓其"子以养亲"之意,蕴含了汉语言主体的民族传统文化。由此可见,任何术语都是首先在某一自然语言基础上产生的,语言是体现一定文化的世界图景的载体,它对术语的形成产生一定的影响。上面几例充分凸显了我国古代民族文化中尊老爱幼的传统

161

美德。

3. 隐喻模式"人体是自然"

还有很多中医术语是在把人体看作自然的基础上构建的,所选喻体包括地理类、气象类等名词。

气象类(气、风、火、水、雨、云等以及燥、热、寒、湿、潮,凉等描述气象变化的要素):

①血气者,喜温而恶寒,寒则泣不能留,温则消而去之。

②水性流下,水不涵木,水亏火旺,水火不济,火性炎上。

③清阳为天,浊音为地,地气上为天,天气下为雨;雨出地气,云出天气。

地理类:

①六经为川,肠胃为海,九窍为水注之气,气之不得无行也,如水之流,如日月之行不休。

②经络。

③针灸学中穴位的隐喻命名:中府、太白、曲池、天池,昆仑等。

将川、海、水等地理名词用于描述人体是在"人体是自然"的隐喻框架内产生的联想。如"经络"是中医基本理论术语,是"经脉和络脉的统称,是人体运行气血、联络脏腑、沟通内外、贯串上下的通路"。① "经"的原意是"纵丝",有路径的意思,简单说就是经络系统中的主要路径,存在于机体内部,贯穿上下,沟通内外;"络"的原意是"网络",简单说就是主路分出的辅路,存在于机体的表面,纵横交错,遍布全身。在"人体是自然"的认知模式中,以

---

① 全国科学技术名词审定委员会.《中医药学名词》[Z].北京:科学出版社,2004:27.

第四章 术语隐喻化

地理、气象名词作喻体用于描述病理,基于感觉相似、状态相似和外形相似,这种相似性的创造也体现了中医理论的整体观和天人合一的基本思想。

此外,中医术语中的动物类隐喻所占比重相对较高,即以动物形体或特点为基础定名。如:鸡胸、龟背、螳螂子、马刀侠瘿、鹤膝风、龟背痰、狐臭、鸭溏、雀啄脉、鱼翔脉、虾游脉、喉中水鸡声、鱼际、鹅口疮、伏兔等。一方面由于动物和人体构造基本相似,另一方面在于动物形态丰富。动物类隐喻术语中的相似性,包括外形相似,如鸡胸、鹤膝风(指结核性关节炎,患者膝关节肿大,因像仙鹤的膝部而得名)等;声音相似,如喉中水鸡声等。

最典型的实体隐喻——容器隐喻(container metaphor)在中医术语构成中也占有相当比重:

①脾为生痰之源,肺为贮痰之器。
②腰者,肾之府。
③"元神之府"(脑的别称)。
④"仓廪之本"(指具有贮藏、生化功能的器官)。
⑤心藏神、肝藏血。

"器"、"府"皆为具有空间储藏意义的容器。"仓廪"即粮食仓库,指脾胃共主受纳运化饮食水谷,化生精气,营养全身;胃与大小肠、三焦、膀胱能传化水谷和津液,排除糟粕,共同构成饮食水谷津液储藏、生化之源,这些器官统称为"仓廪之本"。例⑤中的"藏"字表达了心和肝的容器功能。容器隐喻的相似性基于功能相似。

下面我们再看看俄语医学术语中的实体隐喻:

1. 基于外形相似构成:

动植物类隐喻:волчья пасть(腭裂)、вид паука(蜘蛛胀)、

заячья губа（兔唇）、куриная грудь（鸡胸）、рыбья кожа（鳞癣）、змеиная кожа（蛇盘疮）、крапивница（荨麻疹）、ячмень（麦粒肿）、молочница（鹅口疮）、симптом осиной талии（蜂腰症）、миндалина（扁桃体）等。

日常类：глазное яблоко（眼球）、шарик（血球）、ладьевидная кость（舟状骨）、таз（骨盆）、почечная чашка（肾盏）、стенка сердца（心壁）、коронка зуба（牙冠）、дыхательные пути（呼吸道）等。

2. 基于现实特征或心理特征相似构成：

симптом кровяной росы（出血症状）、зуб мудрости（智齿）、кишка слепая（盲肠）、сахарный диабет（糖尿病）、почечная недостаточность（肾衰竭）等。

3. 基于功能相似构成：

карта генетическая（遗传图谱）、камень（结石）、скарификатор（〈农〉剖土机、破皮机——〈医〉划痕器）。

4. 基于状态相似构成：

пульсовая волна（脉波）、кровяные озера（血湖）、солнечный удар（中暑）、разрыв сердца（心破裂）、пылающий зев（咽充血）等。

最典型的实体隐喻是容器隐喻：слезный мешок（袋子——泪囊）、канал（管道——血管）、кровяное депо（仓库、储藏室——血库）、детское место（胎盘）、слезное озеро（泪湖）等。

通过以上对比可以看出，首先，汉语中医术语和俄语医学术语的隐喻模式有相同之处，如动物类隐喻中不同语言对动物的认知方式及其与人体各种疾病之间的相似性联想具有共通的特性。其次,俄语医学隐喻术语和汉语中医隐喻术语都具有自己的特点。例如,俄语中将表达农用机械"破皮机"的词汇用于表示医疗器械"划痕器",在汉语中这是两个不同的词汇;用 место(地方、座位)来表示 детское место(胎盘)强调它的空间意义,而汉语"盘"既体现空间意义,又表达了形状相似的特点,这是二者的不同之处。相比之下,中医隐喻术语的喻体选择以及本体和喻体间的相似性联想都具有鲜明的中国传统文化特色。

(二)方位隐喻

方位隐喻(orientational metaphor)是"指参照空间方位而组建的一系列隐喻概念。人们对空间方位概念的感知来源于人与大自然的相互作用,空间方位是较早产生的、可以直接理解的概念,是人赖以生存的基本概念"。① 在医学术语中,人们通常将对人体器官、疾病等抽象概念的感觉和评价投射于具体的地理及方位概念上,如 меридиан глаза(眼球子午线)、экватор черепа(颅骨赤道)、преддверие уха(耳前庭)、вывих(脱位、脱臼)、внешнее кровотечение(外出血)、внутреннее кровотечение(内出血)等。上述术语中的地理名词 меридиан(子午线)、экватор(赤道)、преддверие(前庭)均是通过它们所表达的方位意义将眼睛、头骨、耳朵视为一个整体,从而描述相应部位在其中所处的位置。вывих、внешнее、внутреннее 则通过本身的方位意义,将抽象的状态具体化、形象化,可以使人们通过对方位意义的认知更好地理解人体相应器官的病理状态。

空间方位感知能力是人最基本的能力之一,在中医术语中有

---

① 赵艳芳.认知语言学概论[M].上海:上海外语教育出版社,2009:107.

很多基本概念是通过方位词来描述的:

包含"上"的概念有:气上冲心、火性炎上、肝火上炎、怒则气上等,可见,"上"通常表达炎热、火症、愤怒等;

包含"下"的概念有:湿性趋下、恐则气下等;"下"通常表达寒、湿、惊等含义。

此外,上下、内外、升降、沉浮等概念在中医基本理论术语中具有特殊的认知意义,表达一种抽象的运行状态和方向,如:上膈(食入即吐)、下膈(朝食暮吐);上损及下、下损及上,等等。

可见,空间方位感知能力是以人体为中心来表达上、下、里、外等方位,是人最基本的能力之一,不同民族对于方位词的感知具有共通的特性。中医理论在对这些方位词的基本感知的基础上赋予它们特殊的含义,而这在其他语言的医学术语中是没有的。由此可见,认知主体所处的地域、环境、文化等因素不同,对事物的理解和认知模式也存在差异。

(三) 结构隐喻

根据莱考夫的定义,结构隐喻(structural metaphor)指"以一种概念的结构来构造另一种概念,使两种概念相叠加,将谈论一种概念的各方面的词语用于谈论另一概念"。[①] 他以"Time is money"(时间是金钱)和"Love is journey"(爱情是旅行)为例来分析概念映射的过程。在上述例句中,关于 money 和 journey 的表述对应映射到作为本体的 time 和 love 的描述上,从而使人们在头脑中产生了"时间像金钱一样宝贵"、"爱情像旅行一样,需要共同克服困难才能到达目的地"的认识,加深了对时间和爱情的理解。这种以

---

① 转引自赵艳芳.认知语言学概论[M].上海:上海外语教育出版社,2009:106.

第四章 术语隐喻化

具体的、熟悉的概念去类比抽象的、陌生的概念的隐喻模式无时不有、无处不在。医学领域也经常会将人们已经熟知的事物或现象与所描述对象联系起来,以加深人们对所描述对象的认识。例如在俄语里,糖尿病术语系统中对于糖尿病的一个阶段称为"медовый месяц"(蜜月)。蜜月是人们日常生活中熟知的概念,其主要特点为:通常是结婚初期第一个月、感觉甜蜜、短暂,也许婚后会暴露双方的缺点从而引发矛盾,但这通常都发生在蜜月之后,等等。与此相应,糖尿病患病初期也具有相似的特征,主要症状表现为:血液中的葡萄糖含量降低至正常值,病人认为自己没有病,因此没坚持控制饮食,也没用药,但过了一段时间后血糖又重新升高。由此看来,关于蜜月的特征与糖尿病这一阶段的主要状态具有相似性,因此在二者之间建立联系,用蜜月来比喻糖尿病,通过结构隐喻,人们会对糖尿病初期阶段的病理状态形成深刻的了解(见表4-3)。

表4-3

медовый месяц(蜜月)	糖尿病
结婚初期(通常为第一个月)	患病初期
感觉甜蜜幸福	状态良好,血糖正常
蜜月过后可能会发生一些摩擦	短暂的良好感觉过后血糖回升

俄语医学术语中这类隐喻很多,隐喻术语的产生和使用会导致同义术语或多义术语逐渐增多,因为很多单义医学术语在认知主体的实际使用和认知等实践活动中会产生相应的隐喻形式,这类隐喻术语能够更形象地说明概念,通常在行业交流中使用。具

有明确专业属性的隐喻术语可单独使用,无须内容注解和描述,如 ревизия опухоли(肿瘤检测)中的ревизия 意为监察、检测〈财〉,这里用于指称医学检测技术;有些隐喻术语的使用则需要专业注解或参考上下文才可确定其专业属性,如 маска(面具、面罩)通过隐喻转义生成专业概念,指称多个领域概念,因此在具体使用中需加注解。"从认知语言学角度来说,称名不仅是对世界命名的过程,还是对世界认知、结构化、评价和阐释的过程。"①隐喻称名是术语的语义构成中最主要的方式,它的语言形式能够给人一定的思维空间。

结构隐喻在中医术语的隐喻称名中也占据主要地位,如中医方剂学中有"君药"、"臣药"、"佐药"、"使药"四药。其中君主、臣僚、僚佐、使者这四种人并不是指具体的某味药,而是指中药处方中各味药的不同作用。它以封建王朝君臣之间的关系形象说明了各味药在方剂中的地位和作用(如表4-4)。

表4-4

社会官职	方剂学中的各药物
"君"是我国古代国家首脑的通称。	君药具有统领其他药物的作用。
"臣"是君主的管家,受到君主宠信,是重要的国家官吏。	依据"臣"字本义,臣药有两种意义:一是辅助群药加强治疗主病或主证的药物;二是针对兼病或兼证起治疗作用的药物,即配合君药,补其不足。

---

① Голованова Е. И. Введение в когнитивное терминоведение: учебное пособие [M]. Челябинск: Энциклопедия, 2008: 13.

第四章 术语隐喻化

续表

社会官职	方剂学中的各药物
"佐"是辅助的人,即处于辅助地位的官员。	佐药有三种意义:一是协助君药、臣药以加强治疗作用;二是用以消除或减缓君药、臣药的毒性与烈性;三是根据病情需要,用与君药性味相反而又能在治疗中起相成作用的药物。
"使"是由古代皇帝特派临时性有某种任务的官员,专任某事、专察地方,以弥补设官之不足。	使药有两种意义:一是引经药,即能引方中诸药以达病所的药物;二是调和药,即具有调和诸药作用的药物。

此外,将疾病比喻为敌人,将战胜疾病比喻为战争也是医学中典型的结构隐喻,这在中医术语中也有充分体现,即将很多用于描述敌人的词汇用于对疾病的认知和理解,如:火易扰心、燥易伤肺、大怒伤肝、风胜则动、风热犯肺、水寒射肺、上损及下、风热袭表证、风水相搏证、清热攻下等,上述中医术语中的"扰"、"伤"、"胜"、"犯"、"射"、"损"、"袭"、"搏"、"攻"都是用于描述战争的词汇,可见,人在认识疾病的过程中,发现疾病与敌人的特征有很多相似之处,疾病是对人体的侵袭,人们要通过各种方法去驱除疾病,战胜疾病就相当于一场战争。

综上所述,科学是理性的、抽象的和无国界的。医学是一门古老的科学,它是世界上不同民族在不同的地域和气候环境中对日常生活实践和体验的智慧结晶,因此关于生命的认识和理解都因人、因时、因地而异,也因此形成了截然不同的理论框架和认知模式。与此相应,俄语医学术语和汉语中医隐喻术语既有共同之处,又存在差异:

共同点在于：1. 从学科角度来看，医学作为一门古老的科学，与其他自然科学的隐喻方式不同。一般自然科学的隐喻是把研究对象看作人自身，从自然推及人体，即以人的身体结构、功能、行为等特征来比拟非人事物。例如，计算机科学中的"存储"、"复制"、"删除"等，生物科学中的"编码"、"解码"等。而医学术语的隐喻思维恰恰相反，是从人体推及自然，以自然界的万事万物作为认知原型来阐释人体的结构、功能、病理等，这是在俄汉语医学隐喻术语中都有体现的共同点。2. 从语言层面来看，不同语言对于同一领域事物的术语称名中，有很多隐喻具有跨文化的普遍性，如动物类隐喻中对外形相似的共同感知，方位隐喻中对上、下等方位词的附加意义。从这些不同民族及文化使用了相同或相似的隐喻概念可见，不同民族对于某些事物的认知具有相同的思维方式。隐喻作为人特有的认知思维方式，在不同的民族、文化背景下具有相似性。

不同点在于：1. 认知差异：对同类事物的认知模式不同，划分范畴的方式也不同，如中医理论将人体脏器统称为三焦，并将人体划分为上、中、下三个区域，即上焦胸部，包括心、肺两脏；中焦上腹部，包括脾、胃、肝、胆；下焦下腹部，包括肾、膀胱、小肠、大肠。西方医学则没有这样的概念，该差异为认知主体对同一事物的认知和划分范畴的不同及构建理论的差异。2. 语言差异：表达概念的方式不同，如对于胃和十二指肠的连接口，汉语术语用"幽门"来表示，以"幽"字表达这一概念的特征（幽：深长、隐秘或阴暗的通道）。俄语术语"привратник"（源自希腊语，意为看门人）则以"看门人"作为特征相似的联想点。这一认知模式及喻体选择的差异体现了不同民族对于人体的认知特点及内含的文化差异，这两者归根结底在于文化的不同。

从以上隐喻术语构成的认知机制可以看出,医学隐喻术语是业内研究人员及医生在行业认知活动中关于客观知识的言语化体现,其本质在于抽象知识与身体体验的相关性。它能够揭示人们认知和理解周围世界的特点,帮助人们理解概念系统,同时体现了医学语言与文化、社会的联系。上述医学术语的隐喻模式研究有助于解释医学知识言语化的隐喻特点、隐喻术语意义发展的方向和趋势,以及医学语言和文化的联系。

二 隐喻术语的认知功能

术语的功能即术语的作用,在认知视角下,术语作为知识、认知和思维的单元,是一个综合性的研究对象,其研究受到功能语言学、社会语言学、认知语言学、篇章语言学、交际理论等一系列学科的影响,因此它的功能也是多维的,包括基本功能(命名功能、解释功能、教学功能、交际功能)、认知功能(生成概念、启智功能、开启新知、揭示内含文化意义)和方法论功能(构建理论框架、提供研究范式)。与一般术语相比,隐喻术语在发挥其职能和作用时具有独特的特点,它要比一般术语更好地完成上述功能。

(一)基本功能

1. 命名功能

人要认知周围的世界、探索未知的领域,就要为新概念命名。相对于一般术语的命名功能,隐喻称名为术语命名提供了更广阔的思维方向和意义空间。通过这种隐喻思维,不仅能够命名一些事物或现象,还能指出它们与周围客观现实的联系。在各个学科中,隐喻术语都占有相当的比例。

对于隐喻称名在术语命名中的作用,冯志伟教授强调,"术语的命名要遵循准确性、单义性、系统性、语言的正确性、简明性、理据性等要求。隐喻的使用与这些原则并不矛盾。因为隐喻是一种重要的思维方式,在术语的命名中当然可以应用这一方式,使用隐喻为术语命名,不仅不违背这些原则,相反会更好地实现这些原则。"①

隐喻术语在执行命名功能的同时,通过相似性联想突出客观对象本身的某些特征,方便人们记忆。例如,很多化学元素的名称都以隐喻方式构成,铊—Tl(Thallium),因其光谱是绿色而得名(Thallium,拉丁语绿枝的意思);铯—Cs(Cesium),因其光谱是蓝色而得名(Caesius,拉丁语天蓝色)。隐喻术语的诞生充分说明了隐喻思维在科学认知活动中的重要性,它是对科学认知和实践活动的认知成果进行言语化的基本方式。

2. 解释功能

在科学理论的阐述中,使用隐喻术语和隐喻表达形式,能够通俗形象地阐释科学概念。作为一个概念的称名单位,隐喻术语可以浓缩大量的认知信息,准确地、简练地表达概念内容。术语学中很多著名的理论观点也是通过隐喻表达形式直观形象地传达其思想内容的,如列福尔马茨基的著名论断"术语是一仆二主"以简练形象的隐喻表达说明了术语的综合性和跨学科性,列依奇克提出的"术语的自然语言基质(естественноязыковой субстрат термина)"②准确地说明了术语所具有的以自然语言词汇特点和

---

① 冯志伟. 术语命名中的隐喻[J]. 科技术语研究,2006(3):20.
② "基质"原是微生物学术语,指动植物机体固有的基础以及机体通常生存和发育的培养基。在本处指自然语言词汇是术语赖以产生和发展的土壤。参见 Лейчик В. М. Терминоведение:предмет,метод,структура[M]. Изд. 4-е. -М.:Книжный дом «ЛИБРОКОМ»,2009:30.

第四章　术语隐喻化

规律为基础的语言学特性,再如语言学中的"词族"、"母语"等通过隐喻思维恰当准确地传达了概念的内涵。在化学元素的命名中,汞—Hg(Hydrargyrum),是由拉丁语 Hydra(水)和 Argyrum(银)组成的,英语为 Mercury,是罗马神话中众神的信使,说明该金属有流动性。钽—Ta(Tantalum),因其不被酸腐蚀的性质而和希腊神话中宙斯之子 Tantalus(因受罚而浸在水中,但不能吸收水分)建立关联而得名,其隐喻形式体现了无法简单概括的元素特性。这样的例子不胜枚举。

3. 教学和交际功能

术语除了记录和确定人类的科学知识和结构,还具有传播知识的功能。在传播知识过程中,隐喻术语相对于一般术语来说具有独特的教学和交际功能。以医学术语"диабет"(糖尿病)为例,如今糖尿病因具有一定的社会性和普遍性已被列为威胁国家安全的疾病行列,同时逐渐形成自己的术语体系并不断扩展。但在医患交流中,一个完全具有科学意义的病名和一个通过隐喻构成的病名相比,隐喻称名会让患者更容易理解。在听到一串通过字面完全不得而知的术语,患者只会一脸茫然,且加剧他们对病情的恐惧感和陌生感。因此在 диабет 的术语体系中存在这样的术语 диабет голодных(饥饿)、диабет мучных(肥胖)、диабет бронзовый(青铜色糖尿病)等。它让患者通过病名的字面含义和疾病的特征饥饿、肥胖、面色暗褐联系在一起,就很容易理解。这些术语相比一般术语而言,能更好地执行交际功能,对于教学也同样如此,学习者可以通过隐喻称名形式迅速掌握概念的特征。

(二)认知功能

1. 生成概念,构建理论框架

科学领域中的隐喻,不仅仅是一种名称的简单替换,更是一种意义的创造,它是创建科学概念,构建科学理论的主要方式之一。著名学者 Sadock J. M. 指出,"隐喻曾经被错误地描述为语言发展的一般趋势,事实上,它是思维发展的自然趋势。隐喻的机制是超越语言界限的,隐喻化是人的一个心理现象。"[1]美国科学哲学家库恩认为,"隐喻是新概念诞生的助产士,是指导科学探索的强有力的手段"。[2] 科学隐喻的基础是基于相似性的联想或创造,即用日常、已知的事物或概念来理解抽象领域的复杂事物或概念,如электронная дырка(空穴、电洞)、убийство клеток(细胞杀伤)等。"在科学理论的形成和发展过程中,概念发展的障碍往往造成一种瓶颈效应,对于这一问题,隐喻发挥了其工具性作用:将传统词汇表中的语词进行再概念化,从而使之创生出新的意义,由此引入的新的术语和概念意味着理论瓶颈问题的消除。"[3]事实上,很多科学领域的基本术语都是成功的隐喻:如 давление(血压)、язык(语言)、корень(根)、оборот(周转、交易额)、связи(通信)等。以这些基本术语为脉络,又会衍生出一系列学科术语,从而形成学科术语框架体系。上述基本概念的术语隐喻形式在科学理论中发挥着一种搭设理论框架、建构概念基底的重要作用。

---

[1] Sadock J. M. Figurative Speech and Linguistics[A]. Metaphor and Thought[C]. Cambridge:Cambridge University Press,1979:49.

[2] 转引自李醒民.隐喻:科学概念变革的助产士[J].自然辩证法通讯,2004(1):22.

[3] 郭贵春.隐喻、修辞与科学解释[M].北京:科学出版社,2007:46—47.

2. 启智功能

术语作为指称专业概念的词汇,是一种认知信息结构,认知功能是其最主要的功能,而启智功能则是认知功能的主要体现。格里尼奥夫将启智功能归结为开启新知。阿列克谢耶娃认为,科学隐喻的认知潜力在于"它能够赋予说话人阐述其新发现的独特方式,听话人能够理解知识的创新点同时建构新的阐释策略。在这个意义上,科学隐喻被看作是建构新科学理论过程中采取的一种特殊的记忆方法"。① 例如,化学中的苯环结构来源于德国化学家凯库勒(Von S. Kekule)因对某一种物质的结构式未搞清楚而非常烦恼,却从梦见一幅蛇咬自己尾巴的图中产生联想,通过这种隐喻形式得以描述不能被直接观察的现象,具有巨大的启发功能。中医既是成熟运用隐喻的一个领域,又是科学与人文高度融合的一个典范。中医理论中的阴、阳、五行等基本概念的思维方式都是隐喻的。独特的隐喻思维使中华民族对生命形成了一种独有的阐释方法和模式,在不断的探索中发现问题、提出问题和解决问题,为生命科学的构建做出了自己的贡献。

3. 内含文化意义

科学隐喻通常是某一学科领域专家在探索未知世界时为新事物命名所采取的一种认知方式,在很大程度上取决于术语创造者的主观因素,是专业人士在一定的经验、专业背景知识及文化氛围下完成的,它能反映一个民族的思维方式和社会文化特征。例如,在俄语语言世界图景中,俄罗斯人对 береза(白桦树)情有独钟,

---

① Алексеева Л. М. Термин и метафора[M]. Пермь：Издательство Пермского университета, 1998：109.

сосна(松树)只表示具有植物属性的松树,没有特殊的含义,而在中国松树却具有"坚强"、"长寿"等很多寓意。"从符号学角度来看,隐喻是一种赋予事物以意义的符号行为;从心理学角度来看,隐喻是一种通过联想和想象而形成某种观念的心理行为;从认识论角度来看,隐喻是人的一种认知行为,无论是符号行为、心理行为还是认知行为,无一不处于文化所界定的范围之内。因此,归根结底,隐喻是一种文化行为,不考虑文化因素的影响,便无法解释两个不同事物如何在人的观念之中联系起来"。[①] 以俄语医学术语"привратник"(幽门)和中医术语"肺为华盖"为例,它们是两个完全不同的术语,它们的共同点在于其隐喻形式中的相似性联想及喻体选择是其语言民族文化中特有的事物。俄语"привратник"源自希腊语,意为"看门人",意指幽门位于胃部通往十二指肠的地方,就像一个看门人一样。而"肺为华盖"则以古代帝王的车盖或指画上文彩的伞来理解肺在体腔中位居最高的状况,来表达肺具有覆盖和保护诸脏抵御外邪的作用和功能,这个喻体是中国传统文化中独有的事物。上述两个术语的喻体选择分别体现了俄语和汉语的语言和民族文化特征。

从学科发展的地域差异看,"术语传播的方向一般是从科学研究较为发达的区域、国家、民族向发展中的区域、国家、民族传播。某一领域较为通行的术语总是与在该领域理论研究中取得过重大突破的特定语言联系在一起。"[②]也就是说,在某一学科领域研究比较发达的、走在世界前列的民族会首先赋予该领域客观事

[①] 王松亭.隐喻的感悟及其文化背景[J].外语学刊,1996(4):65.
[②] 叶其松.也谈科学语言的"克里奥尔化现象"[N].中国社会科学报,2011年3月17日第六版.

物一定的认知方式和隐喻表达,而其他民族在引进该学科知识和技术的同时需理解和接受该民族对客观事物的隐喻结构和语言表达形式,以此为基础翻译成本国语言,虽然也有少数术语被引进后用本族语言进行重新命名,但这样会影响对该学科知识的交流和传播,通常不可取。在这种情况下,在某一学科领域发达的民族语言通常对该学科领域的客观事物命名具有主导权,该语言主体所在时间、空间、认知结构、文化氛围、社会环境等因素都会对术语的构建产生影响,因此该学科通行的术语形式也会带有该民族的语言特征和文化特征。与人文科学相比,科技隐喻更多受到自然规律的制约,较少受到地域和民族群体文化的影响,它的生成取决于专业背景知识、关于世界的经验和文化,这种文化在很大程度上更多的是表现出人类文化的共性。总而言之,这一切都基于文化。

(三)方法论功能

作为一种创造性的思维能力,隐喻为概念的认知和理解提供阐释方式。例如,术语"场"(поле)最初应用于物理学,是指一个范围,即带电体或电荷、磁体、电流等周围的空间,它们在其中受到某种控制产生一种相互作用。应用"场"这个认知框架通常对场内的客观对象进行划分:首先根据初始原则(属性、特征)划分客观对象;其次根据客观对象所具有的属性和特征的程度进行区分;再次明确场内客观对象之间的联系,其中包含的"中心、边缘、强/弱联系"等范畴构成"场"的认知框架。这一认知框架同样可用于描述其他领域研究对象,例如,词汇语义场的构建打破了传统语义学对词义孤立的、零散的考察,而是注重研究场内词义的系统性和联系性。因此可以说,科学隐喻不仅仅是称名一个概念,而是为概念的认知和理解提供阐释方式,为科学理论的构建提供模式和方法,这种认知模式具有类推功能。

中医理论中,五行学说的理论框架就是以隐喻模式为基础构建的。它以木火土金水五类物质的特性及其生克制化规律来类比和理解人体五脏之间的相互关系、脏腑组织器官的属性、运动变化及人体与外界环境的关系。五行学说中的木、火、土、金、水是中医理论的基本概念,是典型的概念隐喻。这里的木火土金水并不是指它们本身,而是指五种物质的抽象属性。木、火、土、金、水五种基本概念隐喻成立后,对于五种物质属性的描述皆投射于对人体五脏属性的阐释中,即分别用木、火、土、金、水本身的特性来理解和描述肝、心、脾、肺、肾的特性,以此为基础构建五行学说的理论框架(见表4-5):

表4-5

水生木→木生火→火生土→土生金→金生水
 ↓ ↓ ↓ ↓ ↓
肾生肝→肝生心→心生脾→脾生肺→肺生肾

五行	特性	五脏	功能	相似点
木曰曲直	木具有生长、生发、条达和舒畅的特性	肝	储藏血液,以保证脏腑器官功能正常	生发、舒展、能屈能伸等特性。
火曰炎上	火具有温热、升腾、明亮的特性	心	推动血液运行以营养全身,并主持人的意识、精神和思维活动。	具有温热、滋养全身等特性。

第四章 术语隐喻化

续表

五行	特性	五脏	功能	相似点
土爱稼穑	土具有生化、承载、受纳的特性	脾	能把饮食转换为精微，通过胃和小肠吸收，输送至五脏六腑，使各器官得到充足营养。	脾为气血生化之源，土为万物之母，均具有生长、培育等特性。
金曰从革	金具有清洁、清肃、收敛的特性	肺	具有宣发、肃降、通调水道等功能	金性质沉重，具有收敛、清洁特性。
水曰润下	水具有滋润、寒凉、向下运行的特性	肾	肾主生长发育，通过"精"对五脏六腑起到温煦、滋润和激发的作用。	具有滋润、清凉等特性。

　　五行学说用木火土金水类比五脏，将五种自然物质的属性直接映射到对人体脏器属性的描述中，也就是说，人们在进行人体五脏的属性、关系研究时的所说所为是通过这五种物质的属性及其关系来描述的。在这个意义上，这个隐喻模式反映了人们对五脏的认识、理解和研究方式。以此为基础，进而演绎为对整个人体的各种组织结构与功能的理解：将人体的形体、官窍、精神、情志等分归于五脏，构建以五脏为中心的生理病理系统，将自然界的五方、五气、五色、五味等与人体的五脏相联系，以五行相生说明五脏之间的资生关系，以五行相克说明五脏之间的制约关系，以五行制化说明五脏之间的协调平衡，建立了以五脏为中心的脏腑相关系统。这种隐喻认知模式构成五行学说的理论框架。可见，研究中医隐喻术语的成因及认知机制既能揭开中医的神秘面纱，又能把握中

179

医文化的精髓。

综上,隐喻术语的方法论功能归结为提供理论构建模式和阐释方法。隐喻术语不仅仅代表单个概念的隐喻生成,而是通过概念结构映射和词义延伸,扩展为以概念隐喻为基础的理论构建模式,大大丰富了科学认知和思维的发展空间。

第三节　隐喻术语与科学语篇

传统术语学认为,术语是独立于上下文的,即其所在的任何篇章都不会改变术语的概念内容。在认知研究范式下,隐喻术语和语篇研究之间所建立的联系基于两方面原因:第一,瑞恰慈的"互动论"首次提出隐喻研究不应局限在词汇层面,要把隐喻放在句子层面去研究。这一观点为隐喻研究开拓了发展空间。20世纪70年代以后的隐喻研究呈现出一种多角度、多层次和多学科的多元化态势。对隐喻的研究不再局限于词汇和句子层面,更多扩展到篇章层面。隐喻在篇章中的组织、衔接和连贯功能成为关注的焦点。此外,隐喻的"语用论"也提出对隐喻的理解离不开人们对日常事物的认知和身体感知,更离不开特定的认知语境,因此篇章成为理解隐喻的重要载体。第二,传统术语学对术语的研究局限在词汇层面。随着篇章语言学的发展而衍生的术语学篇章理论提出应把术语的使用领域作为首要研究对象,20世纪60年代末术语学界开始关注术语的使用问题,即在篇章中使用的术语。此外,功能术语学作为术语学内部的一个分支学科开始研究术语的功能问题。如今,在认知科学背景下产生的认知术语学提出将科学语篇作为认知术语学的研究对象,更突出了对篇章中术语的研究

第四章　术语隐喻化

价值。

综合以上几方面的研究趋势和特点,传统术语学对隐喻的研究更多局限在词汇层面。隐喻术语在科学语篇中的功能和作用是一个新的领域,在篇章层面,隐喻术语的使用具有哪些特点和功能呢?本节主要研究隐喻术语在篇章中的功能,挖掘隐喻术语的本质特征及其发展规律。

一　科学语篇的特点

随着人类知识和科学技术的发展,术语也随之发生相应的变化。把术语限定在语言系统内进行研究,对术语发展过程中出现的同义、同音异义和多义现象以及术语的变异现象等,难以做出令人满意的解释,于是人们试图走出语言系统转而从术语的言语功能角度展开研究,也就是通过分析术语在科学语篇中的功能来揭示术语的特性。

人类在科学活动领域面临两大任务:一是认知世界,从而获取对世界的新知识。二是宣传、推广和普及各种新知识。列依奇克将由这两类活动所产生的科学篇章归纳为产生术语的篇章、确定术语的篇章和使用术语的篇章,他指出,能够体现术语产生和发展变化的篇章是产生术语的篇章和使用术语的篇章。应把术语的使用领域作为首要的研究对象。使用术语的篇章在书面形式上主要体现为学术专著、学术论文、学术报告等,口头形式多体现为学术讨论、学术演讲、学术讲座等。无论何种形式的言语作品,都要求具备抽象概括性、高度逻辑性、表述准确性和表述客观性等基本特征。除了具有上述基本特征外,科学语篇还具有两个主要特性:第一是活动性。阿列克谢耶娃认为,科学语篇是某一专业领域进行科学认知和实践活动的言语体现形式。活动性是科学语篇的本质属性，它一方面体现在人类认知客观世界的科学认知活动，另一方面体现在记录和保存认知成果的言语活动；第二是假设性。科学认知活动本身具有预见性质，其言语体现形式——篇章包含了对未知世界的认识和预见性结论。科学语篇执行的目的是认知和交际任务，为实现上述任务，篇章的基本组织结构通常为：提出问题——假设——论证——结论。

从词汇层面看，科学语篇通常包括三类专业词汇：一般科学术语（общенаучные термины）、跨行业术语（межотраслевые термины）和高度专业化术语（узкоспециальные термины）。一般科学术语是指各科学领域通用并广泛使用的用于指称某范畴或概念的术语，如 функция（功能）、категория（范畴）、тип（类型）等。跨行业术语指某一学科内部的一般通用术语，如一般医学术语：здоровье（健康）、заболевание（疾病）、симптом（症状）、диагностика（诊断）、причина болезни（病因）；一般法律术语：право（权利）、закон（法律）、уголовная ответственность（刑事责任）；一般经济术语：продажа（出售）、прирост（增长额）、юридическое лицо（法人）、оборот денежных средств（现金流）等。每个具体的分支学科还有自己的专属术语，也就是高度专业化术语，它指该专业领域特有的术语，这类术语专业性强，含义界定明确，使用范围狭窄，一般只有从事该领域活动的人员才能理解，如 дерматология（皮肤病科）包含 эритродермия（红皮病）、элефантиаз（象皮病）、змеиная кожа（蛇盘疮）等术语。

从语用层面看，语篇的类型不同，它的目的、组织方式、结构和参与者也不同，因此对专业词汇的选择和使用也不同。以科学语篇、教学科研语篇和科普语篇为例,科学语篇通常体现为专著、论文,它的交际参与者是科学团体,即一定知识活动领域的专家,语篇的主要目的是呈现需要讨论的科学问题,就科学现象或与其研究有关的专业信息进行交流,要求参与者必须具备关于科学问题、篇章类型和交际目标等方面的相关知识。这类语篇既包括具有严密性、准确性、逻辑性等特征的术语,也包括需要进一步探讨、明确和统一的术语,通常允许使用术语的变体形式替代。教学科研语篇通常体现为教科书、百科全书和推荐性汇编资料。交际参与者是作者和学习者;作者的主要目的是传达某一知识领域的专业信息,学习者的主要目的是获取知识,为自己感兴趣的问题找到解决途径。科普语篇通常体现为杂志中的文章等,其目的是向广大读者普及某一领域的基本知识,受众是不具备专业知识的大众读者,因此在术语的选择上会考虑读者的接受和理解能力,可以使用双式术语(термин-дублет)、行业用语和行话等。例如,在科普语篇中"гипертония"(高血压)通常还可使用"болезнь неотреагированных эмоций"(不能对情感做出反应、释放情感的疾病)来替代,两者相比,自然是后者更容易被理解。

总之,不同语篇类型对术语的选择取决于交际双方的专业知识、背景知识、交际环境和目的以及专业知识领域的特点等。术语在不同语篇中所具有的功能也不相同。

二 隐喻术语在科学语篇中的功能

术语学篇章理论主要研究术语在各种行业语体及语篇中的使用和功能。大多数术语学家都认为,术语的使用领域在术语研究中是第一位的。我们知道,相对于篇章中的一般词汇,术语具有自己特有的功能,而篇章中的隐喻术语要比一般术语具有更独特的功能。隐喻化在科学创作活动中的作用这一问题在学术界始终是众说纷纭,莫衷一是。布莱克虽然发展和深化了隐喻互动理论,但对于科学与隐喻的关系,他认为,"隐喻性语言缺乏科学语言的精确性,因而在科学语篇中只能充当辅助性的角色。"[1]随着认知科学范式的发展,很多术语学家认为,成功的科学隐喻是科学认知活动过程的见证,通过隐喻术语可以重建科学发展的历史轨迹。隐喻不仅是表达概念的手段,还是重要的思维工具。它在科学知识发展中发挥重要作用,隐喻术语具有透明的语义理据性,能够帮助人们认知新事物,换句话说,隐喻术语具有认知功能。格里尼奥夫认为,"仅把科学领域中隐喻的使用理解为称名新概念,具有认知性质这一论断忽视了它在知识的传播、专业概念与已知概念的联系以及理解概念的思维方法等方面的功能。"[2]隐喻化在科学语篇中起到非常重要的作用。"科学隐喻的功能主要包括帮助快速认知研究对象、将科学语篇结构化、将科学知识客观化,是概念化的重要手段。"[3]根据科学语篇的目的和作用,隐喻术语对于科学语篇的功能体现在以下几个方面:

(一) 塑造功能

与一般术语相比,隐喻术语能够更形象地将概念内容传递给他人,它相对一般术语来说具有自己独特的理据性,能体现术语创

---

[1] 朱永生,董宏乐.科技语篇中的词汇隐喻、语法隐喻及其互补性[J].山东外语教学,2001(4):6.

[2] Гринев С. В. Введение в терминоведение[M]. М., 1993: 223.

[3] Алексеева Л. М. Метафоры, которые мы выбираем (опыт описания индивитуальной концептосферы)[A]. С любовью к языку: сб. науч. трудов[C]. М. -Воронеж: ИЯ РАН, гос. ун-т, 2002: 293.

造者的认知方式,同时使人们迅速掌握所研究对象的特征。要知道,人们理解一个新概念的过程是漫长的,而隐喻术语加快了这一过程。德国物理学家沃纳·卡尔·海森堡(Werner Karl Heisenberg)认为,"物理学家更多地愿意使用表面上看来不够准确的隐喻语言,希望通过比较和相似性将受众导向他们所希望的方向,而不是强迫他们去接受一个单义的、准确表达一定思想的语言形式。"①一些成功的、伟大的隐喻通过形象表现力在科学发展中起到重要的作用,如索绪尔把语言比作"下棋游戏",维特根斯坦提出的 language game and language as tool(语言游戏和语言工具论)等。隐喻术语的构建涵盖了专业知识、背景知识、百科知识和其他知识类型。隐喻术语的塑造功能在文学语篇和科学语篇中的作用是不同的:文学语篇的塑造功能侧重隐藏已知,科学中的隐喻侧重开启未知,帮助读者更加容易地、形象地理解科学概念,增加科学语篇的可读性。科学语篇中隐喻术语的塑造功能最终体现为认知和交际两个层面:即一方面能够满足科学语篇的交际需求,有助于更快、更准确、更形象地表达科学信息,另一方面开启人们进一步探索研究对象的可能性。

(二)模式化功能

模式是指使用符号表达概念的方法,包括术语的构成模式和语义模式。隐喻是构建术语、生成概念的一种重要的认知模式。隐喻术语在篇章中行使模式化功能的重要基础是隐喻思维。"通过隐喻思维可以获得具有形象理据性的术语,对于正在形成的科

---

① 转引自 Алексеева Л. М. Термин и метафора[M]. Пермь:Издательство пермского университета,1998:191.

学来说,这种形式具有极大的能产性,它有助于确定已有概念和新概念的相似性和联系"。① 对于术语的模式化功能,格里尼奥夫认为,"在很多情况下,隐喻术语有助于在揭示与已有概念相似性的基础上生成新概念,并以相应术语形式的类似成分为基础,建立相似概念之间的联系。"②从认知角度看,模式化功能一方面能传达术语与所研究对象之间的相似性联系;另一方面传达认知对象的新特点。模式化功能也称为类推功能,它通过在篇章中揭示新知识和已有知识之间的相似性联系从而确定新概念,详见下面的例子:

Грамматическое оформление лексики определяется не категориями внеязыковой действительности, а потребностями построения текста, тем положением, которое в данный момент семиозиса занимают лексические единицы в развертывающейся цепи текста, в частности, в цепи предложения. Все это значит, что язык должен располагать, и на самом деле располагает, не просто определенными средствами для выражения данной категории действительности, но набором таких разных средств, которые выражают одно и то же языковое содержание и достаточно свободно меняют друг друга в текущих условиях коммуникации. Такие средства мы и будет называть масками.

"маска"本义为假面具,它的主要特点是遮住面部,改变面部的形式。这一初始意义是其发展为隐喻术语的理据性基础,它通过隐喻转义获得相应的专业术语意义,指防护面罩,即一种用于工业防

---

① 格里尼奥夫.术语学[M].北京:商务印书馆,2011:195.
② Гринев С. В. Введение в терминоведение[M]. М. , 1993:221.

第四章 术语隐喻化

护眼睛和面部免受粉尘、化学物质、热气、毒气等有害物质迎面侵害的工业防护面罩,并扩展到多个专业领域,如 противогазовая маска(防毒面具)、медицинская защитная маска(医用防护面罩)、маска орудия(军用伪装设施)等,在上面的例子中则指多个语言手段表达同一内容且可在具体交际条件下自由替换的现象。

由此可见,隐喻术语的模式化功能取决于两方面因素:一是术语的符号属性,术语所反映的概念内容以其与自然词汇单位意义之间的联系为基础;二是学科发展特点,不同学科之间不断的相互渗透、交叉和融合的发展趋势导致学科知识之间的联系越来越紧密,从而使术语的隐喻模式具有广泛的类推功能。

(三)假设功能

把假设功能看作隐喻术语特有的功能之一,主要基于两方面原因:首先,科学在本质上是假设性的,任何科学的任务都在于预见。简单的收集科学事实不是科学。"知识的认识论特点体现在它不仅能够服务于人们现有的经验,而且能够面向未来,具有与潜在世界的联系以及通向无限性的趋势。"[1]对科学的假设性与认知主体的知识能力和预测能力相关。其次,取决于隐喻本身的特点。在科学认知过程中,隐喻将不能被直接观察到的现象联想成另一形象,从这一层面看,隐喻术语的构建不仅依靠经验,还有假设。科学语篇中隐喻术语的假设功能在于它描述了研究对象的预见性特征,通常在某一新事物或概念被发现的阶段,为描述新事物或现象,会产生大量过渡性隐喻术语,随着认知的提高,有些术语可能

---

[1] Алексеева Л. М. Термин и метафора[M]. Пермь:Издательство Пермского университета,1998:217.

被更准确的语言形式所替代,有些术语则成为经典的隐喻模式开启科学探索的空间,如天文学中的"黑洞"、生物学中的"遗传密码"、计算机中的"视窗"、"病毒"等。因此可以说,由于科学研究的有限性,任何科学结论都可以看作是预见性的,这种预见性体现为科学概念的开放性和向科学事实无限的接近性。"隐喻作为一种思维工具,是科学共同体成员为了求解难题、突破理论发展的概念瓶颈的一种集体约定的结晶,它不仅促进了科学共同体主体间性的统一,同时通过新的理论假设的提出引导了新的科学预测,推动了科学假设的创立和发展。"① 隐喻以其特有的思维和形式为人类的科学探索开拓了极大的思维空间。

综上所述,隐喻术语的上述功能不是相互对立的,它们紧密相连、相互依赖。在这个意义上,可以把隐喻术语在科学语篇中的功能看作一个系统,包括塑造功能、模式化功能、假设功能。隐喻术语通过塑造功能达到关于客观对象的知识的真实可靠传递,同时作为认知手段,隐喻术语总是带有一定的关于被认知世界的假说,它的隐喻形式和思维是认知客观世界的手段和方法。

本章小结

经历自亚里士多德时代的修辞学研究到当今科学范式下的认知研究,对隐喻的实质的认识已从最初的修辞现象到语义现象,再到语用现象,发展为现在的思维现象。对科学隐喻的态度也随之从排斥、接受直至视为科学思维的重要手段。传统术语学把隐喻看作术语构成的一个手段;认知术语学则把隐喻看作概念生成及

---

① 郭贵春.科学隐喻的方法论意义[J].中国社会科学,2004(2):98.

第四章　术语隐喻化

理论构建的基本思维方式和认知手段。任何一门科学的术语都首先产生于某一特定的自然语言,因此其形式结构、语义结构和组合规则也必然会受到该语言的影响。隐喻术语的产生不仅取决于学科本身发展特点,还与社会、历史、文化等因素密切相关。俄汉语医学隐喻术语在某些方面具有共性特征:1.基于科学知识对事物或现象本身特征的认识相同;2.在某些相似性联想关系上的思维方式相同。同时,两种语言差异和文化差异也体现在隐喻术语的构建上,通过隐喻术语可揭示认知主体关于客观世界的知识和民族文化的特点。不同语言的隐喻术语能够反映该民族的认知方式以及对该领域的认知和经验。

在认知术语学视角下,隐喻术语的语篇功能受到关注。科学语篇中的隐喻术语不仅能够完成一般术语作为称名单位应起的作用,还以自己独特的隐喻思维发挥了重要的认知功能,即通过形象表现力传达所反映对象的特征;通过类推功能建立已有概念和新概念之间的联系;通过新的科学假设拓展了科学探索空间。隐喻术语在科学认知中具有重要的、不可替代的作用。

第五章 术语和世界图景

世界图景是一个随着认知科学的发展而逐渐活跃在科学领域的术语,它是指人对世界的认识。从认知术语学角度来看,术语中的世界图景,简言之,是指通过术语的形式和内容所反映的某一语言群体关于客观世界的知识和经验及其认知特点和方式。认知术语学关注术语形成和发展中的"人因素",关注不同语言民族对某一知识领域概念的认知特点及其体现方式,深入挖掘不同语言的术语形式所反映的世界图景。上述问题对于把握术语形成、发展和变化的特点和规律具有重要作用,这也正是认知术语学与传统术语学研究的不同之处。

第一节 世界图景

一 世界图景的定义和种类

术语"世界图景"(world picture)源于19世纪末20世纪初的物理学研究。"德国物理学家赫兹(H. Herez)将物理学世界图景定义为外部事物的内部形象总和。通过这些形象,采取逻辑方法可获得关于这些事物的行为信息。"[1]随着认知科学的发展,世界

---

[1] 王蕊. 论世界图景中的语言图景与文化图景[J]. 沈阳师范大学学报(社会科学版),2007(4):87.

第五章　术语和世界图景

图景理论逐渐扩展到哲学、心理学、文化学、认识论、语言学、艺术学等人文社会科学领域，其理论价值在于提供一种认识世界的模式和模型。除了世界图景理论的发源地——德国之外，俄罗斯学术界对于世界图景理论的研究也广泛存在于不同学科，很多学者（Ю. Д. Апресян, Р. А. Будагов, А. Вежбицкая, Т. Р. Кияк, А. В. Корнилов, В. М. Лейчик 等）都从自身研究角度出发来界定它，使用的术语也各不相同，俄语表达形式包括 картина мира、схема мира、модель мира、видение мира、образ мира 等。与很多学科的基础性概念一样，对于这一术语的界定至今仍未能达成统一，众多学者观点的共同之处仅限于两点：第一，世界图景是人对于世界的认识；第二，其本身是隐喻性概念，是以能被人理解的图画的形式来描述世界的。

术语"世界图景"之所以产生众多定义和阐释主要基于两方面原因：首先，术语本身是隐喻性的，任何阐释都无法达到足够准确和单义的程度，甚至同一领域的学者对世界图景的阐释也可能有所不同。学者们对于术语本身的隐喻性也持有不同观点。一些学者认为"картина мира"的隐喻性使其本身作为术语形式并不合适，如波斯塔瓦洛娃（В. И. Поставалова）认为，"这会导致'картина мира'这一概念本身发生偏移、界限不清"。[1] 也有学者认为，正是 картина мира 的隐喻性说明世界图景不仅仅是对客观现实的反映，这一反映还是取决于人自身对客观现实的认识。这一表达形式既说明 картина мира 是人创造的这一事实，还体现出

---

[1] Поставалова В. И. Картина мира в жизнедеятельности человека [A]. Роль человеческого фактора в языке. Язык и картина мира [C]. М. : Наука, 1988：33.

认知术语学概论

人与自然的对立性,正如黑格尔所说,"恰恰是人提供措施、制定标准"。后一种理解相对得到更多的认可,我们也认同术语的隐喻性对于表达概念来说所具有的积极作用;其次,这一术语反映的概念不是客观存在的现实,其本身是为解决某一理论或实践任务而形成的构拟物。每个学科根据各自的研究任务,都会首先阐明自己对于世界图景的定义和阐释(见表5-1)。

表 5-1

科学	世界图景的定义及观点
哲学	当代哲学认为世界图景是对客观现实的反映模式以及关于世界的认识,其中包括世界观、知识系统及图示等。哲学研究侧重概念世界图景(концептуальная картина мира)。代表学者:维特根斯坦、黑格尔。维特根斯坦认为,世界图景是指描述客观现实的模式,世界图景是现实的,它就是客观现实本身,是由称谓现实的各种逻辑图景构成的。黑格尔认为,世界图景不仅是客观现实的反映,还包括认知主体在经验基础上建立的关于客观现实的系统认识。美国科学史家杰拉尔德·霍尔顿(Gerald J. Holton)认为,"世界观(мировоззрение)包括对世界的思考、关于世界的知识以及价值体系,价值体系包括人所感受的世界、对事件、现象的评价和态度;而世界图景是指以一定历史时代的文化为基础的世界观的结构,两者可视为同义词来使用"。[①] 在俄罗斯的哲学方法论文献中,世界图景不仅指称世界观,还包含更深层的含义,即包括理论知识的主要类型,而世界观则相当于一般世界图景(общая картина мира)。
心理学	心理学通常使用术语 образ мира,它认为,世界图景的构建与人的认知有关,它不与个体直接发生作用,而是指个体组织知识结构的普遍形式。代表学者:А. Н. Леонтьев, С. Д. Смирнов 等。

[①] 转引自 Гураль С. К. Мировоззрение, картина мира, язык: лингвистический аспект соотношения[J]. Язык и культура, Выпуск 1, 2008: 14-15.

第五章 术语和世界图景

续表

科学	世界图景的定义及观点
文化学	文化学通常使用的术语是 картина мира, модель мира, образ мира。它认为,每个民族具有特有的认知世界的方式、民族特点和思维储存方式,所有这些成分构成特殊的民族世界图景(национальная картина мира)。代表学者:М. М. Бахтин,Д. С. Лихачев,Г. Д. Гачев,Ю. М. Лотман 等。
语言学	语言学的研究对象是语言世界图景(языковая картина мира),它将世界图景确定为在语言中确定和体现的该语言群体特有的认知客观世界的模式,它注重分析不同语言世界图景中基本时空范畴的体现特点。代表学者:Е. С. Яковлева,В. Н. Топоров 等。

众多学科在认识世界的过程中根据不同的研究任务和目标构建了不同种类的世界图景,包括语言世界图景(linguistic world picture)——固化在某一语言的词汇—语义系统中的对现实世界的认识,是所有民族世界图景的总和;民族世界图景(national world picture)——指某一民族以其特有的方式呈现出来的世界图景;科学世界图景(scientific world picture)——在社会某一发展阶段,人类所有活动领域所取得的科学知识;价值世界图景(valuable world picture)——既是语言世界图景的成分,也是科学世界图景的成分,是与法律、宗教、道德守则和典型的文学情节等相互联系的价值观点的总和;概念世界图景(conceptual world picture)——是以概念形式在人脑中存在的关于世界知识的完整体现。上述世界图景不是孤立存在的,而是相互联系、相互作用的。学界认为,对于精密或自然科学领域,即使是不同语言,关于某一领域的世界图景也相差不大。人文社会科学领域则截然不同,即使在同一语言中,

也可能存在相差很大的世界图景,例如法理学术语"惯例"的构成要件就因时因地而异,即关于具体行为规范的约定成分只在指定区域、指定时间有效。在这个意义上,文化起着很大的决定性作用。阿列弗连科(Алефиренко Н. Ф.)把世界图景理解为"'人类认知活动结果的总和',世界图景的构建符合人类要完整直观地反映所认识世界的需求。世界图景具有多面性的结构,人在认知世界的过程中绘制了很多不同种类的世界图景,它们首先要通过术语体现出来"。① 作为把术语看作知识单元和认知单元的认知术语学,理应将世界图景理论纳入自己的研究范畴。

二 概念世界图景

概念世界图景是体现人在所有层面的关于世界的经验和认识。它通常是哲学研究的关注重点。波斯塔瓦洛娃认为,"概念世界图景是某一社会群体在某一历史发展阶段以世界观为基础的总体世界图景"。концептуальная картина мира 与 концепт 的结构一样,其体现形式包括符号性和非符号性,即并不是全部内容都能通过语言形式体现出来。"只有思维才可能对现实的多样化、丰富性进行全面和完整的体现,因为思维对世界的反映可以不受任何局限,凡是进入思维的现实尽可以得到整体全面的认识,其成果表现为表象、概念等思维形式。"②不同学科纷纷从各自的研究范畴和框架去考察这一概念的本质:语言学关注概念世界图景与

---

① Алефиренко Н. Ф. Научное и обыденное в языковой картине мира[J]. Вестник Челябинского государственного университета,2011,№24:239.
② 彭文钊. 俄语语言世界图景的文化释义性研究:理论与方法[D]. 黑龙江大学博士学位论文,2002:79.

第五章 术语和世界图景

语言的联系,研究通过语言手段确定思维内容的方式(代表学者:Б. А. Серебренников、Е. А. Кубрякова);逻辑学考察概念世界图景中记录一定信息的概念系统的本质(代表学者:Р. И. Павиленис);神经生理学和心理学分析概念世界图景,解释其中包含的人类认知活动的机制(代表学者:А. Н. Леонтьев、В. П. Зинченко、Ф. Е. Василюк);哲学将概念世界图景置于哲学范畴内来研究个体认知、世界观、思维、体现等(代表学者:Р. Ф. Абдеев、Э. В. Ильенков)。

三　科学世界图景

科学世界图景是世界图景的一个组成部分。"它是在每一个确定的科学认知阶段,以浓缩的语言形式组织的、特殊的语言系统(术语系统)来体现关于周围客观现实的完整的、系统的认识。"[①]也就是说,它由具体科学知识领域的概念构成,这些概念以某一语言术语的形式构成术语系统,并服务于科学理论。科学世界图景最初指自然科学的世界图景,是"运用分析、归纳、推理、演绎、实验等原则和方法以其基本概念来表达对某学科的整体认识,从而描写、解释和预测所发生的科学现象,揭示客观事物的发展规律。"[②]早期的科学世界图景以物理学为研究对象,因为物理学的理论化程度要早于并高于其他学科。之后十几年的大量研究发现,很多科学中都存在知识系统化的一般形式,它能够提供关于研

[①] Пристайко Т. С. Профессиональная лексика как отражение наивной картины мира[A]. Проблемы концептуализации действительности и моделирования языковой картины мира[C]. Архангельск,2002:64-67.

[②] 杨海云,谭林. 语言世界图景之管窥[J]. 中国俄语教学,2003(1):9.

认知术语学概论

究对象的概括性认识,其功能与物理世界图景类似。这使得对世界图景的研究不仅在学科范围内,还可以在学科间,即形成一般科学世界图景(如表5-2)。

表5-2

一般科学世界图景			
社会科学世界图景(关于人和社会的知识)	自然科学世界图景(关于物质世界的知识)			
~	物理世界图景	天文世界图景	化学世界图景	生物世界图景

"科学世界图景是对世界在各个科学知识领域的认知,具有抽象的性质,通过具体语言的术语形式具象化,因此,术语系的逻辑层面对于所有民族语言来说是相同的,而作为表达层面的语言形式因具体语言的构词、词汇语义、形态、句法、隐喻等方面存在差异而具有民族特性。"[①]科学世界图景不同于其他世界图景,具有自己的特征:

首先,科学世界图景是所有具体学科在人类社会发展现阶段获取的关于世界的科学知识的总和。它始终处于不断发展、变化和完善之中。它总是力求尽可能地贴近所反映的客观世界,但却永远达不到这一极限。随着人类认知水平的提高,现有一些论断要被重新思考、推翻、补充、修正,在此基础上产生新的知识,同时产生新的概念。为表达新概念,会相应产生新术语或对已有术语赋予新的内涵。我们知道,对未知世界的探索是永无止境的,而新

---

① Корнилов О. Л. Языковые картины мира как производные национальных менталитетов[M]. Издание 2-е, исправленное и дополненное. М., 2003: 12.

第五章 术语和世界图景

知识领域的产生和发展导致科学世界图景的演变,同时导致新术语系统的创建和旧术语系统的破坏。也就是说,科学世界图景总是小于客观世界,它永远不会与客观世界等同,因为客观世界中不存在不可被认识的事物。世界永远不可能被彻底认识,认知过程是永无止境的。

其次,科学世界图景对于所有语言群体来说具有共同的内涵,因为科学知识是客观的,不受民族语言特点、民族心理、传统、喜好和民族文化的影响。但每种语言都会通过该语言特有的范畴机制和术语系统来描述它。

再次,某一领域科学世界图景首先在具有该领域研究优势的民族语言中形成。其他语言则引用优先在该领域获得研究成果的术语形式。例如科学术语"laser"(激光)在几乎所有语言中都被毫无改变地引用过来,如俄语中为лазер。"laser"是英语表达式"light amplification by stimulated emission of radiation"的缩写形式。如果率先获得该知识领域的成果是其他语言,那么新的概念将会在这个语言中产生,进入科学应用的术语可能完全是另外一个缩略词了。简言之,科学世界图景反映内容丰富的知识体系,它需要通过具体科学术语来体现。也就是说内容丰富的知识体系需要穿上民族语言的外衣,通过语言手段体现出来。每一门科学最具优势的语言形式是在该知识领域具有研究传统和优势的语言。其他民族语言群体可能会直接借用该知识领域的优势语言形式,也可能会在它的基础上构建本族术语。

四 语言世界图景

语言世界图景是"铭刻在某一民族语言中对周围世界的看

法,或者说,它是某一民族通过词语呈现出来的世界图像"。① 通常认为,语言世界图景理论源自萨丕尔—沃尔夫的"语言相对论"假说和洪堡特关于"语言世界观"的著名论断。萨丕尔—沃尔夫假说认为,"不同语言的人具有不同的思维类型,即每种语言都蕴含着一个世界"。② 洪堡特认为,"语言不是一种死的产品,其本质是一种创造性活动"。他提出著名的"语言世界观"理论,认为"每种语言都包含一种独特的世界观"。同时对于语言和民族精神的关系问题,洪堡特认为:"民族的语言即民族的精神,民族的精神即民族的语言。"③这些著名论断对于当代语言学的发展产生了重要影响,为语言世界图景理论的形成奠定了基础。语言反映客观现实,同时也是反映社会所有变化的一面镜子。每种语言都以自己的方式反映对世界的认识。"语言世界图景的实质是以'人的因素'为核心对思维、语言和现实三者之间关系的互动研究。"④

俄罗斯学术界对语言世界图景理论的研究始于 20 世纪 80—90 年代,以阿普列相、科尔尼洛夫(Корнилов О. А.)、库布里亚科娃等为代表的俄罗斯学者对语言世界图景的研究主要体现在:1. 语言及文化研究,即研究某一民族语言中概念所反映的民族世界图景,如俄语中的 воля(意志)、счастье(幸福)、свобода(自由)等;2. 对不同语言中的语言现象进行对比分析,研究和阐释语言所反映的世界观。3. 诺沃德拉诺娃、什梅廖夫、戈洛瓦诺娃等学

---

① 华劭. 语言经纬[M]. 北京:商务印书馆,2003:410.
② 转引自 Шулежкова С. Г. История лингвистических учений. Учебное пособие. [M]. М. ,Издательство:Флиннта, Наука, 2006; 252—254.
③ 转引自 Шулежкова С. Г. История лингвистических учений. Учебное пособие. [M]. М. ,Издательство:Флиннта, Наука, 2006; 66—68.
④ 赵爱国. 语言世界图景理论及其研究[J]. 外语与外语教学,2004(11):1.

者关注行业术语反映的世界图景。

任何民族语言都要执行一些功能,如交际功能、信息化功能、情感功能等,其中最基本的是确定和保存知识、体现语言主体关于世界的认识的功能。每种语言都以自己的方式勾勒世界,因此语言世界图景具有深刻的民族性,它与该语言民族的发展紧密相连。语言的社会属性不仅表现在它在社会群体中使用的外部条件,还体现在语言自身的结构:句法、语法、词汇等。因此,语言世界图景的形成除受语言知识的制约外,还受文化传统、人文环境、自然环境及其他社会因素的影响。研究语言世界图景对于深入分析语言的认知属性,语言与文化、社会、科学的关系具有重要意义。

五 世界图景间的关系

(一)科学世界图景和语言世界图景

科学世界图景和语言世界图景都是世界图景的组成部分之一,前者反映人类社会发展现阶段关于世界知识的认知和反映,后者是通过语言符号对世界形象的重构。科学世界图景不是属于哪一个人的,而是全球的科学知识储存库,具有客观性。而语言世界图景是通过语言形式记录的人类对于不断变化的客观世界的认识。语言世界图景与科学世界图景相互联系、相互渗透、相互影响。当科学研究成果彻底改变或部分改变对世界现有的科学认识时,语言世界图景也会随之发生改变,二者并不是完全一致的,这种改变过程是长期的、缓慢的。以"太阳"为例,在不同语言中,"太阳"这个名词几乎都是最古老的词汇之一。无论是在日常认知,还是在词汇语义等方面,它很少随着时空而发生改变。但科学研究却始终不断地探求太阳的本质。尽管已经取得很多研究成果,德国天文学家克劳斯·威廉·普兰克认为,我们仍然不能完全正确地了解太阳上到底发生了什么。然而科学研究结果会给不同语言中"太阳"的词语含义带来相应的变化吗?对于普通人来说,太阳就是早上升起、发光发热、晚上降落的一个天体。20世纪有人认为,太阳是一个巨大的燃烧的煤球。雅典人认为,太阳是驾驶着一个带火战车划过天空的赫利俄斯神。也有雅典人认为,这个烧红的铁盘直径50公里,它是因为得罪了神灵从城市被驱逐出境的,等等。语言世界图景中对太阳的认知是逐渐发展变化的,它不会在短期内把科学研究成果通过日常语言认知反映出来。可见,"语言世界图景,往往是质朴的,幼稚的。它对连续的世界做出不科学的切分,对自然的世界做出幼稚的评价,对'神秘'的世界做出幻化的理解。"①

简言之,科学世界图景和语言世界图景是不同社会群体在不同历史阶段进行不同类型认知的构拟物,具有不同的功能和特点。科学世界图景是少数群体——科学家构建、形成和使用的,它不断发展、完善,随着科学认知的成果不断发生变化;语言世界图景是相对稳定的,其本质在于保存一代一代对周围世界的认识,保证该语言群体对于所形成范畴的语言思维的连续性。

(二) 概念世界图景和语言世界图景

在世界图景中,概念世界图景体现人在所有层面的经验,而语言世界图景是体现在语言层面的人对世界的认识。概念世界图景要比语言世界图景范围更广,内容更丰富,因为它所包含的很多内容并不都能通过语言形式体现。"语言不仅以不同的方式指称事

---

① 华劭.语言经纬[M].北京:商务印书馆,2003:410.

第五章 术语和世界图景

物,还表现出对这些事物的不同理解。语言在指称某一单个事物的同时也指出了它们之间的联系。对于使用这一民族语言的说话人而言形成一个世界图景,借助这个世界图景可以对世界加以解释。"①在语言表达层面,不同的语言有不同的认知和表达方式,词汇语义特征因语言而异,其各个层面特点都在不同程度上反映民族经验,自然语言以其民族特有的方式反映世界,因此很多学者认为在语言世界图景中存在民族特有的世界图景。民族世界图景的差异取决于该民族的生活方式和民族文化特点。语言能够反映这样的认识,体现文化差异。"概念世界图景是人大脑中世界形象的完整表现,语言世界图景是世界图景在语言中的局部表达。两者之间是一种投射和映现的关系(如图5-1)。概念世界图景是语言世界图景的基础和渊源,语言世界图景是概念世界图景的表达和实现。前者具有全面性、本质性、科学性特征,后者具有局部性、素朴性、人文性特征。"②

$$概念世界图景 \xleftrightarrow[\text{映现}]{\text{投射}} 语言世界图景$$

图 5-1 概念世界图景与语言世界图景的关系

综上,世界图景理论是众多学科的关注重点。它包含一些种概念:语言世界图景、科学世界图景、概念世界图景、民族世界图景、文化世界图景等。这些世界图景相互联系、相互依赖、相互影

---

① 杨秀杰.语言文化学的观念范畴研究[M].哈尔滨:黑龙江人民出版社,2007:95.
② 彭文钊.语言世界图景和概念世界图景:投射与映现[J].解放军外国语学院学报,2009(6):33.

响、相互交叉和渗透,从不同角度探索和呈现人类关于世界的知识体系。俄罗斯学者伊孔尼科娃(Иконникова В. А.)认为,"世界图景可以划分很多类别,但并不是所有的世界图景都是认知术语学的研究对象,认知术语学关注语言世界图景和科学世界图景。认知术语学感兴趣的是专业知识结构化的方式,即科学世界图景的构成方式。"①而对于科学世界图景的研究必然离不开语言。我们认为,每一种世界图景都不是孤立存在的,它们都是源于语言、思维和现实之间的关系,从而相互联系为一个整体,无论在哪个领域,上述世界图景都应作为不可分割的整体来研究。

第二节 术语中的世界图景

"世界图景是以图画的形式反映某一语言个体和集体认知中关于客观现实的结构化信息。"②语言、现实和思维之间的关系是其研究的核心内容。在每个民族生活中,语言和文化都是不可分割的整体。自然语言通过语言符号反映该语言主体关于客观世界的认识。科学和语言一样,也是民族文化不可分割的一部分。作为反映人对周围世界的认识,科学世界图景与语言世界图景相互作用,相互影响。语言世界图景是某一语言内通过不同语言形式(民俗语言、方言、俗语、术语词汇、熟语等)反映的世界图景的总和。

---

① Иконникова В. А. отражение научной и языковой картины мира в языке юристов и обывателей культурологический аспект [A]. Материалы Ⅲ Международного симпозиума «Терминология и знание» [C]. Москва,2013:74.

② Сулейманова А. К. репрезентация национальной картины мира в русских терминах словообразовательный аспект [A]. Материалы Ⅱ Международного симпозиума «Терминология и знание» [C]. Москва, 2010:152.

第五章 术语和世界图景

有时同一语言内世界图景间的差别要大于语言间世界图景的差别。术语形式反映的世界图景是语言世界图景的主要组成部分。认知术语学关注术语形成和发展中的"人因素",探究术语所反映的世界图景。那么什么是人的因素?它如何体现在术语形成和发展过程中?术语又以怎样的方式反映世界图景?本节分析术语形成和发展过程中的"人因素",探究世界图景在术语中的体现形式。

一 术语研究中的"人因素"

随着认知研究范式的发展而受到关注的世界图景理论侧重研究现实、语言和思维之间的关系,强调以人为本。在这样的研究背景下,术语学研究也将人的因素考虑在内。术语作为科学知识的记录和体现,在其不断发展变化的过程中,认知主体具有非常重要的作用。

(一)术语构成中的"人因素"

术语的产生源于一个特定的语言群体在认知世界的过程中给概念命名的需要。与日常词汇构成相对具有的随意性不同的是,术语的构成是一种有意识的人类活动。因术语承担着记录、传播和发展科学知识的主要责任,参与术语构成的人们会对术语构成产生各种各样的影响。所谓"人的因素"即"术语创建者所受的教育以及他们对本国和外国语言材料的掌握,使他们具备灵活表达专业知识的能力,即创建新术语的能力"。[①] 术语的创建主要分为两种情况:

---

① S.E.赖特,G.布丁著.于欣丽,周长青译.术语管理手册[M].北京:中国标准出版社,2000:12.

203

第一种情况是为科技领域产生的新概念命名而形成新术语。这类术语的构成是一种创造性活动,它可能首先在某一语言中产生,术语创建者要充分考虑专业知识、语言知识及一般科学知识,而且没有其他语言形式作为参照。这类术语构成具有初始性和随意性,甚至可以说是术语创建者的个人创造。例如一些化学元素的命名:钌,Ru(Ruthenium),因其发现者是两名俄国化学家,为纪念他们的祖国(Russia,俄罗斯)而命名为"Ru"。锇,Os(Osmium),因其化合物带有臭味而得名,希腊语 Osme 意思是臭味。

第二种情况是为已有概念命名。这一概念在其他语言中已经产生术语形式,在引入某一语言时,通常采取的方式是音译或意译,在某些情况下术语创建者也会根据引入术语的概念内容、该学科领域的构成模式以及本族语言的构词模式创建本族术语。从其他语言借用术语的主要原因包括:一种语言对另一种语言所具有的文化影响;源语的权威性导致多种语言从同一种语言中借用,进而形成国际词等。例如拉丁语和希腊语对英语及其他欧洲语言国家专门学科术语的发展具有很大的影响,这使得很多语言中科学基本概念的术语形式追根溯源都会受到拉丁语词和希腊语词的影响。在引入术语时具体采取上述哪种形式要取决于该语言国家在术语规范方面的政策以及该学科术语的发展状况,所创建术语还要考虑其认知交际性、国际性以及维护本民族语言纯洁等方面因素。上述所有工作都需要行业专家、术语学家、语言学家等各方面的共同努力。

(二)术语规范中的"人因素"

术语整理和规范是术语学研究的一个主要内容。简言之,是对术语形成和发展的人为调控。规范化和标准化是这项工作的核心内容。"规范化是指确定概念范围的明确界限以及术语用词的规范形式,而标准化是在一定意义和形式下使用该术语所做的某些决定或推荐。"①它们是依次相连的两个过程,前者是后者实施的基础。这项工作是认知主体有意识地对术语的使用作出规范和限制的活动,这里的认知主体不是指某一个人,而是指由某个组织或机构集合某一学科领域专家共同完成,它包括很多工作步骤和程序,总体上说可以分为三个阶段:"术语学研究;对术语、定义和概念系统的理解一致;传播经过标准化的优选术语。"②在上述过程中需要行业专家和术语学家共同协调完成。术语的规范化和标准化工作对于科学发展具有重要的推动作用。例如,里尼创造的生物学名称系统促进18世纪生物科学异常迅猛的发展和繁荣;罗蒙诺索夫创建的俄罗斯语言学术语系统促进了俄罗斯语言学的产生。除了推进科学的发展之外,还具有直接的国民经济意义。据说,1960年美国在对潜艇的零件名称进行整理之后,零件数量从9000减至2300,重量从700千克减至100千克,它所占的体积从4.6立方米减至0.85立方米,节约了数百万美元。由此可见,术语的规范化和标准化完全是主体在认知基础上进一步将其结构化、系统化的工作体现。刘青先生指出,"名词术语规范工作的重要意义,最直接的一个益处就是消除名词混乱现象,促进科技交流和知识传播;保障贸易顺畅,避免经济损失;支撑学科建设,保障科技协调发展,最终维护民族语言的健康发展"。③ 在现实中这样的

---

① 郑述谱.俄罗斯当代术语学[M].北京:商务印书馆,2005:214.
② 叶其松.术语学核心术语研究[D].黑龙江大学博士学位论文.2010:163.
③ 刘青.科技名词的规范化工作概要[A]."中医药名词术语英译规范原则方法及其应用"暨"中医药基础学科名词术语规范研究"项目培训[C].2013:1—6.

例子不胜枚举。Internet 从 1994 年引进到 1996 年的两年时间里产生了 15 个不同的汉语名称：国际互联网、全球互联网、交互网、网间网、国际网络、国际电脑网络等，为避免使用混乱，现在统一为"因特网"。还有一个例子是，原中国石油天然气总公司向日本三菱集团订购一批船用设备和物资，因对其中"immersion suit"这一术语的认识不统一，中国本来要订购的"防寒救生衣"被日方误认为"普通救生衣"，结果造成了巨额经济损失。简言之，在科技术语猛增的时代，术语混乱使用的可能性会日益加剧。中国著名物理学家严济慈先生在 20 世纪 30 年代就说过"凡百工作，首重定名，每举其名，即知其事"。也就是说，术语规范工作能够促进科学的发展及各方面活动的顺畅进行，否则将阻碍专业领域的交流，延误科学的发展。

综上，可以说，术语的规范化和标准化是人有意识的活动，而某一民族的语言特点和科学认识水平与其概念称名紧密相连。也就是说，在科学知识发展的过程中，某一民族所掌握的科学概念的水平与其世界观的特点从根本上影响该民族对待术语的态度，其中包括对术语构成方式及规范方法产生同样的影响。

二 世界图景在术语中的反映形式

（一）术语构词

卡西尔指出："人的本性，即在于人能创造文化，而符号形式正是人类文化的表现形态。"[①]语言世界图景是"语言镜像中的世界"。某一民族和某一行业的世界图景都要首先反映在其语言形

---

① 转引自邱鸿钟.中医的科学思维与认识论[M].北京:科学出版社,2011:63.

第五章 术语和世界图景

式上。术语的构成能反映该语言主体关于某一领域的专业知识及其认知特点和思维方式。

1. 以专有名词命名术语

在专业语言中,以专有名词命名的术语是反映社会文化环境和民族语言文化的鲜明例证。在术语构成中,通常使用专有名词加后缀形式用于称谓各种生产方式、评价方法、物理长度等,一些词缀因此获得相对稳定的专业意义,如-ит 通常指矿物名称,专有名词加后缀-ит 表示各种矿物质:доломит(白云岩)、аргиллит(泥质板岩);加后缀-ин 用于表示燃料种类和来源:бакуин(由巴库油制成的机油,来自巴库);-оз 通常指疾病名称,如 энтероптоз(肠下垂)、артроз(关节病)、остеохондроз(软骨病)等;加后缀-ация 用于称谓过程:бергинизация(指煤变成石油的过程)。在术语构成中,以人名命名的术语词组也占据相当比重,如人名加-ск 构成形容词作为术语组合的成分:ньютоновская механика(牛顿力学)等。还有一些以人名所属格形式构成的术语词组,如 расходомер Вентури(文丘里流量计)、трубка Вентури(文丘里管)、функция Лагранжа(拉格朗日函数)等均以其发明创造者命名。术语中的人名成分表明术语的发明者或创造者。以创造者的姓氏命名既可表达纪念之意,同时有助于记录科学领域重要概念的发展历史和轨迹,具有一定的文化历史因素。还有很多医学术语都记录了术语产生的时间及其创建者资料的原因也在于此,这类术语形式有助于研究该领域知识的发展历史,同时也体现了民族文化和专业领域之间相互作用、相互依赖和相互影响的关系。

此外,专有名词在术语构成中还被用作复合词的词干,如бакуоль(巴库油),指来自巴库,бакуликон(合成纤维),同样指来

207

自巴库。由上述带有文化成分的术语成分可以看出,在术语构成中,民族文化与专家的行业知识及素养这两个因素相互作用、相互影响,术语形式除了指称客观事物之外,在一定程度上能反映语言主体对于该事物的认识和态度。

2. 多成分术语

在很多知识领域的术语系统中,多成分术语都占有主要地位。大多数研究者认为,句法构成作为专业概念的称名手段是术语最主要的构成方式之一,它在当代科学语言中具有极高的能产性,其优势在于能详细阐释和反映概念的内容并能体现与其相邻概念的关系。沃尔科娃(Волкова И. Н.)曾对此作过调查,其研究结果显示,"在10000个俄语标准化术语(确定领域)中,术语词组占89.8%,其中双词术语占36.2%,三词及以上术语占53.6%,而单词术语仅占10.2%"。[①] 科尔尼洛夫也作过同样的调查统计,其结果显示,"在某一术语系统中,术语词组占76.9%,其中双词术语占58.1%,三词及以上术语占18.8%"。[②] 作为概念的称名单位,术语是表达层面和内容层面的统一体,它的概念意义要比一般词汇的词汇意义宽泛得多,其内容层面包含科学发展现阶段对事物、现象、属性、关系等所有认识的总和,这一点使术语称名不同于一般词汇,"术语称名单位的结构应具有两方面要求,一方面应准确表达所传递的信息,另一方面应能体现人认知中的世界图景。"[③]

[①] Волкова И. Н. Стандартизация научно-технической терминологии[M]. M., 1984:77.

[②] Корнилов О. А. Лексико-семантическая группа энтомосемизмов в современном русском языке: Автореф. дис.. канд. филол. Наук[D]. M.,1993:18.

[③] Сложеникина Ю. В. Основы терминологии. Лингвистические аспекты теории термина[M]. Книжный дом «ЛИБРОКОМ». 2013:91.

通过句法方式构成的多成分术语结构通常是由属加种差来构成，体现种差的词类可能是名词(часть речи, порок сердца)，也可能是形容词(фразеологическая единица, магнитное поле)，还有一些其他词类，如数词(второе спряжение, первое склонение)、形动词 (управляющая система переменные звезды)、副词 (непосредственно составляющие)。与单成分术语相比，多成分术语更符合术语创建的总体趋势。句法构成所具有的这一优势，相对于形式简洁的要求来说，对于术语的意义更重要。

(二)隐喻思维

隐喻思维是人进行认知活动的重要方式，是人认识世界的重要工具。科学隐喻表达科学概念、构建科学术语、构拟科学理论。隐喻形式不仅反映、说明人对客观现实的理解，而且构成关于世界的认识体系。通过隐喻研究可以深入人的思维结构、了解人以怎样的方式认识世界及自身在其中的位置。"隐喻是理解世界图景构建过程和思维基础的钥匙，它可以看作是研究世界图景的主要途径。"[1]科学隐喻的构建除了包含术语创建者的专业知识、背景知识和语言知识以外，还包含情感因素和语言外知识的参与，因此国家不同、文化不同、时代不同，相关学科在构建术语时所采用的隐喻也不相同，喻体的选取及本体与喻体之间相似性的创造能够体现该语言主体的世界图景。

从认知角度来看，语言是蕴含人类知识和经验的系统，不同语言和文化具有自身的特点，不同民族对于同一事物所产生的隐喻

---

[1] Поставалова В. И. Картина мира в жизнедеятельности человека[A]. Роль человеческого фактора в языке：Язык и картина мира[C]. М. : Наука,1988：8.

209

联想是各不相同的。最典型的例子体现在对于颜色的隐喻联想上。俄汉对于颜色的隐喻文化既有相似之处,也有不同之处。在这两种语言中黑色通常都表达"灾难和不幸"、"非法"等,如черные дни(黑暗的日子)、черный рынок(黑市)、черные списки(黑名单)。两种语言对于黄色的隐喻认知则有所差异:黄色对于中国人来说意味着"辉煌、富有",如黄袍、黄榜、飞黄腾达等,而在俄语中则表达忧伤、离别和发疯的意思。俄罗斯情侣之间禁忌赠送黄色花束,俄罗斯的疯人院通常都是特有的黄色建筑,被称为"желтый дом"。可见,语言是人类创造的文化符号系统。不同民族的符号系统不同,自然也会导致人们对世界的认知和理解存在差异。隐喻术语不仅包含语言主体对于该事物的认知特点和方式,同时也反映该语言文化的历史。

三 术语所包含的知识类型

知识是指对于某一事物可靠的、真实的认识。一切科学知识都要经历这样一个认知阶段:感觉——记忆——经验——科学。众所周知,在科学作为有目的的活动产生之前,人们在日常实践活动中获取关于他们所接触的对象和现象的特性的可靠知识。日常知识帮助认识世界。也就是说,科学知识与日常知识不是不可逾越的,它们的最终目的都是希望取得客观的真理和知识。

认知术语学认为,术语作为语言符号包含三种类型的知识(如下表):语言知识、科学知识和专业知识。每一种类型的知识都以人同世界互动的经验为基础。术语是科学知识(关于客观世界的科学知识系统)、语言知识和专业知识在科学认知过程中不断相互作用的结果。列依奇克曾专门分析日常知识和行业知识在

第五章 术语和世界图景

术语中的相互关系,他指出,"术语的结构包括三个层面:自然语言基质(术语所赖以产生的词汇单位)、术语本质(术语的内容和形式特征)、逻辑基质(术语称谓专业概念的特征)"。[1]戈洛瓦诺娃把上述术语结构与术语记录的不同知识类型做比较,认为术语中主要包含三种类型的知识(图5-2):"语言知识(языковое знание);学科知识(энциклопедическое знание);专业知识(профессиональное знание)"。[2]

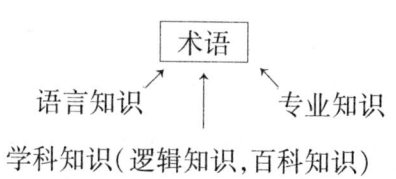

```
            术语
           ↗ ↑ ↖
       语言知识  专业知识
        学科知识(逻辑知识,百科知识)
```

图5-2 术语包含的知识类型

首先,语言知识建立在一般的日常认知基础上,具有感觉体验的性质,是人在与周围世界的互动过程中获得的。其次,科学知识是在认知世界过程中借助逻辑范畴和抽象概念建构的客观意义。通过科学知识可以观察处于相互联系之中的事物和现象。最后,专业知识是基于一定的行业经验、在行业活动中获得的一定知识或活动领域的信息内容。上述三个部分相互联系、相互作用,在术语的结构中形成不可分割的整体。

与日常知识不同的是,科学知识的主要特点是连续性和系统

---

[1] Лейчик В. М. Терминоведение: предмет, метод, структура[M]. Изд. 3-е. -М.: Издательство ЛКИ, 2007: 30—31.
[2] Голованова Е. И. Теоретические аспекты интерпретации термина как языкового знака[A]. Лексикология. Терминоведение. Стилистика. Сб. науч. трудов. Посвящается юбилею В. М. Лейчик[C]. Москва-Рязань, 2003: 76.

211

性。它不只是关于世界知识的简单集合,而是一定的知识体系。科学研究是有目的的认知活动,它的结果通常以概念、规律和理论系统的形式来体现。最初的科学术语一般是基于日常知识建立起来的,随着科学知识的发展和认知水平的提高,这样的术语形式会逐渐被更优化的术语形式所代替。以俄语医学术语为例,单核细胞增多症最初被称为 болезнь студентов(大学生病)因其常见于青年人而得名,随着人类认知的发展和科学知识系统化的深入,这一形式逐渐被 мононуклеоз инфекционный 所取代。同样,грудная жаба(心绞痛)逐渐被 стенокардия 所取代;бред сердца(心律失常)逐渐被 аритмия мерцательная 所取代等。医学术语中还有很多这样的情况,即最初反映概念内涵的俄语术语形式逐渐被相应的希腊和拉丁语词所替代(见表5-3):

表5-3

心包	Околосердечная сумка(рус.)	перикард(греч.)
大脑	головной мозг(рус.)	энцефалон(греч.)
针灸	иглоукалывание(рус.)	акупунктура(лат.)
		иглотерапия(рус.-греч.)
心	сердечный(рус.)	кардиальный(греч)
切除	удаление(рус.)	эктомия(греч.)
肺	легочный(рус.)	пульмональный(лат.)

从上面的例子可知,俄语医学术语发展较晚,现在形成的很多医学术语都源于希腊和拉丁语词。最初形成的俄语本族术语更多

体现了人们对于该事物或现象的日常认知和经验,随着人们认知水平和专业知识的掌握程度不断提高,最初基于日常知识建立的术语形式会逐渐被更优化的术语形式所取代。

综上,术语作为人对世界认识的体现形式,包含了专业知识、科学知识和语言知识。通过对某一语言术语产生、发展和演变轨迹的研究可揭示该语言主体对于世界的认知方式及民族文化特征。

第三节　中医术语中的世界图景

中医术语中的世界图景,即通过中医术语的形式、内容、定义及概念内涵所反映的中国人对健康、疾病、生理和病理现象、人体及人与自然之间关系的认识和知识体系。它是中华民族根据自己的世界观和认知经验建构的一个区别于西方现代生物医学的知识体系。中西医面对同样的健康和疾病,同样的生理和病理现象,然而因其不同的认知方式产生了截然不同的理论和术语系统。本节通过中医术语的构成特点、中医术语的隐喻思维,以及中医术语规范和外译问题中的"人因素"来考察中医术语反映的世界图景。

一　中医术语的特点

中医药学作为中国最古老的一门特色学科,根植于中国传统文化,吸取中国古代哲学、人文社会科学以及天文、地理、气象、数学、历法、农学、化学、心理等多个自然科学的成果。其术语也因此具有不同于其他自然科学术语的特点,主要体现在以下几个方面:

(一)历史性:中医药学具有悠久的历史,名词术语多为古代汉语。由于汉语言文字的特殊性,中医术语的词法、句法非常灵活,极富弹性。与现代术语形式不同,中医名词术语形式不固定,有时是单个字,如基本理论术语"精"、"气"、"神"、"阴"、"阳"都是由单个字形式构成的;有时是短句,如"土克木"、"肺主气"、"心开窍于舌"等。作者对《中医药学名词》中基本理论术语的构成形式进行统计,从统计结果来看,中医术语构成中,四字词组所占比重相对较大,单字术语与短句形式构成的术语也具有相当的比例,这正是中医术语与现代术语形式的不同之处。

表 5-4

	单个字	双字	四字词组	短句
基本理论(804 个词条)	64	311	336	93

此外,很多中医术语往往意义宽泛,一词多义。如"'气'在《黄帝内经》中出现频率极高,有人把《黄帝内经》中的'气'分为270 多种。"[①]更有古今词义的演变,如"内风"在古代指因房劳汗出,风邪乘袭的病症,今指肝风内动,又称虚风内动,与外风相对而言,"即由脏腑机能失调而引起具有动摇、震颤、眩晕等症状的病理变化,与肝脏关系最为密切"。[②]

(二)人文性:人文哲学对中医药学具有的深刻影响是中医区别于其他自然科学的特别之处。很多中医基本理论,如阴阳学说和五行学说中的"阴阳"、"五行"等基本概念都取自古代哲学。此

---

① 邱鸿钟.中医的科学思维与认识论[M].北京:科学出版社,2011:73.
② 全国科学技术名词审定委员会.中医药名词[Z].北京:科学出版社,2004:47.

外,以中国传统文化寓意来反映术语的概念内容是中医术语的一个特点,如"子病及母"、"母病及子"等术语用母子关系来描述脏腑关系及病理等;术语"四君子汤"是指主治脾胃气虚证的古方剂,因其所用四味药"人参"、"白术"、"茯苓"、"甘草"不热不燥、适度施力,与《中庸》里的"君子致中和"寓意相符,故取此名;再如术语"三子养亲汤"因其用三种果实组方,以治老人喘咳之疾,所以寓其"子以养亲"之意,蕴含了浓厚的民族传统文化。

（三）定性描述：中医术语包含大量的自然语言和生活语言,用生活中常见的事物和现象来表述或比喻人的生理、病理、诊断和治疗的原理等。很多术语都是定性描述,意义模糊,界限不清,很少有定量描述。如气虚、火旺等术语都是一个定性的描述,其内容所表达的界限无法用确定的数值来衡量。术语"四气"包括"温"、"热"、"寒"、"凉",这四气之间的界限是模糊的,无法明确划分的。

（四）中医病症定名随意性：很多中医病名是根据生活和经验积累而得名,如根据使用药剂定名：白合病（以神志恍惚、精神不定为主要表现的情志病。因其治疗以百合为主药,故名百合病）,根据病症定名：雷头风（指头痛兼有似雷鸣之响声,而头面则起核块的病症）,根据病因定名：客忤（旧俗以婴儿见生客而患病为客忤）等。为了减少研究者和阅读者的困难,有很多类似术语已经不被推荐使用,但这仍然成为很多中医术语定名的特点。

综上所述,中医术语所具有的特点源自两方面：首先在于中国传统哲学造就了中医药学理论的独特性,使它成为一门以中国传统哲学思维模式为基础、具有高度人文性的中国特色科学体系；其次在于其形成语言——汉语言文化对中医术语的形成产生影响。

"一门科学理论的术语首先是以某一自然语言为基础建立起来的,它是该语言群体对世界认识的体现形式。"①术语形式不可避免会包含该语言主体的语言特质和文化特质。中医作为中国传统文化的精髓,是由汉语建构的世界。汉字是世界上最古老的文字之一,它所具有的独特的表意性、灵活的构词能力以及富有弹性的语言结构等特点对于中医理论的陈述及中医著作的构成产生了重要的影响。术语不仅是一门科学理论的载体,同时也是民族文化的载体。基于上述两方面因素对中医术语的构成和发展产生的重要影响,通过中医术语反映的世界图景与西方现代生物医学的哲学基础、思维模式、认知方式都不同,很多基础理论术语"阴阳"、"五行"、"气血"、"经络"等都是中医理论特有的概念,术语系统的构建模式也因此不同,它以中华民族特有的范畴机制和认知体系反映了中华民族关于生命现象的世界图景。

二 中医术语独特的隐喻思维

从认知角度看,隐喻是人重要的认知方式,尤其是抽象思维的工具。"科学中的隐喻不仅有助于快速掌握研究对象,是描述科学理论的语言手段,还有助于人们探求知识、记录知识,是概念化的重要手段。"②结合中医学的语言特质,考察中医术语的内涵,可以说隐喻无处不在。"中医认为,人的躯体就是缩小的世界,人与

---

① Романова Н. П. Язык науки как результат и источник познания [A]. Татаринов В. А. История отечественного терминоведения (ТОМ3)[C]. Москва: Московский Лицей, 2003: 218.

② Алексеева Л. М. Метафоры, которые мы выбираем (опыт описания индивидуальной концептосферы)[A]. С любовью к языку: сб. науч. трудов[C]. М. Воронеж: ИЯ РАН, Воронеж. гос. ун-т, 2002: 293.

第五章　术语和世界图景

宇宙是同构的。从人体推及自然,人与万物的构成和运动规律是一致的。"①因此自然、情绪、社会生活、动物、植物、气象、兵法和等级制度等都被用于中医概念的认知原型。中医隐喻思维和隐喻术语表达具有自身的独特性,不仅形象表达和阐释基本概念,还能反映中医学的科学内涵和文化特质:

首先,中医隐喻术语反映中国传统哲学观。

哲学是一切科学生成的基础,科学在每个时期都和当时的哲学体系相互影响。通过传统中医和西方医学的哲学基础和方法论基础的对比可以鲜明地体现出来。西方科学注重范畴和分类,中国科学强调整体统一。从这一角度看,中西医的哲学基础显然不同。西医与中医相对,是指西方国家的医学,它的哲学基础是朴素的原子论。它认为人体的构造是由不同的器官构成的,这些不同的器官是相对独立的个体。因此,西医往往是从局部出发而不问整体,通过医治局部来改善整体。它注重对病因、病理的判断、定位、定量和彻底消除。中国传统哲学强调整体思维,它认为"人的身体是一个系统,天地人之间及事物之间同源、同构、同序、同律,即人身小宇宙,宇宙大人身"。② 人们既可以从自然界的物质运动规律中领悟人体生命活动的规律,也可以从人体生命现象中推测自然界的发展过程。因此,中医主张从整体出发到局部,进而有效地认识局部,通过调理整体来医治局部。它强调治未病养生的预防观念,认为人体每个部分之间都具有不可割裂的相互联系和相互制约的关系。整体思维和辨证论治作为区别于西方现代生物医学的主

---

① 邱鸿钟.中医的科学思维与认识论[M].北京:科学出版社,2011:222.
② 同上。

要观点在中医药理论、病因病理、诊断治疗等方面都有充分的体现。

从以上对比可以看出,二者哲学世界观的差异对其医学理论体系及术语表达产生重要影响。中医药学的理论基础及其术语系统的建构方式直接反映了中国人认识世界的方式和传统哲学观:中医理论中的"五行学说"体现了我国古代哲学关于事物彼此联系、相生相克、相容相合的哲学思想;关于人体是一个整体、人与天地相应的系统观,体现了我国古代唯物主义哲学关于人与自然关系的基本认识;关于阴内阳外、阴阳相合的"阴阳学说",体现了一分为二、对立统一的辩证法思想等。

此外,中医理论和实践均以体验为基础,即一切认知以人的亲身体验为基础。中医诊疗疾病的方法即是望闻问切,中医通过大量的医疗实践,逐渐认识到机体外部,特别是面部、舌质、舌苔与脏腑的关系非常密切。如五行学说使用五音(古乐中的角、徵、宫、商、羽)配五脏,从病人发音的高亢、低沉、重浊等推测五脏的病变。中医的体验观与认知语言学的哲学基础——体验哲学恰好契合。体验哲学是认知语言学的哲学基础,其主要观点是"概念、范畴、心智来自身体经验,具有体验性;认知具有无意识性;思维具有隐喻性。"[①]这一点很好地说明,中医虽有悠久的历史,其术语形式与传统术语学对术语的要求格格不入,但却与认知语言学的哲学基础相契合。中医术语通过隐喻化的思维方式和手段,反映了中国人对所研究对象的独特的认知和阐释方式,"它可能是比现代科学更完备的后科学"。[②]

---

① 王寅.认知语言学的哲学基础:体验哲学[J].外语教学与研究,2002(2):85.
② 郑述谱,叶其松.从认知术语学角度看中医术语及其翻译[A].世界中医药学会联合会翻译专业委员会第三届学术年会论文集[C].2012:107.

其次,中医隐喻术语中相似性的独特创造反映了浓厚的民族特征和文化底蕴。

某一国家及其语言文化会影响其对某一知识领域的认知和理解。对于处在同一个语言世界和文化环境的人,自然具有一个基本的隐喻系统,人们以此为基础创造无数的隐喻。隐喻作为一种认知手段和思维方式,其中相似性的独特联想和创造正是认知主体世界图景的重要体现。中医隐喻术语的喻体包罗万象,例如《黄帝内经》中的"黄帝曰:阴阳者,天地之道也,万物之纲纪,变化之父母,生杀之本始,神明之府也。"[1]连续使用5个隐喻表达说明了阴阳的重要作用。五行学说以木火土金水五种物质的不同属性和关系来描述五脏的相互关系和作用,这些思维方式都是隐喻的。此外,针灸学中很多穴位的命名都是隐喻的,如:中府、太白、曲池、天池、昆仑等。在中医理论中,母子关系隐喻也占有相当比例,如五行相生关系:肝为心之母,心为脾之母,脾为肺之母,肺为肾之母,肾为肝之母;三子养亲汤;气为血帅,血为气母;等等。这类隐喻在其他学科是很少见的。它充分体现了中医隐喻思维的独特性以及汉语言文化的内涵。可以说,准确把握中医术语的隐喻特质是理解中医理论的重要一环。

三 中医术语规范问题

(一)我国汉语术语规范的特点

"术语是通过语音或文字来表达或限定专业概念的约定性符

---

[1] 《素问·阴阳应象大论篇第五》。

号。"[①]它作为科学研究的成果、科学发展和交流的载体,是人类发展历程中积累的知识结晶。从某种意义上说,术语工作的进展和水平直接反映人类知识积累和科学进步的程度。随着科学技术的发展和国际交流的日趋深化,在术语移植过程中,对于同一事物或概念会产生很多同义不同形的术语。由此产生的术语混乱使用的现象会造成国际学术交流的障碍,这就需要语言学家和科技工作者共同努力来解决术语规范化问题。国际标准化组织(ISO)和国际电工委员会(IEC)都设有专门的术语委员会,负责组织和协调这方面的工作。1971年联合国教科文组织在维也纳成立国际术语信息中心,促进和协调术语信息的收集和传播活动。很多国家成立了全国性的术语委员会,专门负责整理和审定各门科学术语。我国最早在由结绳记事、图形符号的方块汉字来记录语言的时期,就开始给事物定名并注意名称的统一以满足当时的交际需求。1949年中华人民共和国成立,即成立了学术名词统一工作委员会,1985年成立全国自然科学名词审定委员会,1997年更名为全国科技名词审定委员会。中国具有独特的语言文字,可供表意的词汇丰富、数量庞大。国家科技名词审定委员会刘青先生指出,在对于汉语固有的科技名词和引进的外来语科技名词的规范统一问题上以及在汉语科技名词外译的问题上,具有一些独特的特点:

一方面,对于表达科学概念的符号,应力求形式简洁明了,并且要包含尽可能多的概念信息。在这一点上,汉语与其他许多国家的拼音文字相比具有明显优势。汉语具有集形象、声音、词义三

[①] 冯志伟.术语学中的概念系统与知识本体[J].术语标准化与信息技术,2006(1):9.

者于一体的特点,在表形、表音、表义以及形式简短等方面具有明显的优越性。汉语基本名词以双音词为主,每一个音基本上已经是一个语,因此双音词就包含了两个单语的信息。比如"激光"一词就含有"光"和"受激"两个关键性科学信息。而表达激光的英语术语形式则很长:light amplification by stimulated emission of radiation。汉语术语这样的特点对于现代科技名词的编辑、分类以及规范化等方面非常有利。

另一方面,在汉语术语的规范中也存在一些问题,即汉字是形声表意文字而不是拼音文字,无法转写。其音和形无法与国际接轨。即使按音定名,也很难推广,人们已习惯于它的望文生义、顾名思义等特点。在印欧语系各国之间,因所有字符相同或相通,一般在引进科技名词时可以采用字符转写的方式,而在中国这种方式是行不通的。如果采用音译,人们很容易产生误解。所以通常采用意译而不是音译,即先明确概念,然后才给予定名。只有在难以给出适当的意译时,或意译形式太过冗长时,才采用音译或音义结合的方法。①

总的来说,我国的科技名词,也就是汉语术语规范工作的独特性体现在,根据需要表达的相应概念的内涵,创造和规范符合科学发展规律和汉语特点的术语。

(二)中医术语的规范化和标准化

科学技术日新月异,不断促进生命科学的发展。随着全球医学的发展趋势,人类的健康理念和诊疗思维逐渐变化,传统医学的

---

① 刘青.科技名词的规范化工作概要[A]."中医药名词术语英译规范原则方法及其应用"暨"中医药基础学科名词术语规范研究"项目培训[C].2013:5.

影响力和现实价值日益显现。很多国外相关机构和学者致力于中医理论及术语研究和翻译工作。与此相应,加强中医药学科的理论系统性建设及术语研究更具迫切性。

由于中医药学的独特性,其术语规范工作也具有相当大的难度。首先,中医术语形式所具有的古汉语特点不利于中医的交流和传播;其次,由于中医术语的历史性、人文性等特点以及中西医理论的差异,在术语规范工作中经常会遇到术语的同义现象、多义现象,那么在中医术语规范化工作中,如何做到既使术语遵循单义性原则,使其与国际接轨,便于其向世界传播,又能兼顾中医药学的学科特点,保持中医文化精髓不丢失,这是中医学界、语言学界、翻译学界及相关各职能机构面临的一个难题。我国中医药名词审定工作中在遵守科技名词审定的一般原则和方法的同时,根据中医药学特色,探索符合自身特性的规则与措施,如"对于多义术语,采取分化不同义项、淘汰不常用的义项、因学科门类的差异而分别定名、保留不同学科之间的一词多义现象等措施。对于同义术语,常采用选定一词舍弃他词、设立异名等方法"。[①]

1. 多义现象

多义现象是指在某一学科领域内部,同一术语形式指称多个概念。中医术语多义现象产生的原因有很多。首先是由于中西医理论的差异而导致同一术语形式在中西医理论中具有不同的阐释,如"霍乱"一词在中西医理论中的定义截然不同。"中医所说的'霍乱'是指以上吐下泻为主要症状,发病急骤、挥霍缭乱的急

[①] 高新颜,朱建平.论中医药名词定名单义性原则的实施[J].中国科技术语,2013(3):20.

第五章 术语和世界图景

性胃肠道疾病;而西医中所说的霍乱是指感染霍乱弧菌引起的烈性传染病。"[1]对于这样的术语定义,如不加以规范,使用时容易出现混乱,引起社会恐慌。根据协调一致的原则,在中医药名词术语规范工作中,将"霍乱"的定义中的传统中医含义去掉,采用现代医学的定义,即"感染霍乱弧菌引起的烈性传染病"。其次,在中医理论中也存在同一术语具有多个指称的现象,如"头痛"在中医中既指症状名词,也指疾病名词。为加以区分,在用作疾病名词时,通常称为"头痛病"。再比如,中医理论的特有概念"三焦"的含义有三个层面:"一是作为六腑之一的功能概念,是腹腔中一个实质性的脏器;二是作为人体上、中、下部位的划分概念;三是作为温热病的辨证纲领,称为'三焦辨证'"。[2] 三者名称虽然相同,内涵却不同,在使用过程中通常采用括号加注的方法来加以区别。此外,这三个义项既有联系又有区别。三焦辩证是清代温病学家吴鞠通所确立,虽然作为病症的"三焦"反映温热病发展过程中的三个不同阶段,但其与作为划分概念的"三焦"有着不可分割的联系。准确把握它们之间的联系和区别可促进对术语及其相关理论的理解和应用。

2. 同义现象

中医长期发展过程中,有很多概念同时具有多个术语形式。如中医中的"胞宫"一词指位于小腹正中,膀胱之后,直肠之前,是女子发生月经和孕育胎儿的器官。相当于现代解剖学中的"子宫"。"胞

---

[1] 高新颜.中医药名词术语规范中文实施通则及其案例[A].科技名词的规范化工作概要[A]."中医药名词术语英译规范原则方法及其应用"暨"中医药基础学科名词术语规范研究"项目培训[C].2012:78.

[2] 孙广仁.中医基础理论[M].北京:中国中医药出版社,2007:134—136.

宫"一词在中医中曾经有多个名称:"子宫"、"女子胞"、"子脏"、"胞"、"胞宫"、"胞胎"。为保留中医特色,中医学界将其定名为"胞宫",其含义与现代解剖学的定义基本一致。这一定名充分体现了我国中医术语定名的民族性原则。除了表达实质性器官的名词存在同义术语外,中医中还有很多对抽象属性进行定性描述的名词也存在同义或近义现象。如"禀赋不足(先天体质虚弱不足)"、"心阴不足(心阴亏损,濡养不足)"、"大肠液亏(大肠津液不足,肠失濡润)"三个术语,从释义来看,"亏"、"不足"所表达的含义基本相同。在俄语中均用"недостаточность"表示。如果用于定性描述的术语存在近义关系,具有程度上的差别,如"温"、"热";"寒"、"凉";"旺"、"盛"等,则应选用相应的外语词来对译。

3. 关于"证"、"症"、"征"的区分

医学名词"证"、"症"、"征"的混乱使用及其与外译形式的对应问题一直困扰着学术界和出版界。"证"是中医特有的概念,西医没有证的概念,所以证的英译一直有不同的译法,常见的有 syndrome、pattern。西医传入中国后,syndrome 译为"综合征"。上述术语使用混乱及翻译混淆的原因在于,不同的理论基础导致对概念本身界定不清。"证"作为中医概念历史悠久,它的概念内涵随着学术研究的发展也在不断变化。为避免上述三个术语的混乱使用给科研和教学等实践工作带来影响,经过长期的协调统一工作,中医学界认为,"证是对疾病过程中一定阶段的病位、病因、病性、病势及机体抗病功能等本质变化的概括。而'征'主要用于西医名词'体征'(sign)、'综合征',是指医生在检查病人时所发现的客观的异常变化。'症'是症状的简称,是病人患病时主观的异常感觉。中医称症状时包括体征。综合征是西医学名词。证、证候是中医学名词。就

第五章　术语和世界图景

疾病而言,症状、体征、综合征、证候都是疾病的外在表现,并非是疾病的本质。而中医'证'的概念是反映疾病本质的,它不仅包括病理的概念,还有生理的概念。"①具体区分及翻译如表5-5:

表5-5

汉语术语	释义	英译	俄译
证	病名(指疾病的本质,包括病因、病性等)	pattern	
症	症状的简称,指疾病的表现,多指病人主观的感觉(主诉)	symptom	симптомы и признаки
征	主要用于西医名词,体征(医生发现的异常变化)、综合征	sigh,syndrome	синдром

综合以上例证可以说,中医术语既体现了中华民族的世界图景,是中医文化"走出去"的核心,有时又会成为其国际化进程中的一个瓶颈。中医学界和相关部门在术语规范工作中会涉及很多中医术语与西医术语的区分和选择问题,在处理这类问题时既要考虑全面准确地传递其概念内涵,以满足交际需求,还要考虑保持民族文化精髓不丢失。中国中医科学院中国医史文献研究所研究员朱建平教授指出,"综合《内经》、《伤寒论》、《金匮》、《神农本草经》等医学古籍的研究表明,最迟在公元一世纪,中医药学科体系框架已经完成。"②但其术语体系与现代术语学对术语的要求却存

---

① 朱建平.我国中医药学名词术语规范与应用[J].科技术语研究,2003(4):14.
② 朱建平.我国中医药学名词术语规范与应用[A]."中医药名词术语规范原则及其应用"暨"中医药基础学科名词术语规范研究"项目培训会资料[C].2012:11.

在巨大差距。中医与其他自然科学的不同在于它是土生土长的、中国特色的学科。对于科学发展和术语标准化之间的矛盾,郑述谱教授指出:"辩证唯物主义理论告诉我们,事物总是在各种矛盾与对立中存在发展的。术语标准自然也存在这样的矛盾。从根本上说,实行术语标准化,是为保证专业工作者之间的信息交流顺畅服务的,但是它的存在本身对信息交流也是一种限制。"[1]

四 中医术语外译问题

近年来,在我国强调中国文化"走出去"的战略导向下,中医术语外译问题具有至关重要的意义,它是推动中医走向世界以及平衡"文化逆差"的必经之路。中医在其长期发展过程中受到中国古代哲学、心理学、天文学、气象学、逻辑学、养生学以及文化、宗教的影响,造就了中医学科理论及其术语的特殊性,再加上中西方的文化差异,上述因素使得中医术语外译相对难得多。

从中医术语的外译现状来看,目前已有的很多中医外译术语带有浓厚的翻译韵味,也带有浓厚的译者痕迹,系统性不强,规范难度很大。由于中医名词术语至今尚缺少国际公认的翻译标准,几乎每个名词术语都有多种译法,这给各国中医医疗、科研、学术交流、信息传播、教育等多方面造成障碍。作者以部分中医术语外译为例,分析目前中医术语外译中体现的认知差异及其中的"人因素"。

(一)关于五行相生相克的翻译

因中俄具有独特的地缘政治优势和密切的文化交流关系,中医在俄罗斯具有广泛的群众基础。俄罗斯国家社会研究所的统计

---

[1] 郑述谱.试论术语标准化的辩证法[J].中国科技术语,2008(3):9.

第五章　术语和世界图景

数据显示,"俄罗斯人口有1.3亿,有67%的人相信包括传统中医在内的传统医学"。[①] 由于语言和文化差异,很多中医基础理论的经典名言短句无法直接对译,在俄语中通常采用描述性语言来阐释。中医理论中的五行学说是通过五行的生克关系来反映人体各脏腑间的关系。中医理论中的"五行"指构成天地万物的五种基本物质:木、火、土、金、水。它们彼此之间存在相生相克的关系。五行相生指事物的相互滋生、促进或助长的关系,如金生水,水生木,木生火,火生土,土生金。中医理论通过在母子关系与五行相互资助、相互依赖的关系之间建立相似性联想,用母子关系来形容五行相生关系,生者称为母,被生者称为子,如木为火母,为土子等。俄语文献中对于五行相生关系也有同样的描述:

«взаимопорождения» (сян шэн) символизирующих их стихий/элементов: дерево—огонь—почва—металл—вода—дерево. Стихия-мать порождает стихию-сына. Например, для огня «матерью» будет дерево, а «сыном»—почва. (译文:五行相生是指五行之间相互促进、资助的关系:木——火——土——金——水——木,生者一行称为母,被生者一行称为子。例如,木为火母,土为火子。——选自俄罗斯科学院远东研究院出版的五卷本《中国精神文化大典》)[②]

五行相克,指的是一事物对另一事物的生长和功能具有抑制和制约的作用,如金克木、木克土、土克水、水克火、火克金。在

[①] 张东风.俄罗斯希望把中医纳入健康工程[N].中国中医药报,2012年5月10日第001版.

[②] Титаренко М. Л. Духовная культура Китая[M]. Энциклопедия в пяти томах. Издательская фирма Восточная литература РАН. М. ,2009:419.

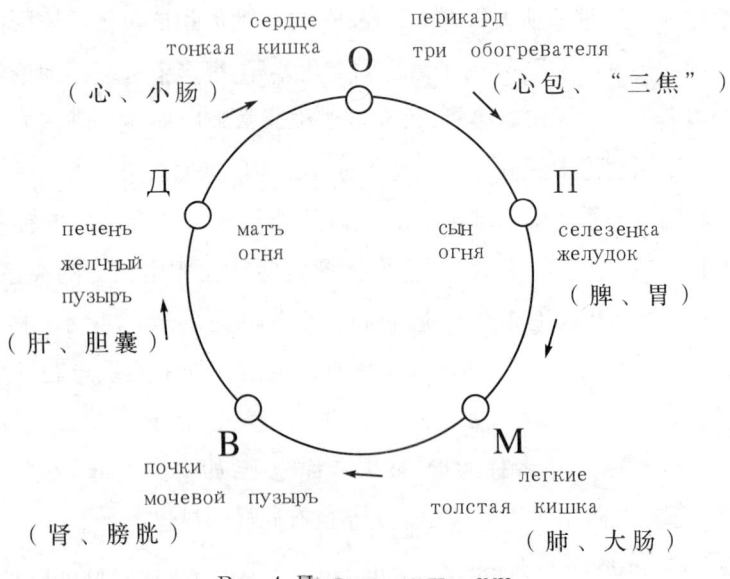

```
              сердце        перикард
        тонкая кишка    три обогревателя
                    О
   (心、小肠)                  (心包、"三焦")

   Д                              П
  печень      мать      сын    селезенка
  желчный    огня      огня    желудок
  пузырь
                                 (脾、胃)
  (肝、胆囊)

              В              М
          почки           легкие
      мочевой пузырь   толстая кишка

      (肾、膀胱)            (肺、大肠)

          Рис 4. Правило мать—сын
                ( 母子原则 )
```

图 5-3 五行相克图

《中国精神文化大典》中对于五行相克的关系是这样描述的：

взаимопреодоления (сян кэ): дерево—почва—вода—огонь—металл—дерево. На схеме, где пять стихий/элементов расположены по кругу в порядке «взаимопорождения», последовательность их «взаимопреодоления» выражается пентаграммой. Любая стихия/элемент является «отцом» для следующей по кругу (в порядке «взаимопорождения») и «дедом» для расположенной через одну, которая связывается с ней в порядке «взаимопреодоления». Например, «дед» почва — дерево. (译文:五行相克:木——土——水——火——金——木,在

第五章　术语和世界图景

五行相生的图中,五行按顺时针关系依次为母子相生关系,相克关系则体现为五角星形。按顺时针顺序,任何一行都是下一行的"父辈",因此是相隔一行的"祖辈",因此寓其为"祖孙原则",例如木为土的祖父。）

Рис 5. Правило дед—внук
（祖孙原则）

图5-4　中医五行相克图

根据俄罗斯科学院远东研究院出版的五卷本《中国精神文化大典》中对于五行相生相克关系的描述,可以看出,俄语中将五行相生关系描述为"母子原则",以此为基础,根据顺次关系可以推算出图中相隔者为祖孙关系,即用祖孙关系来描述五行相克关系,克者称为祖父,被克者称为孙。因此将五行相克关系称为"祖孙原则"。仅就其中使用"мать—сын"（母子原则）和"дед—внук"

229

(祖孙原则)这一隐喻形式来表达五行相生相克关系来说无可厚非,母子关系表示五行相生关系,是因为母子关系与五行相互资助和依赖的关系具有相似性,很容易被人理解和接受,对于使用祖孙原则来比喻五行相克关系,从反映概念内涵方面考虑或许还值得进一步商榷。中医五行相克(mutual restriction of five phases)是指木、火、土、金、水之间存在着递相克制、制约的关系,其规律是木克土、土克水、水克火、火克金、金克木。对于这一关系的描述,或许从俄语中寻找"克制、制约"的词汇来对译更为合适。

(二)关于"中医"的翻译

中医,即中国传统医学,其国际通用英文形式为 TCM(即 Traditional Chinese Medicine)。然而目前,在世界卫生组织(WHO——World Health Organization)就中医药学名称及其基本术语和概念的国际标准化问题上,围绕中医药名称的问题,一些国家意在去中国化而反对以国际通用的英文形式 TCM(即 Traditional Chinese Medicine)来翻译中医药学,他们提出用 Oriental Traditional Medicine 或 East Traditional Medicine 来翻译"中医药学"这个名称,以此来淡化中医与中国文化、历史和人文密不可分的关系。各个参会国提出的方案和意见充分体现了不同语言主体对于这一问题的认识和世界图景,名称中仅一字之差就充分反映各国主体对于中医药文化主权和知识产权的争夺。然而,中医源自中国的历史事实及其对国际医药和文化的贡献是可以说明一切问题的。中医在我国具有悠久的历史,最早可追溯至先秦时期,但在我国古代没有中医这个名称,古代对于传统医学有好几种称谓:1. 岐黄之术(源于《黄帝内经》);2. 悬壶济世①;3. 青囊②;4. 杏林③。这些称谓可以说是中医这一名词的前身。在西方医学传入后为了加以区分,将我国传统医学称为中医,1936 年国民政府出台《中医条例》,正式确定中医为专有名词。中医学的外传也由来已久,早在秦汉之际就已传入日本、朝鲜、越南等地。"自汉唐以来,中国医药学就逐渐传入其他国家,并在当地得到普遍传播和应用,在西方医学传入这些国家以前,其一统天下的医药就是中医药学。直到近代,这些国家才废除中医药学,全盘接受西方医学。"④由此可见,中医药学中的"中"即是指中国。因此其国际通用形式用 TCM(即 Traditional Chinese Medicine)来表达,这是毋庸置疑的。尽管最终 WHO 决定既不使用 Traditional Chinese Medicine,也不使用 Oriental Traditional Medicine 或 East Traditional Medicine,而是采用 TM(Traditional Medicine)这一形式来表达。这也充分说明,术语的规范化和标准化工作不仅仅是一个纯语言学和翻译学的问题。可以肯定的是,探究术语的起源和发展轨迹可揭示它们所反映的世界图景,术语的形式及内容与起源国家的文化、历史和人文具有密不可分的联系。

---

① 注:壶在我国古代指葫芦,"药葫芦"的典故最早出自《后汉书·方术列传—费长房》,东汉时期费长房偶遇一位悬挂药葫芦的卖药老翁,向其求得医术。此后他能医百病,驱瘟疫,令人起死回生,后人将行医称为悬壶,悬壶济世也成了医生这一职业的美称。

② 注:我国古代中医的别称。据说,三国时期名医华佗在被杀前将所用医书装满一青囊赠予一名狱吏,以报答他酒肉侍奉之恩,华佗死后,狱吏改行医,将华佗的部分医术流传下来,据此后人称中医为青囊。

③ 注:三国时期吴国医生董奉有一条奇特的规矩,他为人治病不收报酬,治愈的病人要在他的山坡上种一棵杏树,轻者种一棵,重者种五棵。多年下来便成了一片杏林,他去世后,杏林的佳话流传下来,成为医界的代名词。

④ 李照国. 中医名词术语国际标准化:论争与论辩[A]."中医药名词术语英译规范原则及其应用"暨"中医药基础学科名词术语规范研究"项目培训会资料[C]. 2013: 119.

(三)中医术语的误译现象

中医理论中有很多概念是独有的,在其他语言中没有对应形式,正是这些没有对应体的、独特的概念构成了一个民族特殊的文化标志,体现了该民族在某领域的民族世界图景,有些概念在某种程度上具有不可译性。西方学者通常会根据自己的世界图景来理解中医术语,因此会造成一些误译现象:

1.《黄帝内经》是中医理论的奠基之作,简称《内经》。与其相对,还有《外经微言》,简称《外经》。《黄帝内经》通常译为"Трактат Желтого Императора о внутреннем"或"Канон о внутреннем Желтого Императора",这种译法在国外相关研究文献中十分普遍,从字面上看没有任何问题。但实际上,这两部著作中的"内""外"字与表达空间意义的"内外"没有任何关联,在中医中,内经、外经指的是上、下两卷的意思。

2. 中医术语"魂"和"魄"是指两种既相互关联又相互独立的精神意识活动,分属不同脏器,发挥不同作用,是完全不同的两个概念。在《黄帝内经》中有"肝主魂、肺主魄"的表述,而在英语国家通常都翻译为"soul",表达的是一个概念。

3. 五行学说中"五行"的英译形式和俄译形式分别为"five element""five phases""пять элементов""пять стихий",这样的翻译形式如今已经约定俗成,但五行学说中的"行"并不是名词,它不是指元素,它的词性是动词,是指五种元素之间的相互作用和运行。

4. 因存在文化差异,有很多术语是通过直译词面意义进行翻译的,从而引起误译。有些中医术语虽然可以找到对等的翻译形式,但从深层的文化信息来看,其意义却大相径庭。如病名"鹤膝

第五章 术语和世界图景

风"在中医中指膝关节疼痛、肿大如鹤膝,相当于西医中的"滑膜炎"(synovitis),在一些文献中根据字面意义被直译为"crane knee wind"。还有《伤寒杂病论》中的"更衣"被翻译为"change one's clothes",与其本义"大小便的婉辞"相去甚远,这显然造成了理解上的偏差。

5. 在中医中有很多术语与西医术语存在名同却实异的情况,如中医的心、肝、脾、肺、肾与西方现代生物医学中的相应器官名称虽相同,概念内容却不同。在中医理论中,它们不但是解剖概念,也是功能概念。这些脏器除了指解剖学意义上的实质脏器官,还包含对其生理功能和病理变化的概括。因此它虽然与现代医学的脏器名称相同,但其概念、内涵却不完全一致,所以不能把两者等同起来。需要从中医理论及整体观念角度来阐释这些器官在全身的地位和作用。这些脏器的英文译名"heart""liver""spleen""lung""kidney"虽然不影响读者理解和使用,但却无法传达中医理论对于各脏器特点和功能的深刻认识。如"heart"只能传达关于心是具有主管血液循环等生理功能的器官,而在中医概念中,"心"除了具有上述功能外,还包含统帅全身脏腑、经络、形体、官窍的生理活动和主司精神、意识、思维、情志等心理活动的功能。可见,中医概念的内涵要比西医中相应概念的内涵丰富得多,仅靠一个称名无法传达。再如气血、经络、三焦等这类中医特有的概念,具有浓厚的中医文化色彩,在西方现代生物医学中缺乏对应体,无法找到与之相应的英文单词去诠释它们的内容,只能通过描述性语言来解释概念的内涵。

综上所述,中医术语的翻译活动涉及很多认知因素,包括对语言的认知以及对文化的认知。上述几种术语误译现象有各自不同的原因,如1和3源于不同民族和语言之间存在的认知和文化差异,2、4、5在于对中医术语概念本身理解的偏差。据李照国教授介绍,目前中医术语中有1/3的翻译形式在国际上已经是约定俗成的;有1/3的术语翻译形式在翻译方法上存在差异,但对术语本身所表达概念的理解达成一致;还有1/3的术语在对概念的理解上存在差异。中医药学是一门极具人文性的特色学科,上述中医术语的翻译均为词语表层翻译,其所造成的误译现象应归咎为译者在理解中医文化方面的欠缺。

术语所承载的信息量要高于通用语,但因其受形式简洁等要求,要用简短的符号来表达较复杂和较高的信息容量,因此理解术语的难度明显高于通用语。如果把术语单独提取出来,脱离语篇,术语不仅面临文化缺失,还面临语境缺失,无疑更增加了外国读者理解术语译名的难度,这一点在中医术语外译问题上表现得尤为明显,究其原因归咎于中医本身具有的高度人文性。因此误译现象从本质上说是一种文化现象。中医术语外译问题中的"人因素"一方面体现在翻译过程中主体的认知差异,一方面体现在语言和文化差异。

可以说,有关思想、概念、知识的学术翻译不仅是民族间相互理解的桥梁,而且是一个民族深入诠释其文化内涵的重新创造,需要对象科学、语言学、翻译学、术语学等多方面知识综合起来完成这项任务。从术语学角度来讲,"术语翻译不单单是完成两种语言表达手段之间的转换,还要实现学科领域内的科学概念之间的对应,不同语言相应学科领域的概念之所以能对应,其理论前提是科学的国际性和科学认识的普遍性。此外,在传递概念基础上,还应该保证所翻译的术语相互联系成一个整体,也就是保持原有的概念体系。从概念出发、从概念系统出发是术语学的一条基本原则"。[①] 这就决定了不同语言间术语表达手段的转换具有不同于一般语言的突出特点,因为术语同时属于语言系统和专业知识系统。在翻译过程中必须考虑语言因素和非语言因素。对基于这些理论体系的基本概念及名词的译介应保持中医固有特色,不能以西代中,也无法取代。应针对上述情况制定统一可行的外译处理原则和方法。

综上所述,通过中医术语的构成特点、隐喻思维以及规范和外译问题所体现的"人因素"等方面研究可考察汉语言主体的民族世界图景及其对于生命现象本身所包含知识和文化内涵的理解,揭示不同语言主体在术语规范和翻译等方面特有的认知方式和特点,对于中医文化研究具有重要意义。反过来,通过中医术语中的世界图景研究可掌握术语发展变化的认知规律,有利于中医术语规范、外译等工作的有效推进。

本章小结

世界图景理论是随着以人为本的认知研究范式的发展逐渐扩展到科学领域的,它的理论价值在于提供一种认知世界的模式。它包括很多不同种类的世界图景:语言世界图景、概念世界图景、科学世界图景、文化世界图景、民族世界图景等。上述世界图景相互联系、相互依赖、相互渗透。作为自然语言词汇的一个主要部分以及反映科学知识体系的重要载体,术语的形式和内容自然能够

---

① 郑述谱,叶其松.从认知术语学角度看中医术语及其翻译[A].世界中医药学会联合会翻译专业委员会第三届学术年会论文集[C].2012:107.

反映该语言群体对于世界的认知和经验的民族特性。术语的构建以科学知识的概念内容为基础,术语反过来也会对科学的发展产生影响。在术语的产生、发展和变化中始终贯穿着"人因素",因此研究术语的构成特点、蕴含的隐喻思维及其所反映知识领域的范畴机制,可反映语言主体关于该知识领域的世界图景,从而考察术语发展变化的独特规律和依据。中医术语的构成、发展和规范等方面的特点及其独特的隐喻思维无不反映了汉语言主体对于生命现象的独特的认知和理解方式。它构成汉语言世界图景的一部分。对中医术语中的世界图景研究可掌握术语发展变化的规律及认知主体在术语规范、外译等问题上的认知特点和阐释规律。

结 束 语

　　语言是所有学科的研究工具,是研究人类认知的手段,语言对于知识的加工、积累、传播和保存的作用是不可替代的。术语作为语言词汇单位以及进行科学认知活动的工具和手段,自然也被包括在内。语言学是术语学赖以产生和发展的土壤,在术语学产生之前,术语研究首先是在词汇学内部进行的,因此,可以说术语学研究范式的发展与语言学研究范式的演变是密切相关的。当今认知科学的发展与学科交叉融合的基本趋势使认知术语学的产生成为必然。它不仅是对术语学理论的丰富和充实,而且是关于术语、术语系以及术语篇章等研究单位的全新观点体系。很多术语学基本问题在认知视角下获得全新阐释。本书以认知术语学核心术语为切入点来勾勒认知术语学的理论框架结构,试图更清晰地呈现认知术语学研究的主要内容。在这里有必要对核心术语作以解释。核心术语,也可以说是关键词,它是指一门学科理论知识的基本支撑点,即知识的节点,通过这些术语可以连接学科理论的主要概念网络。每一个核心术语都涉及学科内部一个主要的研究部分。我们将其称之为"关键词的方法"。

　　本书所选取的核心术语即是认知术语学研究的基本问题,对核心术语本身的论述也就是在阐释认知术语学的理论。这些基本问题纵横交错,形成了认知术语学的基本术语网络。需要强调的是,概念化、范畴化、隐喻化、世界图景是认知语言学术语,同时在认知研究范式下也是很多学科的关注对象,认知术语学借用这些概念,应用于术语研究,从而形成自己的阐释方法和研究领域。那么为什么这些术语在不同的学科角度下有众多的定义和阐释呢?从术语学角度看,元语言系统是基于不同学科理论概念体系的构建而形成的方法论体系,术语和概念系统具有相关性,任何科学术语都可作为不同学科理论的单位,因此对于同一概念不存在唯一的概念体系,更准确地说,现代科学操纵的不是概念,而是理论研究对象,即同一概念可能有不同的研究角度,同一概念可能由多个学科理论来描述。

认知术语学之所以会给术语学带来所谓"革命性的变化",在于它对传统术语学的许多基本问题重新阐释,对术语学基本研究对象重新界定和审视。

首先,认知术语学在对术语本质的界定,隐喻术语的产生、特点和功能,以及术语多义现象等问题的基本态度和研究方法都不同于传统术语学。在认知术语学视角下,术语是汇聚人类在长期发展历史中积累的、以具体语言形式表达行业科学知识的一种认知信息结构,是行业领域重要的组成部分和行业交际的重要手段。术语系的形成和发展要比自然形成的术语集包含更多的人为因素,它是具有主体干预性的、反映知识领域概念系统的术语系统,是认知术语学的基本研究单位。从认知角度看,术语系是体现科学世界图景或行业世界图景的概念系统,它体现人类经验和实践活动的结果。

其次,认知术语学将术语和概念的关系扩展为术语与其反映概念的知识结构,以及科学理论之间的关系,注重研究语言结构和认知结构之间的联系。从概念化和范畴化角度深入揭示术语的本质。术语多义现象是范畴化和概念化及隐喻思维不断发展的结果，是科学概念及相应术语形式发展的普遍方式。

再次，在隐喻认知理论背景下，认知术语学突破把隐喻看作术语构成手段这一局限，将隐喻看作概念生成和系统构建的基本思维方式和认知手段，科学领域的隐喻术语不仅为科学认知活动提供了广阔的思维方向和意义空间，同时要比一般术语更巧妙地、恰当地执行术语的功能，隐喻形式蕴含了不同民族语言主体的世界图景。探求隐喻术语的本质及其产生、发展、变化的认知规律对于科学发展具有重要意义。

最后，应用世界图景理论描绘了人们通过术语体现出来的关于世界的认识和知识体系。知识的获取、产生、确定到发展、变化的各个阶段都会导致术语发生相应的变化，在整个过程中，认知主体始终起到非常重要的作用。在术语的产生、发展到整理、规范和翻译等各个阶段中，术语所反映的认知图景与语言形式之间的校正和联系，凸显以人为本的科学研究原则。

在以上认知术语学关于术语学基本概念和基本问题的全新观点体系的基础上，本书通过对范畴化、概念化、隐喻化、世界图景等核心概念阐释及与术语研究相关问题的分析，勾勒了认知术语学理论的基本框架。

综上所述，作者试图用一段话来阐述认知术语学：认知术语学是术语学研究中的一个新的方向，它是关于术语、概念、术语系、术语篇章等研究单位的全新观点体系，当今语言研究范式所依据的原则——人本主义、解释主义、扩张主义、功能主义在认知术语学中形成自己独特的研究视角和方法。它对很多传统术语学研究的基本问题进行重新阐释，包括术语隐喻、术语和概念的关系、术语化等基本问题及与此相应的术语实践问题，如术语翻译、术语规范等。它关注术语作为认知活动手段和结果的产生、发展和变化规律，提出要阐释人类关于世界知识的概念结构和语言结构之间不断发生的校正联系。

需要强调的是，虽然术语学的产生、发展及其研究范式的演变总是从语言学、逻辑学、认知科学等学科中寻求理论依据和支持，但术语学所面临的问题不是仅仅靠某一个单一学科可以独立解决的，正如本书所提到的中医术语问题一样，从对待中医术语问题这一点来看，一个学科的发展、崛起和繁荣最终要落实到其理论知识结构的支撑点——术语问题上。对于中医这样一门具有古典哲学和传统文化因素的中国特色学科，要使其不断科学化、国际化，也许对其术语的规范并不是首当其冲要做的，单纯为迎合受众而去磨灭中医术语的固有特色、削足适履的做法未免有些狭隘。具有中国特色的中医术语恰恰代表了我们的中医文化，从这一点上来说，中医术语的很多问题从认知角度来讲是可以解释得通的，中医术语不仅具有其合理性，同时蕴含了深厚的中国传统文化，是研究中国文明和文化的重要途径。当然，认知术语学并不仅仅是为中医术语问题提供一个解释方法。认知术语学在明确定位术语的本质、特性、发展规律和趋势之后为术语问题提供了一种研究范式。从认知角度来看，术语的本质和特点、对术语的要求、术语的规范、术语的翻译、术语的语义现象等术语分析方法和原则都是不同于传统术语学的。

可以说，认知术语学一方面继承了传统术语学的研究传统，另一方面又获得了认知科学范式具有的规律和特点。这不仅为术语研究提供了更广阔的视角和更新的思路,同时对于我国术语学理论的发展具有重要意义。认知术语学全新的观点体系和研究方法,给术语学带来的变化极可能是革命性的。它将是 21 世纪具有广阔发展前景和空间的研究方向。虽然目前该方向取得了很多研究成果,但是还有很多问题仍需进一步研究和探索:概念整合的过程,科学篇章中信息分布的认知原则,科学篇章与行业交流的相互关系,语言特性在术语生成和科学篇章形成中的作用,朴素世界图景和科学世界图景之间的相互关系等。此外,单个术语系统中的术语认知意义分析、不同语言术语的认知对比研究、术语构成中的认知文化问题都将是当今术语学者感兴趣的问题。

参 考 文 献

[1]安军,郭贵春.科学隐喻的本质[J].科学技术与辩证法,2005(3).

[2]戴昭铭.认知策略和汉语词汇的系统性[A].新疆大学语言文化国际学术研讨会论文集[C].2002.

[3]R.迪毕克.应用术语学[M].北京:科学出版社,1990.

[4]高新颜.中医药名词术语规范中文实施通则及其案例[A].科技名词的规范化工作概要[A]."中医药名词术语英译规范原则方法及其应用"暨"中医药基础学科名词术语规范研究"项目培训[C].2013.

[5]高新颜,朱建平.论中医药名词定名单义性原则的实施[J].中国科技术语,2013(3).

[6]格里尼奥夫.术语学[M].北京:商务印书馆,2011.

[7]郭熙煌.语言认知的哲学探源[M].武汉:华中师范大学出版社,2009.

[8]郭贵春,安军.隐喻与科学理论的陈述[J].社会科学研究,2003(4).

[9]郭贵春.科学隐喻的方法论意义[J].中国社会科学,2004(2).

[10]郭贵春.修辞、隐喻的科学解释[M].北京:科学出版

社,2007.

[11]冯志伟.术语学中的概念系统与知识本体[J].术语标准化与信息技术,2006(1).

[12]冯志伟.术语命名中的隐喻[J].科技术语研究,2006(3).

[13]赫尔穆特·费尔伯.术语学、知识论 和知识技术[M].北京:商务印书馆,2011.

[14]华劭.语言经纬[M].北京:商务印书馆,2003.

[15]黄春芳.语言学研究范式的后现代转向[J].外国语文,2010(2).

[16]胡壮麟.语言·认知·隐喻[J].现代外语,1997(4).

[17]候占元.中医问题研究[M].重庆:重庆出版社,1989.

[18]兰倩,李炳辉.近年来我国科学隐喻研究综述[J].科教文汇,2008(5)下旬刊.

[19]李福印.如何阐释认知语言学[J].外语学刊,2009(2).

[20]李醒民.隐喻:科学概念变革的助产士[J].自然辩证法通讯,2004(1).

[21]李伯约.论认知系统[J].云南师范大学学报,2000(4).

[22]李照国.中医名词术语国际标准化:论争与论辩[A]."中医药名词术语英译规范原则及其应用"暨"中医药基础学科名词术语规范研究"项目培训会资料[C].2013.

[23]S.E.赖特,G.布丁著.于欣丽,周长青译.术语管理手册[M].北京:中国标准出版社,2000.

[24]刘福长.规定性与描写性:孰为语言规范的根据?[J].语文建设,1993(8).

[25]刘青.科技名词的规范化工作概要[A]."中医药名词术语英译规范原则方法及其应用"暨"中医药基础学科名词术语规范研究"项目培训[C].2013.

[26]刘润清.西方语言学流派[M].北京:外语教学与研究出版社,2006.

[27]梁爱林.论认知术语学的理论基础及其应用[J].术语标准化与信息技术,2009(1).

[28]梁彩琳,石文博.语义范畴原型理论研究:回顾与展望[J].外语学刊,2010(5).

[29]马冬丽.历史视域下西方语言学研究范式的转变[J].郑州大学学报(哲学社会科学版),2012(1).

[30]孟令霞.科学隐喻的原型与主体关系探微[J].外语学刊,2008(4).

[31]孙寰.术语的功能与术语在使用中的变异性[M].北京:商务印书馆,2011.

[32]孙寰.术语的变异问题[J].外语学刊,2011(3).

[33]桂诗春.认知和语言[J].外语教学与研究,1991(3).

[34]彭文钊.俄语语言世界图景的文化释义性研究:理论与方法[D].哈尔滨,黑龙江大学博士论文,2002.

[35]彭文钊.语言世界图景和概念世界图景:投射与映现[J].解放军外国语学院学报,2009(6).

[36]托马斯·库恩.科学革命的结构(第四版)[M].北京:北京大学出版社,2012.

[37]邱鸿钟.中医的科学思维与认识论[M].北京:科学出版社,2011.

[38]吴哲.认知语言学框架内的术语研究[J].中国科技术语,2008(4).

[39]吴哲.认知语言学视角下术语的隐喻性解析[J].中国俄语教学,2009.

[40]吴丽坤.俄罗斯术语学探究[M].北京:商务印书馆,2009.

[41]王寅.认知语言学[M].上海:上海外语教育出版社,2007.

[42]王寅.认知语言学的哲学基础:体验哲学[J].外语教学与研究,2002(2).

[43]王寅.认知语言学之我见[J].解放军外国语学院学报,2004(5).

[44]王松亭.隐喻的感悟及其文化背景[J].外语学刊,1996(4).

[45]王蕊.论世界图景中的语言图景与文化图景[J].沈阳师范大学学报(社会科学版),2007(4).

[46]文旭,徐安泉.认知语言学新视野[M].北京:中国社会科学出版社,2006.

[47]杨秀杰.语言文化学的观念范畴研究[M].哈尔滨:黑龙江人民出版社,2007.

[48]杨海云,谭林.语言世界图景之管窥[J].中国俄语教学,2003(1).

[49]叶其松.也谈科学语言的"克里奥尔化现象"[N].中国社会科学报,2011年3月17日第六版.

[50]叶其松.术语学核心术语研究[D].黑龙江大学博士论

文,2010.

[51]赵艳芳.认知语言学概论[M].上海外语教育出版社,2009.

[52]赵艳芳.认知的发展和隐喻[J].外语与外语教学,1998(10).

[53]赵爱国.人类中心论视野中语言与世界的关系[J].外语学刊,2011(5).

[54]赵爱国.语言世界图景理论及其研究[J].外语与外语教学,2004(11).

[55]赵彦春.范畴理论是非辨——认知语言学学理批判之三[J].外国语文,2010(6).

[56]张东风.俄罗斯希望把中医纳入健康工程[N].中国中医药报,2012年5月10日第001版.

[57]邹树明,吴克礼等.现代术语学与辞书编纂[M].北京:科学出版社,1988.

[58]朱永生,董宏乐.科技语篇中的词汇隐喻、语法隐喻及其互补性[J].山东外语教学,2001(4).

[59]朱建平.我国中医药学名词术语规范与应用[J].科技术语研究,2003(4).

[60]朱建平.我国中医药学名词术语规范与应用[A]."中医药名词术语规范原则及其应用"暨"中医药基础学科名词术语规范研究"项目培训会资料[C].2012.

[61]郑述谱.俄罗斯当代术语学[M].北京:商务印书馆,2005.

[62]郑述谱.术语是折射人类思维进化的一面镜子——〈比

亚韦斯托克宣言〉阅读笔记[J].中国科技术语,2007.5.

[63]郑述谱,梁爱林.国外术语学研究现状概观[J].辞书研究,2010(2).

[64]郑述谱.试论术语标准化的辩证法[J].中国科技术语,2008(3).

[65]郑述谱.术语的定义[J].术语标准化与信息技术,2005(1).

[66]郑述谱,叶其松.从认知术语学角度看中医术语及其翻译[A].世界中医药学会联合会翻译专业委员会第三届学术年会论文集[C].2012.

[67]郑述谱.从术语学角度说концепт,понятие及其他[J].俄语语言文学研究,2011(1).

[68]中医药学名词审定委员会.中医药名词[Z].北京:科学出版社,2004.

[69] Алексеева Л. М. Термин и метафора [M]. Пермь: Издательство пермского университета,1998.

[70] Алексеева Л. М. Метафоры, которые мы выбираем (опыт описания индивитуальной концептосферы) [A]. С любовью к языку:сб. науч. трудов[C]. М. Воронеж: ИЯ РАН, гос. ун-т, 2002.

[71] Алексеева Л. М., Мишланова С. Л. Медицинский дискурс: теоретические основы и принциры анализа [M]. Пермь:Изд-во Пермского ун-та,2002.

[72] Алефиренко Н. Ф. Текст и дискурс в фокусе языковой личности[A]. Языковая личность-текст-дискурс: теоретические и

прикладные аспекты исследования: материалы международной конференции[C]. Самара: Изд. «Самарский университет», 2006, Ч. 1.

[73] Алефиренко Н. Ф. Научное и обыденное в языковой картине мира [J]. Вестник Челябинского государственного университета, 2011, №24.

[74] Ахманова О. С. Словарь лингвистических терминов [Z]. -2-е изд., стер. -М. : Сов. энцикл, 1969.

[75] Блох М. Я. Концепт, понятие, термин и картина мира в философском языкознании[A]. Сборник докладов Международной научно-практической конференции «Профессиональная коммуникация вербальные и когнитивные аспекты» [C]. М., 2007.

[76] Болдырев Н. Н. Перекатегоризация глагола как способ формирования смысла высказывания [J]. Известия АН. Серия литературы и языка, 2001, -Т. 60, № 2.

[77] Борисовна Т. И. Когнитивное моделирование профессиональной терминосистемы (на материале английской терминологии нефтепереработки) [D]. Омск: Омский государственный технический университет, 2010.

[78] Будагов Р. А. Введение в науку о языке [M]. М. : Просвещение, 1965.

[79] Васильева Н. В. Термин [A]. Языкознание. Большой энциклопедич. словарь [Z]. гл. ред. В. Н. Ярцева. 2-е изд. М. : Большая Рос. энциклопедия, 2003.

[80] Винокур Г. О. О некоторых явлениях словообразования в русской технической терминологии [A]. Тр. Моск. ин-та истории, философии и литературы [C]. Филологический ф-т. М.,1939.

[81] Волкова И. Н. Стандартизация научно-технической терминологии. М.,1984.

[82] Володина М. Н. Когнитивно-информационная природа термина[M]. М., 2000.

[83] Голованова Е. И. Введение в когнитивное терминоведение[M]. Флинта,Наука, М., 2011.

[84] Голованова Е. И. Прагматические характеристики единиц профессиональной коммуникации [A]. Сборник докладов Международной научно-практической конференции «Профессиональная коммуникация вербальные и когнитивные аспекты» [C]. М. : ИГУМО, 2007.

[85] Голованова Е. И. Теоретические аспекты интерпретации термина как языкового знака [A]. Лексикология. Терминоведение. Стилистика. Сб. науч. трудов. Посвящается юбилею В. М. Лейчик[C]. Москва-Рязань,2003.

[86] Голованова Е. И. Введение в когнитивное терминоведение: учебное пособие [M]. Челябинск : Энциклопедия, 2008.

[87]Головин Б. Н.,Кобрин Р. Ю. Лингвистические основы учения о терминах[M]. Москва:Высшая школа,1987.

[88] Гринев С. В. Введение в терминоведение [M].

М., 1993.

［89］Гураль С. К. Мировозрение, картина мира, язык: лингвистический аспект соотношения［J］. Язык и культура, 2008, Вып 1.

［90］Даниленко В. П. Лексико-семантические и грамматические особенности слов-терминов［A］. Исследования по русской терминологии［C］. Сб. ст. М. : Наука, 1971.

［91］Даниленко В. П. Русская терминология［M］. М., 1977.

［92］Загоровская О. В., Данькова Т. Н. Термин и терминология［M］. Воронеж, 2011.

［93］Зяблова О. А. Экономическая лексика современного немецкого языка: становление и особенности функционирования［M］. Дипломат. акад. МИД России, каф. германских яз. М., 2004.

［94］Ивина Л. В. Лингво-когнитивные основы анализа отраслевых терминосистем (на примере англоязычной терминологии венчурного финансирования): Учебно-метадич. пособие［M］. М. : Академический проект, 2003.

［95］Иконникова В. А. отражение научной и языковой картины мира в языке юристов и обывателей культурологический аспект［A］. Материалы Ⅲ Международного симпозиума «Терминология и знание»［C］. Москва, 2013.

［96］Карасик В. И. Языковой круг: личность, концепты, дискурс［M］. Гнозис, 2004.

[97] Капанадзе Л. А. О понятиях «термин» и «терминология»[A]. Развитие лексики современого русского языка[C]. М. : Наука,1965.

[98] Касьян Л. А. Термин «концепт» в современной лингвистике : различные его толкования[J]. Вестник югорского государственного университета,2010,Вып 2.

[99] Климовицкий Я. А. Некоторые методологические вопросы работы над терминологией науки и техники [A]. Татаринов В. А. История отечественного терминоведения (ТОМ2 Направления и методы терминологических исследований Очерк и хрестоматия, Книга 1) [C]. М. , 1995.

[100] Кожанов Д. А. Новые подходы к определению сущности термина в когнитивно-дискурсивных исследованиях [J]. Мир науки,культуры,образования, 2008,Вып 5.

[101] Корнилов О. Л. Языковые картины мира как производные национальных менталитетов [M]. Издание 2-е, исправленное и дополненное. М. , 2003.

[102] Корнилов О. А. Лексико-семантическая группа энтомосемизмов в современном русском языке: Автореф. дис. . . канд. филол. Наук[D]. М. ,1993.

[103] Кочергин И. В. Русско-китайский, китайско-русский практический медицинский словарь [Z]. М. : Восточная книга,2007.

[104] Кубрякова Е. С. , Демьянков В. З. и др. Краткий словарь когнитивных терминов [Z]. М. ,1996.

[105] Кубрякова Е. С. Вступительное слово к «круглому столу», посвященному рассмотрению традиционных проблем языкознания в новом свете [A]. Традиционные проблемы языкознания в свете новых парадигм знания: материалы «круглого стола»[C]. М. ,2000.

[106]Кубрякова Е. С. Лексиколизация грамматики: пути и последствия [A]. Язык-система. язык-текст. язык-способность [C]. М. ,1995.

[107] Кубрякова Е. С. Об одном фрагменте концептуального анализа слова «память» [A]. Логический анализ языка. Культурные концепты [C]. Под ред. Н. Д. Арутюновой. М. ,2008.

[108] Кузькин Н. П. К вопросу о сущности термина[J]. Вестник ЛГУ,1962,Вып 4. № 20.

[109] Лейчик В. М. Терминоведение: предмет, метод, структура[M]. Белосток, 1998.

[110] Лейчик В. М. Терминоведение: предмет, метод, структура[M]. Изд. 3-е. -М. : Издательство ЛКИ, 2007.

[111]Лейчик В. М. Метафоризация как способ образования научных и технических терминов [A]. Материалы II Международного симпозиума «Терминология и знание» [C]. Москва, 2010.

[112] Лейчик В. М. Об относительности существования термина[A]. Материалы научного симпозиума «Семиотические проблемы языков науки, терминологии и информатики»[C].

М. ,1971.

［113］Лейчик В. М. Обнование структуры термина как языкового знака понятия［А］. Терминоведение［С］. М. : Московский лицей,1994,Вып 2.

［114］Лейчик В. М. Терминоведение: предмет, метод, структура［М］. Изд. 4-е. -М. : Книжный дом «ЛИБРОКОМ», 2009.

［115］Лихачев Д. С. Русская словесность: от теории словесности к структуре текста［М］. М. :Academia,1997.

［116］Лосев А. Ф. Знак, Символ. Миф［М］. М. : Изд-во Москов. Ун-та,1982.

［117］Лотте Д. С. Основы построения научно-технической терминологии (вопросы теории и методики)［М］. Москва: Издательство академии наук СССР,1961.

［118］Лотте Д. С. Как работать над терминологией. Основы и методы［М］. М. : Наука, 1968.

［119］Маслова В. А. Введение в когнитивную лингвистику［М］. Издательство Флинта,наука,М. , 2007.

［120］Махницкая Е. Ю. Термин и аспекты его изучения с позиции когнитивного подхода［J］. Вестник Московского государственного областного университета. Москва: Издательство МГОУ,2008, (3).

［121］Мишланова С. Л. Метафора в медицинском дискурсе［М］. Пермь,2002.

［122］Мишланова С. Л. ,Филиппова А. А. Внутриотраслевая

полисемия в методическом дискурсе［M］. Перм. гос. ун-т. Пермь,2010.

［123］Никонова Ж. В. Теория фреймов в лингвистических исследованиях ［M］. СПб.：Филологический факультет СПбГУ, 2006.

［124］Николаева Т. М. Лингвистика текста. Современное состояние и перспектива［J］. Новое в зарубежной лингвистике, М.：Прогресс,1978,Вып 8.

［125］Новодранова В. Ф. У когнитивных истоков современной терминологии［A］. Сборник докладов Заседания посвящается памяти профессора доктора филологических наук Елены Самойловны Кубряковой «Взаимодействие когнитивных и языковых структур»［C］. М. , 2011.

［126］Новадранова В. Ф. Когнитивное терминоведение［A］. Татаринов В. А. Общее терминоведение：энциклопедический словарь ［Z］. Российское терминологическое общество РоссТерм. М.：Московский Лицей, 2006.

［127］Новодранова В. Ф. Десять лет когнитивному терминоведению ［A］. Материалы II Международного симпозиума «Терминология и знание»［C］. Москва, 2010.

［128］Новодранова В. Ф. Концепты и антиконцепты в медицине［J］. Научно- техническая терминология：научн. -технич. Реф,Сб. Вып 2. М. ,2001.

［129］Орлова М. В. Теоретические обоснования термина как языкового явления［J］. Ученые записки. Электронный научный журнал курского государственного университета, 2010, 1.

[130] Поставалова В. И. Картина мира в жизнедеятельности человека [A]. Роль человеческого фактора в языке. Язык и картина мира[C]. М. : Наука, 1988.

[131] Пристайко Т. С. Профессиональная лексика как отражение наивной картины мира [A]. Проблемы концептуализации действительности и моделирования языковой картины мира[C]. Архангельск, 2002.

[132] Прохоров Ю. Е. В поисках концепта [M]. Флинта, наука, М. , 2008.

[133] Реформатский А. А. Термин как член лексической системы языка [J]. Проблемы структурной лингвистики, М. ,1967.

[134] Реформатский А. А. Мысли о терминологии [A]. Современные проблемы русской терминологии[C]. М. ,1986.

[135] Реформатский А. А. Проблемы структурной лингвистики[M]. М. : Наука, 1968.

[136] Реформатский А. А. Что такое термин и терминология [A]. История отечественного терминоведения (Классики терминоведения Очерк и хрестоматия) [C]. Татаринов В. А. Москва : Московский Лицей, 1994.

[137] Романова Н. П. Язык науки как результат и источник познания [A]. Татаринов В. А. История отечественного терминоведения (ТОМ3) [C]. Москва : Московский Лицей, 2003.

[138] Росянова Т. С. Когнитивный подход к рассмотрению термина [J]. Известия Санкт-Петербургского университета экономики и финансов,2011, № 5 (71).

[139] Сложеникина Ю. В. Терминологическая лексика в общеязыковой системе [M]. Самара: Издательство СамГПУ,2003.

[140] Сложеникина Ю. В. Основы терминологии Лингвистические аспекты теории термина[M]. Книжный дом «ЛИБРОКОМ»,2013.

[141] Степанов Ю. С. Концепты. Тонкая пленка цивилизации[M]. Языки славянских культур, М. ,2007.

[142] Степанов Ю. С. Константы. Словарь русской культуры. Опыт исследования[Z]. М. : Школа «Языки русской культуры», 1997.

[143] Стернин И. А. Язык и национальное сознание[J]. Логос,2005,4(49).

[144] Сулейманова А. К. , Фаткуллина Ф. Г. Репрезентация национальной картины мира в русских терминах словообразовательный аспект [A]. Материалы II Международного симпозиума «Терминология и знание» [C]. Москва, 2010.

[145] Султанов А. Х. О природе научного термина[M]. М. ,1996.

[146] Суперанская А. В. , Подольская Н. В. , Васильева Н. В. Общая терминология: вопросы теории [M]. Москва:

УРСС,1989.

［147］Суперанская А. В. , Подольская Н. В. , Васильева Н. В. Общая терминология: терминологическая деятельность ［М］. -3-е изд-е. М. ;Изд-во ЛКИ,2007.

［148］Суперанская А. В. , Подольская Н. В. , Васильева Н. В. Общая терминология: вопросы теории［А］. Татаринов В. А. История отечественного терминоведения（ТОМ3 Аспекты и острасли терминологических исследования 1973—1993 хрестоматия）［С］. Москва:Московский Лицей, 2003.

［149］Татаринов В. А. Общее терминоведение: энциклопедический словарь［Z］. Российское терминологическое общество РоссТерм. М. : Московский Лицей, 2006.

［150］Татаринов В. А. История отечественного терминоведения （Классики терминоведения Очерк и хрестоматия）［С］. Москва:Московский Лицей, 1994.

［151］Татаринов В. А. Теория терминоведения（ТОМ1 Теория термина: История и современное состояние）［С］. М. , 1996.

［152］Татаринов В. А. История отечественного терминоведения（ТОМ3 Аспекты и острасли терминологических исследования 1973—1993 хрестоматия）［С］. Москва: Московский Лицей, 2003.

［153］Татаринов В. А. Терминоведение［С］. М. , 1996.

［154］Титаренко М. Л. Духовная культура Китая ［М］. Энциклопедия в пяти томах. Издательская фирма Восточная литература РАН. М. ,2009.

［155］ Шелов С. Д. Термин. Терминологичность. Терминологические определения［M］. Санкт-Петербург：Филологический факультет СПбГУ, 2003.

［156］ Шмелев А. Д. «Дело о помидорах»：научная терминология или бытовой язык?［A］. Материалы II Международного симпозиума«Терминология и знание»［C］. Москва, 2010.

［157］Шмелев Д. Н. Полисемия［A］. Языкознание. Большой энциклопедич. словарь［Z］. гл. ред. В. Н. Ярцева. М.：Большая Рос. энциклопедия,1998.

［158］Шулежкова С. Г. История лингвистических учений. Учебное пособие. ［M］. М., Издательство：Флиннта, Наука,2006.

［159］ Чудинов Э. М. Природа научной истины［M］. М.：Политиздат,1977.

［160］Della Thompson. 牛津现代英汉双解词典(增补版)［Z］.北京:外语教学与研究出版社,2005.

［161］Juan C. Sager. A practical course in terminology processing［M］. John Benjamins Publishing Company,1990.

［162］Sadock J. M. Figurative Speech and Linguistics［A］. Metaphor and Thought［C］. Cambridge：Cambridge University Press,1979.

附　录

附录1：认知术语学基本术语对照表

антиномия	antinomy	二律背反
антиконцепт	anticoncept	反概念
антропоцентризм	anthropocentrism	人类中心主义
гносеологическое терминоведение	socio-cognitive terminology	认识论术语学
дефиниция	definiton	定义
дискурс	discourse	语篇
докогнитивное терминоведение	pre-cognitive terminology	前认知术语学
значение	meaning	意义
исследовательская парадигма	study paradigm	研究范式
историческое терминоведение	historical terminology	历史术语学
квазитермин	quasi-term	准术语
картина мира	world picture	世界图景
категория	category	范畴
категоризация	categorization	范畴化
категоритьная теория	category theory	范畴理论
классическая теория категоризации	classical category theory	经典范畴理论
концептуализация	comceptualisation	概念化
концептуальный анализ	conceptual analysis	概念分析

认知术语学概论

концептуальная метафора	conceptual metaphor	概念隐喻
когниция	cognition	认知
когнитивное терминоведение	cognitive terminology	认知术语学
когнитивная лингвистика	cognitive language	认知语言学
когнитивная наука	cognitive scienne	认知科学
когнитивная метафора	cognitive metaphor	认知隐喻
когнитивная картина мира	cognitive world picture	认知世界图景
когнитивная функция	cognitive function	认知功能
контекст	cotext	上下文
концепт	concept	概念
корпоративные диалекты	socierty language	团体方言
концептуальная картина мира	conceptual world picture	概念世界图景
культурная картина мира	cultural world picture	文化世界图景
лексис	lexis	列克西斯
логос	logoc	逻各斯
моделирующая функция	modeling function	模式化功能
межотраслевой термин	cross-industry term	跨行业术语
метафора	metaphor	隐喻
метафоризация	metaphorization	隐喻化
метафорическая модель	metaphorical model	隐喻模式
мотивированность	motivation	理据性
научный дискурс	scientific discourse	科学语篇
научный концепт	scientific concept	科学概念
научная метафора	scientific metaphor	科学隐喻
научная картина мира	scientific world picture	科学世界图景
научное сообщество	scientific communities	科学共同体

附录1：认知术语学基本术语对照表

национальная картина мира	national world picture	民族世界图景
нормализация	normativity	规范化
неофункционализм	neofunctionalism	新功能主义
общее терминоведение	general terminology	普通术语学
общенаучные термины	general scientific term	一般科学术语
онтологическая метафора	ontological metaphor	实体隐喻
ориентационная метафора	orientational metaphor	方位隐喻
омонимия	homonymy	同音异义现象
парадигма	paradigm	范式
прикладное терминоведение	applicationterminology	应用术语学
понятие	concept	概念
полисемия	polysemy	多义现象
поле	field	场
профессионализм	professionalism	行业用语
профессиональный жаргон	professional jargon	行话
профессиональное просторечие	professional slang	行业俗语
профессиональное знание	professional knowledge	专业知识
подъязык	sublanguage	次语言
произвольность	arbitrariness	任意性
професиональный дискурс	professional discourse	行业语篇
Прототипическая теория категоризации	Prototypebased Category Theory	原型范畴理论
предтермин	preterm	初术语
специальный язык	specificlanguage	专用语言
системность термина	term systemic	术语系统性
систематичность термина	termorderliness	术语有序性
структурная метафора	structural metaphor	结构隐喻

认知术语学概论

контейнерная метафора	container metaphor	容器隐喻
стандартизация	standardization	标准化
семантическое терминоведение	semantic terminology	语义术语学
семейное сходство	family resemblances	家族相似性
сопоставительное терминоведение	comparative terminology	对比术语学
субстрат	substratum	基质
Теория концептуальной метафоры	Theory of Conceptual Metaphor	概念隐喻理论
Теория концептуальной интеграции	Theory of Conceptual Blending	概念整合理论
теория системы	system theory	系统理论
теоретическое терминоведение	theoretical terminology	理论术语学
термин-слово	term-word	单词术语
терминоведение	terminology science	术语学
термин	term	术语
терминология	terminology	术语集
терминосистема	terminology system	术语系
терминологизация	terminologisation	术语化
терминологическая метафора	terminological metaphor	术语隐喻
текст	text	篇章
терминопорождающий тексты	term-creationg text	创建术语的篇章
терминофиксирующий тексты	term-fixing text	确定术语的篇章
терминопользующий тексты	term-using text	使用术语的篇章
терминологический дискурс	term discourse	术语语篇
термин языка	language term	语言术语
термин речи	speech term	言语术语
терминоведческая теория текста	terminological textualtheory	术语学篇章理论
терминологический банк данных	terminological data bank	术语数据库

附录1:认知术语学基本术语对照表

терминологичность	termness	术语性
узкоспециальный термин	highlyspecialized term	高度专业化术语
упорядочение терминов	terminology normatisation	术语整理
учебно-академический дискурс	teaching and research discourse	教学科研语篇
функциональное терминоведение	functional terminology	功能术语学
ценная картина мира	valuable world picture	价值世界图景
частное терминоведение	individual terminology	个别术语学
эвристическая функция	heuristic function	启智功能
экспансионизм	expansionism	扩张主义
энциклопедическое знание	encyclopedic knowledge	百科知识
эпонимический термин	Namesterm	人名术语
язык науки	scientific language	科学语言
язык профессиональной коммуникации	professional communicative language	行业交际语
языковая картина мира	linguistic world picture	语言世界图景
языковое знание	linguistic knowledge	语言知识
языковой субстрат	linguistic substratum	语言基质
ядерный термин	key term	核心术语

附录 2：俄语、英语人名译名表

Авербух К. Я.	阿韦尔布赫
Алексеева Л. М.	阿列克谢耶娃
Апресян Ю. Д.	阿普列相
Арутюнова Н. Д.	阿鲁秋诺娃
Ахманова О. С.	阿赫玛诺娃
Булгаков С. Н.	布尔加科夫
Будагова Р. А.	布达戈娃
Винокур Г. О.	维诺库尔
Виноградов В. В.	维诺格拉多夫
Володина М. Н.	沃洛季娜
Волкова И. Н.	沃尔科娃
Гайда С.	盖达
Гак В. Г.	加科
Голованова Е. И.	戈洛瓦诺娃
Головин Б. Н.	戈洛温
Гринев С. В.	格里尼奥夫
Грузберг Л. А.	格鲁兹布尔克
Даниленко В. П.	达尼连科
Демьянков В. З.	杰米扬科夫
Зализняк А. А.	扎利兹尼亚克

附录 2：俄语、英语人名译名表

Зяблова О. А.	贾布洛娃
Ивина Л. В.	伊维娜
Иконникова В. А.	伊孔尼科娃
Канделаки Т. Л.	坎杰拉基
Капанадзе Л. А.	卡帕纳泽
Климовицкий Я. А.	克利莫维茨基
Корнилов О. А.	科尔尼洛夫
Кубрякова Е. С.	库布里亚科娃
Кулиев Г. Г.	库利耶夫
Лотте Д. С.	洛特
Лихачев Д. С.	利哈乔夫
Маслова В. А.	玛斯洛娃
Мишланова С. Л.	米什拉诺娃
Налимов В. В.	纳利莫夫
Новодранова В. Ф.	诺沃德拉诺娃
Никитин М. В.	尼基京
Николаева Т. М.	尼古拉耶娃
Павиленис Р. И.	帕维列尼斯
Петушков В. П.	佩图什科夫
Потебня А. А.	波捷布尼亚
Прохорова В. Н.	普罗霍罗娃
Реформатский А. А.	列福尔马茨基
Скляревская Г. Н.	斯克列夫斯卡娅
Сложеникина Ю. В.	斯洛热尼金娜
Степанов Ю. С.	斯捷潘诺夫
Стернин И. А.	斯捷尔宁

认知术语学概论

Суперанская А. В.	苏佩兰斯卡娅
Татаринов В. А.	塔塔里诺夫
Телия В. Н.	杰丽娅
Турко О. Е.	图尔科
Шпет Г. Г.	施佩特
Шулежкова С. Г.	舒列日科娃
Флоренский П. А.	弗洛连斯基
Bunge	邦格
Berlin & Kay	柏林和凯
Benveniste E.	本维尼斯特
Black M.	布莱克
Boulanger	布朗热
Cabre	卡布雷
Chomsky A. N.	乔姆斯基
Darwin C. R.	达尔文
Dijk T. V.	戴伊克
E. Sheener	席勒尔
Ernst Cassirer	卡西尔
Fauconnier G.	福柯尼耶
Fillmore C.	费尔默
Felber	费尔伯
Frege G.	弗雷格
Gaudin	戈丹
Geeraerts D.	杰拉茨
Guespin	盖潘

附录 2：俄语、英语人名译名表

Grice H. P.	格莱斯
Halliday M.	韩礼德
Hallman	哈尔曼
Humboldt W.	洪堡特
Horecky J.	霍列茨基
Johnson M.	约翰逊
Kocourek K.	克库莱克
Kuhn T. S.	库恩
Labov W.	拉博夫
Lakoff G.	莱考夫
Langacker	兰盖克
Langet Shkins	朗盖特·系金斯
Lavoisier	拉瓦锡
Mathesius V.	马泰休斯
Quintilianus M. F.	昆提良
Richards I. A.	瑞恰慈
Russell B.	罗素
Rondeau C.	隆多
Rogers C. R.	罗杰斯
Roch E.	罗施
Ryle G.	赖尔
Saussure F.	索绪尔
Sager Juan C.	萨格
Savory T. H.	瑟沃里
Serre J. P.	塞尔
Shepard R.	舍帕德

认知术语学概论

Talmy L.	塔尔米
Temmermen R.	特默曼
Vico G. B.	维柯
Wittgenstein L.	维特根斯坦
Wuster E.	维斯特

附录3:中医基本理论术语表

中医术语	英译	俄译	定义
中医	(1) traditional Chinese medicine, (2) traditional Chinese physician	Традиционная китайская мединица	(1)起源与形成于中国的具有整体观念、辨证论治等特点的医学;(2)本学科专业职业队伍。
中药	Chinese materia medica	Лекарства китайской медицины	在中医理论指导下应用的药物。包括中药材、中药饮片和中成药等。
中医学	traditional Chinese medicine	китайская мединица	以中医药理论与实践经验为主体,研究人类生命活动中健康与疾病转化规律及其预防、诊断、治疗、康复和保健的综合性科学。
中药学	Chinese materia medica	Фармакология китайской медицины	中药学科的统称。研究中药基本理论和各种药材饮片、中成药的来源、采制、性能、功效、临床应用等知识的学科。

续表

中医术语	英译	俄译	定义
整体观念	holism	Рассмотрение человека в качестве единого целого	强调人体自身整体性并与外环境相统一的思想。
天人相应	correspondence between human body and natural environment	Признание целостности взаимоотношения между человеком и природой	强调人对自然的依存与适应关系。
标本	manifestation and root cause	несущественное и существенное	关于事物主次关系的相对概念，"本"指主要方面，"标"指次要方面。如：在经络学说中，经络在四肢者为本，在头面、躯干者为标。在病因病机学说中，从正气与邪气来说，人体正气是本，致病的邪气是标；从疾病本身来说，病因是本，症状是标；从原发病与继发病来说，旧病是本，新病是标。医患关系中，病人是本，医生是标；在运气学说中，标本指标气与本气。

附录 3: 中医基本理论术语表

续表

中医术语	英译	俄译	定义
阴阳	yin-yang	инь п ян	阴气与阳气的合称,事物普遍存在的相互对立的两种属性,阴阳相反相成是事物发生、发展、变化的规律和根源。
阴阳对立	opposition of yin-yang	Наличие противоположности между инь и ян	阴阳相反、相斥、相争的关系。
阴阳互根	mutual rooting of yin-yang	Взаимозависимость между инь и ян	阴阳相互依存,互为根本的关系。
阴阳消长	waxing and waning of yin-yang	Взаимное дополнение и ограничение инь и ян	阴阳存在着始终不断的增减盛衰的运动变化。
阴阳转化	mutual convertibility of yin-yang	Взаимное превращение инь и ян	事物的阴阳属性在一定条件下,可以向其相反方面转化。
五行	five phases	Пять Элементов(У-СИН)	木、火、土、金、水五种基本物质及其运动变化。

续表

中医术语	英译	俄译	定义
五行学说	five-phase theory	теории У-СИН	将古代哲学理论中以木、火、土、金、水五类物质的特性及其生克制化规律来认识、解释自然的系统结构和方法论运用到中医学而建立的中医基本理论，用以解释人体内脏之间的相互关系、脏腑组织器官的属性、运动变化及人体与外界环境的关系。
木	wood	Дерево	
火	fire	Огонь	
土	earth	Земля	
金	metal	Металл	
水	water	Вода	
五行相生	mutual generation of five phases	Взаимопорождение между пятью элементами	木、火、土、金、水之间存在着递相资生、助长和促进的关系，其规律是木生火，火生土，土生金，金生水，水生木。
母气	mother qi	Мать-ци	在五行相生关系中，生我者为母，母脏之气即为母气。

附录3：中医基本理论术语表

续表

中医术语	英译	俄译	定义
子气	child qi	Сын-ци	在五行相生关系中,我生者为子,子脏之气即为子气。
母病及子	illness of mother viscera affecting the child one	Если мама больна, то это действует на ребенка	用五行相生的母子关系,说明五脏之间由于母脏病变累及子脏的病机传变。
子病及母	illness of child viscera affecting mother one	Ребенок болен и воздействует этим на свою мать	用五行相生的母子关系,说明五脏之间由于子脏病变累及母脏的病机传变。
木生火	wood generating fire	Дерево порождает Огонь	五行之中,木有资生、助长火的作用,用以说明肝对心的资助关系。
火生土	fire generating earth	Огонь порождает Землю	五行之中,火有资生、助长土的作用,用以说明心对脾的资助关系。
土生金	earth generating metal	Земля порождает Металл	五行之中,土有资生、助长金的作用,用以说明脾对肺的资助关系。
金生水	metal generating water	Металл порождает Воду	五行之中,金有资生、助长水的作用,用以说明肺对肾的资助关系。

续表

中医术语	英译	俄译	定义
水生木	water generating wood	Вода порождает Дерево	五行之中,水有资生、助长木的作用,用以说明肾对肝的资助关系。
五行相克	mutual restriction of five phases	Взаимоопределение между пятью элементами	木、火、土、金、水之间存在着递相克制、制约的关系,其规律是木克土,土克水,水克火,火克金,金克木。
所胜	being restrained	Быть побеждаемым (Сюо-шэн)	在五行相克关系中,"我克"者为"我所胜"。如"木克土",木为"我",木之"所胜"是土。
所不胜	restraining	Не быть побеждаемым (Сюо бу-шэн)	在五行相克关系中,"克我"者为"我所不胜"。如"木克土",土为"我",土之"所不胜"是木。
木克土	wood restricting earth	Дерево подавляет землю	五行之中,木有克伐、制约土的作用,用以说明肝对脾的制约关系。
火克金	fire restricting metal	Огонь подавляет металл	五行之中,火有克伐、制约金的作用,用以说明心对肺的制约关系。

附录3:中医基本理论术语表

续表

中医术语	英译	俄译	定义
土克水	earth restricting water	Земля подавляет воду	五行之中,土有克伐、制约水的作用,用以说明脾对肾的制约关系。
水克火	water restricting fire	Вода подавляет огонь	五行之中,水有克伐、制约火的作用,用以说明肾对心的制约关系。
金克木	metal restricting wood	Металл подавляет дерево	五行之中,金有克伐、制约木的作用,用以说明肺对肝的制约关系。
五行相乘	over-restriction of five phases	Разрастания между пятью элементами	五行中某一行对其所胜一行的过度克制,为五行之间的异常克制现象。
五行相侮	counter-restriction of five phases	Неподатливости между пятью элементами	五行中某一行对其所不胜一行的反向克制,为五行之间的异常克制现象。
脏腑	zang-fu viscera	Органы цзан и фу	指人体的内脏器官,为五脏、六腑、奇恒之腑的统称。
五脏	five zang viscera	Пять органов цзан	心、肝、脾、肺、肾五个脏器的合称,具有化生、贮藏功能,生理特点是藏精气而不泻,满而不能实。中医五脏不局限于解剖概念。

275

认知术语学概论

续表

中医术语	英译	俄译	定义
心	heart	сердце	五脏之一,位居胸腔之内,膈之上,有心包卫护于外,其主要生理功能是主血脉、主神志,并与舌和汗液密切相关。
心藏神	heart storing spirit	Сердце ведает сознанием（шэнь-цзи）	心藏之神,指人的神志活动。心具有主宰五脏六腑、形体官窍的一切生理活动和精神意识思维活动的功能。
心主血脉	heart governing blood and vessels	Сердце отвечает за транспортировку крови и гонит кровь по сосудам	心气推动血液运行于脉中,流注全身,循环不休,发挥营养和濡润作用。
心开窍于舌	heart opening at tongue	Ключом к пониманию сердца является язык（Сердце выражается на языке）	心之经脉与舌根相连,心气上通于舌,心的生理和病理表现,可由舌反映出来。

附录3:中医基本理论术语表

续表

中医术语	英译	俄译	定义
肺	lung	легкие	五脏之一,位于胸腔之内,膈之上,左右各一。其主要生理功能是主气、司呼吸、主宣发肃降、通调水道、朝百脉而主治节,并与鼻窍、皮肤密切相关。
肺主气	lung governing qi	Легкие ведают ци организма и находятся в тесной взаимосвязи с возникновением цон-ци (дыхательной функции)	肺主呼吸之气和主一身之气的功能。
肺主皮毛	lung governing skin and hair	Блеск легких проявляется в состоянии волосяного покрова тела	皮毛赖肺的精气以滋养和温煦,皮毛的散气与汗孔的开合也与肺之宣发功能密切相关。

续表

中医术语	英译	俄译	定义
肺开窍于鼻	lung opening at nose	Ключом к пониманию является нос	肺主呼吸,而鼻是呼吸的通路,为呼吸道的最上端,肺通过鼻与自然界相贯通,肺之经脉与鼻相连,肺的生理和病理状况,可由鼻反映出来。
肺司呼吸	lung controlling breathing	Легкие отвечают за дыхание	肺具有吸入自然界清气,呼出体内浊气的生理功能。
脾	spleen	селезенка	五脏之一,位于中焦,膈之下。其主要生理功能是主运化,主升清,主统血,并与四肢、肌肉密切相关。
脾统血	spleen controlling blood	Селезенка обладает функцией сдерживания тока крови	脾气有统摄血液运行于脉中,不使其逸出于脉外的作用。
脾主四肢	spleen governing limbs		脾通过升清和散精作用将水谷精微输送至四肢,以维持四肢正常生理活动。

附录3:中医基本理论术语表

续表

中医术语	英译	俄译	定义
脾主肌肉	spleen governing muscles	Селезенка отвечает за мышцы и конечности	全身的肌肉,都要依靠脾胃所化生的水谷精气来充养,脾气健运,肌肉才能丰满、发达、健壮。
脾开窍于口	spleen opening at mouth	Ключом для диагностического понимания селезенки является рот, ее блеск проявляется на губах	脾主运化水谷精微,而口为水谷入胃的入口,胃脉挟口环唇,脾与胃相合,脾胃的生理和病理状况,可由口反映出来。
肝	liver	печень	五脏之一,位于腹部,膈之下,右胁之内。其主要生理功能是主疏泄和主藏血,并与筋、目密切相关。
肝藏血	liver storing blood	Накопление и регулирование крови	肝有储藏血液、调节血量的功能。
肝开窍于目	liver opening at eye	Ключом к пониманию печени являются глаза	肝的经脉上联于目系,目的视觉功能有赖于肝气之疏泄和肝血之营养,肝的生理和病理状况,可由目反映出来。

续表

中医术语	英译	俄译	定义
肾	kidney	почки	五脏之一,位于腰部,脊柱两旁,左右各一。其主要生理功能是藏精、主生长发育和生殖、主水和主纳气,并与骨、髓、耳密切相关。
肾主水液	kidney governing water metabolism	Управление водой	肾具有主持和调节人体水液代谢的功能。
肾开窍于耳	kidney opening at ear	Ключом к пониманию почки являются уши	肾的经脉上络于耳,耳的听觉功能依赖于肾脏精气的充养,肾的生理病理状况,可由耳反映出来。
肾主骨	kidney governing bones	Ответственность почек за кости и костный мозг	肾有充养骨骼的作用,肾藏精,精生髓,髓能养骨,肾精充盛,骨骼才能致密健壮,强韧有度。
六腑	six fu viscera	Шесть органов фу	胆、胃、大肠、小肠、三焦、膀胱六个脏器的合称,具有受纳、传化、排泄功能,生理特点是传化物而不藏,实而不能满。

附录3：中医基本理论术语表

续表

中医术语	英译	俄译	定义
三焦	sanjiao	тройной обогреватель, сань цзяо	上、中、下三焦的合称，既是体腔的划分概念，也是作为六腑之一的功能概念。
经络	channel, meridian	Каналы и коллатерали, цзин-ло	经脉和络脉的统称，是人体运行气血、联络脏腑、沟通内外、贯串上下的通路。
气	qi	Ци (функциональное начало, активность, энергия)	中医学中指构成人体及维持生命活动的最根本、最微细的物质，同时也具有生理机能的含义。在中医学术语中，气与不同的词合用表达各种不同的意义。
气为血帅	qi being commander of blood	Ци движется, кровь следует за ней	气对血有推动、统摄和化生等作用，具体表现为气能生血，气能行血，气能摄血。
血为气母	blood being mother of qi	Кровь питает Ци и обеспечивает ей материальную базу, "резиденцию".	血为气的物质基础，血能化气，并可作为气运行的载体。

后　记

　　近年来中国术语学研究取得了非常可观的成绩，但距离进一步的学科建设还有很长的路要走。在认知科学和认知语言学的影响下，术语学研究迎来了新的机遇和挑战。本人有幸承担了这样一个艰巨的任务。本书的工作基础即是笔者所撰写的国内第一部以认知术语学为研究对象的博士学位论文。

　　概论一般指概括一个现象或一项事物、一个事件，需要详细的描述该事实的前因后果。在术语学界的认知研究从最初的崭露头角到普遍见于各类期刊、硕士博士学位论文这样一个现象和时机里，是时候有关于认知术语学理论概述这样的书籍出现了。笔者在完成书稿的过程中也力争全面详实地展现认知术语学的理论框架及研究方法、研究对象等。

　　书稿撰写过程中，得到老师和同事的大力支持、关心和鼓励。在书稿出版之际，向他们表示诚挚的谢意。

　　首先，感谢我的导师郑述谱教授。是他引领我进入认知术语学的研究领域，树立了未来工作和学习的目标；是他品读我的每一篇文章，点评每一个进步和不足，使我不断地成长；是他认真修改论文，努力做到最好，不仅传授每个具体的知识点，而且传授做学问的态度；是他严谨的治学之道、宽厚仁慈的胸怀、积极乐观的生活态度，为我树立了一辈子学习的典范。导师对学术研究的热爱

后记

和严谨的治学态度在为我打下坚实理论基础的同时,也培养了我严谨的钻研态度,在此表示深深的感谢!

此外,还要特别感谢上海师范大学外国语学院院长李照国教授、中医科学院中国医史文献研究所朱建平教授、同济大学外国语学院朱建华教授、全国科学技术名词审定委员会副主任刘青先生在研究过程中给予我的指导和帮助;感谢全国科学技术名词审定委员会的温昌斌老师认真审阅本书书稿并提出宝贵的意见,使书稿进一步完善。在此对几位老师给予我的指导和帮助致以崇高的敬意和深深的谢意。

限于作者的主观水平和客观条件,缺点和不足之处在所难免,诚恳地期待专家与读者批评指正。

陈雪

2016 年 10 月 31 日于哈尔滨